씽킹 파트너

미래 리더십 코칭 전략

씽킹 파트너

이석재 지음

모아북스
MOABOOKS

리더십 효과성, 미래 경쟁력의 원천

"항상 무엇인가를 더 하려고 생각하면,
불가능이란 없다는 마음의 자세를 갖게 된다."
_헨리 포드(Henry Ford)

바야흐로 코칭(coaching)도 AI 시대다. 거의 모든 분야에서 AI가 인간을 대신하게 되면 인간의 고유함으로 남는 것은 무엇일까?

'생각'이 남는다. 기계가 인간의 일을 다 해도 생각이 남아 인간은 자기 삶의 주인이 될 수 있는 근원적인 힘을 유지한다. 이러한 관점에서 코치(coach)의 미래 모습은 '생각 파트너'다. 생각 파트너는 사람들이 생각하는 능력을 키우고 발휘하여 일상과 직업에서 원하는 결과를 얻도록 돕는다. '생각 파트너'를 구상하여 특허청에 상표등록을 완료하고 이 책을 집필하기까지 7년이 걸렸다. 이 책은 적어도 7년 숙성된 생각의 열매가 발효되어 나온 결과물이다. 따라서 독자 여러분은 목표를 이루도록 돕는 과정에 생각 파트너가 사용하는 구체적인 기술(skill)과 전략을 알게 될 것이다. 특히 이 책은 여러분 각자가 주도적으로 자신의 리더십을 계발하도록 하는 데 초점을 맞춘다.

생각의 공백이 리더십의 공백을 낳는다

첫 코칭이 있는 날은 화창했다. 나는 팀장과 가벼운 인사를 나눈 후 바로 코칭 대화로 들어갔다. "팀장님, 오늘 이 시간을 어떻게 사용하면 도움이 되겠습니까?"

"성과 이슈가 가장 큽니다. 어떻게 하면 성과를 낼 수 있을지, 대화를 나누었으면 합니다."

"이렇게 해 보시겠습니까? 다음 그림과 같이 두 손을 나란히 내보십시오. 손바닥이 위를 향하게 합니다. 현재 어떻게 성과를 만드십니까? 성과를 만드는 데 가장 중요하게 고려하는 것 하나를 선정해서 오른손에 올려놓으십시오."

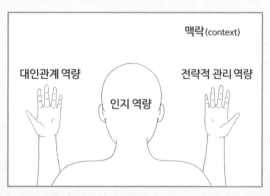

오른손-왼손 코칭 기술 (이석재, 2015·2023)

"도전적인 목표입니다. 팀장으로서 회사와 사업부, 고객이 원하는 결과에 대해 매년 도전 목표를 설정합니다 (전략적 관리 역량)."

"좋습니다. 이번에는 다음으로 중요하게 고려하는 것을 왼손에 올려놓으십시오."

"요즘 신세대 팀원들의 업무수행 태도가 중요합니다. 서로 의사소통이 부족합니다(대인관계 역량)."

"잘하셨습니다. 그럼 두 손을 번갈아 보십시오. 그리고 생각나는 대로 말씀해 보시기 바랍니다."

"도전적인 목표를 달성해야 하는데 신세대 팀원들의 업무수행 태도가 말썽입니다. 팀원들의 태도가 도전적인 목표와 연결되어야 합니다. 지금은 둘을 연계하기 어렵습니다."

"중요한 두 가지가 연계되지 않는군요. 또 어떤 생각이 떠오르지요?"

"둘 간에 간극이 큽니다. 도전적인 목표를 낮출 수도 없고, 신세대의 의견을 그대로 들어주기 어렵습니다. 둘 다 챙겨야 하는데 그 방법을 모르겠습니다."

"팀장님의 고민이 느껴집니다. 다시 두 손을 보고 생각하십시오. 천천히 말씀하셔도 됩니다."

"두 손을 붙이면 좋겠는데 그 방법을 모르겠습니다."

팀장은 고개를 갸우뚱하면서 궁리하는 듯했지만, 자기 생각을 말하지 못했다. 시간 여유가 있다면 반복해서 질문하지만, 오늘같이 시간이 빠듯하다면 바로 다음 대화를 진행한다.

"두 손은 팀장님의 몸통을 통해 연결되어 있습니다. 이 형태가 시사하는 바는 무엇일까요?"

"정말 그러네요. 몸으로 연결되어 있군요. 두 손에 있는 내용은 이미 연결되었군요. 문제의 답은 밖이 아니라 바로 제 안에 있군요 (인지 역량)."

"팀장님, 문제의 답을 밖에서 찾다가 시선을 내면으로 향하면서 자기 자신에게서 찾으려고 합니다. 잘하셨습니다. 지금 어떤 생각을 하십니까?"

"이 단순한 논리가 놀라운 성찰을 주는군요. 결국, 리더십 변화는 리더 자신으로부터 시작하는 것이네요. 전율을 느낍니다. 그동안 시선을 밖에 두고 살았습니다. 팀장과 팀원의 생각 차이를 줄이려고만 했습니다. 그 차이가 무엇을 말하는지, 객관적으로 보려고 하지 않았습니다."

"그럼 지금의 경험은 팀장님에게 무엇을 요구한다고 생각하십니까?"

팀장은 코칭 대화를 나누면서 자신의 리더십 관심 사항이 세 가지 역량(전략적 관리 역량, 대인관계 역량, 인지 역량)과 관련이 있다는 것을 확인했다. 팀장이 당면한 리더십 이슈를 해결하기 위해 구체적으로 어떤 노력을 해야 할 것인가?

리더십 진단에 답이 있다

리더십 개발의 핵심은 자기 자신을 먼저 객관적으로 인식하고 변화하는 것이다. 해마다 건강검진을 통해 자기 자신을 관리하듯이, 리더십 진단을 통해 리더십이 효과적이지 못한 원인을 찾아 개선하는 방향으로 변화하는 것이다.

이 책에서는 심리학 이론과 연구를 토대로 리더십을 효과적으로 발휘하는 데 필요한 18개 핵심 역량을 소개한다. 이들 핵심 역량은 국내외 46개 선진기업의 리더십 모델 분석을 토대로 우리나라 리더의 역할에 맞게 도출한 것이다(이석재, 2006). 모든 리더십 핵심 역량은 기능 면에서 다음 그림과 같이 3개 역량군(인지 역량, 대인관계 역량, 전략적 관리 역량)에 속한다.

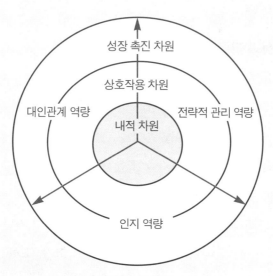

리더십 핵심 역량의 심리기제(이석재, 2006·2015)

각 역량이 작동하는 차원은 리더의 내적 차원, 리더와 타인 간의 상호작용 차원, 리더가 미래지향적으로 발전해 가는 성장 촉진 차원이다. 이처럼 리더십 핵심 역량은 역량군(3개)과 차원(3개)이 교차하는 곳에 2개씩의 핵심 역량이 있어 모두 18가지가 된다. 내적 차원은 모든 리더에게 필요한 셀프 리더십(self-leadership)이며, 상호작용 차원은 팀장 리더십, 성장 촉진 차원은 임원 리더십에 해당한다. 리더십 계발은 동심원의 안쪽에서 바깥쪽으로 나아가는 방식이며 둥근 원이 상징하듯이 균형 리더십을 지향한다.

리더십은 조직의 성공에 결정적인 영향을 미치므로 리더십에 주목해야 한다. 리더십 연구에 따르면 구성원의 몰입이 높은 집단은 낮은 집단보다 생산성이 14%나 더 높은 것으로 나타났다.

이 책의 구성과 집필 의도

이 책은 누구나 자신의 삶에서 진단에 기초한 리더십 개발을 통해 목표를 이루는 방법과 전략을 손쉽게 터득하도록 썼다. 리더십 개발을 위한 진단, 계획, 실행, 평가를 포함한 토털 솔루션(total solution)을 제공함으로써 자기 내면의 잠재성(potential)을 자각하고 끌어내어 리더십을 발휘하도록 돕는다. 생각 파트너는 이를 위해 지난 20여 년간 국내외 글로벌 기업 리더의 리더십을 진단해 코칭, 교육, 워크숍 등을 진행하면서 얻은 경험과 통찰을 이 책에 담았다.

1부에서는 리더십 개발을 돕는 '효과성 향상 전략'을 소개한다. 이 전략은 효과성 프레임워크(변화 요구-결정적 행동-원하는 결과)를 토대로 한다. 여러분은 저마다 단축형 리더십 진단 도구를 통해 자신의 리더십 강점과 약점을 확인할 수 있다. 이어서 강점은 더 강화하고 약점을 보완하기 위한 자기 개발 계획을 수립하고 그 실행 결과를 평가하는 방법과 리더십의 영향력을 확대하는 전략을 소개한다. 특정 리더십 역량 개발에 관심 있다면 곧바로 2부로 넘어가도 된다.

2부에서는 '핵심 역량 코칭 전략'으로 리더십을 효과적으로 발휘하는 데 필요한 인지 역량, 대인관계 역량, 전략적 관리 역량을 개발하는 구체적인 방법을 제시한다. 각 장의 서두에는 해당 역량군에 속하는 6개 역량별로 부족하거나 과도할 때 예상되는 문제점을 지적한다. 아울러 핵심 역량의 작동 원리, 핵심 역량을 효과적으로 발휘하도록 돕는 코칭 주안점 그리고 관련 연구 결과를 제시하여 리더십 개발의 방향과 내용을 학술적으로 뒷받침하면서 핵심 역량을 개발하는 구체적인 방법을 소개한다.

각 장 말미에는 '생각 파트너의 심리 코칭'으로 '생각-선택-행동' 과제를 제시한다. 본문에 독자의 이해를 돕기 위해 소개하는 코칭 사례는 모두 실제지만, 개인정보 보호를 위해 가명을 사용하고 내용 일부를 각색했다.

진단 기반의 리더십 개발

이 책에는 ELA(효과적 리더십 진단)을 활용해 다수의 국내외 글로벌

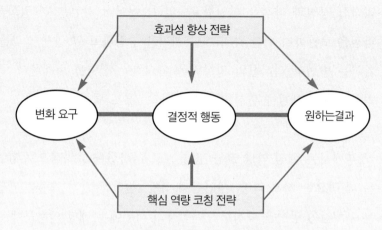

리더십 효과성을 높이는 심리 전략

기업의 리더를 코칭하고 교육한 경험과 통찰이 담겼다. 저마다 리더십 진단으로 자신의 강점과 약점을 파악한 후 '리더십 효과성 모델' 을 활용해 일상과 직업에서 목표를 이루길 바란다. 특히 코치, 상담사, 인재 개발 또는 교육 훈련 담당자, 교사, 조직의 리더 등 다른 사람의 행동 변화를 돕는 모두에게 이 책이 실행 지침서이자 참고서가 되길 바란다.

아울러 이 책의 출판을 결정하고 적극적으로 지지한 모아북스 이용길 대표님, 세밀하게 편집 과정을 수행한 편집자, 집필 과정에서 조언을 주신 분들, 특히 이 책을 선택하신 독자 여러분에게 감사한다.

명일동 연구실에서
생각 파트너 이석재

차례

PART 1   리더십을 혁신하는 '효과성' 높이기

01

리더십 효과성 모델은 리더십 개발의 기초

02

리더십 진단을 통한 코칭 설계

────────── 03 ──────────

시스템으로 확대하는 리더십 영향력

PART 2

리더십 변화를 강화하는 핵심 역량 코칭

────────── 04 ──────────

기회와 가능성을 발견하는 인지 역량

급변하는 환경에서 지속 가능한 성장을 위해 리더십은 여전히 중요한 요소다. 따라서 각자 자신의 리더십을 진단하여 강점은 더 발휘하고 약점은 보강하는 체계적인 노력이 필요하다. 흔히 리더십을 타고난 자질로 생각하지만, 리더십은 학습되고 계발될 수 있다(Bennis, 1989). 1부에서는 ELA(효과적 리더십 진단)의 단축형을 통해 저마다의 리더십을 진단하도록 한다. 이어서 리더십 효과성 모델을 토대로 리더십을 더 키우고 리더십 효과성을 높이는 코칭 설계를 통해 본인뿐 아니라 타인의 성장을 돕도록 한다.

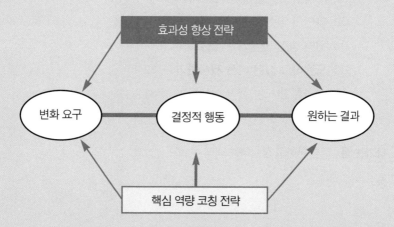

리더십을 혁신하는 '효과성' 높이기

"스스로 성장하길 원하고 타인의 피드백을 받고,
자기계발계획을 관리하는 리더는 거의 항상 발전한다."
_마샬 골드스미스(Marshall Goldsmith, 코치)

리더십은 목표를 이루는 방향으로 개인 또는 조직이 요구하고 행동하도록 영향력을 발휘하는 사회화 과정이다. 탁월한 리더는 타인의 요구와 행동을 원하는 목표로 이끄는, 효과성 높은 리더십을 발휘한다. 월간 자동차 100대 판매를 영업 목표로 세웠는데 80대를 판매했다면 효과성은 80퍼센트다. 효과성을 높이는 리더십은 목표의 성취도를 높이는 리더십이다. 리더십 효과성 모델은 자동차의 월간 판매실적을 80대에서 100대에 가깝도록, 나아가 100대 이상으로 높이는 것과 같은 논리의 틀로써 리더십 개발의 기초가 된다.

리더십 효과성 모델은
리더십 개발의 기초

"역량은 생래적이기보다
사회적 산물이다."

_존 오부(John Ogbu)

리더십 효과성 모델

역량의 우위성

지능 대비 역량의 우위성을 검증한 데이비드 매클렐런(David McClelland)는 직무 행동 분석을 통해 높은 성과를 내는 사람은 특정 지식, 기술(skill), 태도, 동기, 특질에서 보통 수준의 성과를 보이는 사람과 차이가 있음을 보고했다. 이러한 성과 차이를 보이게 하는 특성이 역량이다. 역량(competency)은 전체 조직 구성원에게 공통으로 요구되는 기본 역량, 직무수행에 요구되는 직무 역량, 직책을 수행하는 데 요구되는 직책 역량(이후 리더십 역량으로 사용)으로 구분된다.

리더십 효과성 모델에서 역량은 '목표달성의 가능성을 높이는 영향 요인'이다.

[그림 1-1]에서 보듯이, 이 모델을 구성하는 18가지 핵심 역량은 속성에 따라 3가지 역량군(인지 역량, 대인관계 역량, 전략적 관리 역량)과 3가지 차원(내적 차원, 상호작용 차원, 성장 촉진 차원)이 교차하는 영역에 2개씩 속한다.

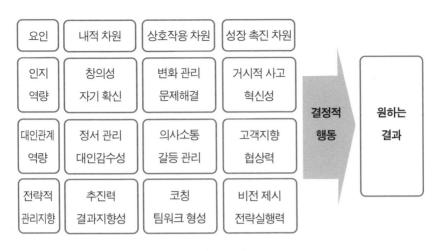

[그림 1-1] **리더십 효과성 모델**(이석재, 2014: 2021)

리더십 효과성 모델은 이 책의 논리 틀, 즉 프레임워크다. 프레임워크(framework)는 목표 달성에 영향을 미치는 것으로 여겨지는 요인이나 범주, 개념들이 서로 어떻게 연결되는지를 가설로 서술한 것이다. 이러한 정의를 바탕으로 리더십 효과성 모델의 기초인 효과성 프레임워크에 관해 알아본다.

리더십 효과성 프레임워크

리더십 효과성 모델을 구성하는 3가지 요소(영향 요인, 결정적 행동, 원하는 결과)를 연결하는 힘은 사람들의 심리에서 찾아볼 수 있다. 구성주의, 긍정심리학, 동기이론은 사람들이 구성하고 추구하고 실현하는 본래의 동기를 가정한다. 이러한 본래의 동기는 원하는 결과를 얻으려는 공통점을 갖는다.

> • 구성주의 : 사람들은 삶의 주체로서 자신의 삶을 주도적으로 구성하려고 한다.
> • 긍정심리학 : 사람은 근본적으로 행복과 성장을 추구하는 본성을 갖는다.
> • 동기이론 : 자기실현 욕구는 목적과 목표를 성취하도록 동기 부여하는 요인이다.

인간의 내적 요소(잠재성)인 동기는 결과 지향적인 특성을 갖는다. 동기는 정적인 개념이 아니라 동적인 개념이다. 따라서 사람들의 행동은 결과 지향적인 동기를 품는다.

효과성 코칭은 인본주의적 관점에서 '사람들은 삶에서 목표 달성 가능성을 높이는 효과성을 추구한다'고 가정한다. 효과성 프레임워크를 구성하는 3요소(변화 요구, 결정적 행동, 원하는 결과)를 연결하는 힘은 목표 달성 동기가 아니라 원하는 목표 달성 가능성을 높이는 효과성(effectiveness)이다. 변화 요구는 결정적 행동을 할 가능성을 높이며, 결정적 행동은 목표 달성 가능성을 높인다. 그리고 목표 달성은 삶의 목적이나 상위의 목표 달성 가능성을 높인다.

02

리더십 핵심 역량

여기서는 먼저 3가지 역량군 내에 포함된 개별 역량들이 다른 역량들과 맺는 기능적 관계를 살펴본다. 역량 사이의 기능적 관계를 명확히 이해하는 것은 리더십 효과성을 높이는 기본 과정이다.

역량군의 요소와 특징

인지 역량

인지 역량은 개인이 외부 환경과 상호작용하는 과정에서 그 환경을 어떻게 지각하고 이해하며 수용할 것인지 결정한다. 여기서 외부 환경은 물리적인 여건뿐 아니라 타인, 조직, 제도 등을 포함하는 넓은 의미의 환경을 말한다. 인지 역량은 주로 개인의 내적 특성에 의해 결정적인 영향을 받는다.

개인의 인지 활동은 체계적이며 구조적으로 이루어지는데, 이는 학습과 사회화 과정을 통해 형성된 인지 구조 때문이다. 인지구조는 인식의 틀로서, 세상을 보는 창이다. 우리가 쓰는 색안경에 따라서 보는 것과 대처하고 적응하는 방식이 달라진다.

대표적인 인지 역량은 창의성과 자기 확신이다. 창의성은 인지 활동의 시작이며, 자기 확신은 창의적 활동의 결과물에 대한 외부의 피드백으로 형성된다. 창의적 활동의 결과가 긍정적이면 자기 확신은 강해지고, 부정적이면 자기 확신은 떨어진다. 자기 확신의 정도에 따라 일의 추진력이 달라진다. 이러한 인지 역량은 환경 변화에 대응하고, 문제를 해결하고, 거시적인 시각으로 사물을 이해하는 역량으로 확대된다.

인지 역량에 속하는 6개 역량은 독립된 것이 아니라 기능적으로 서로 연관되어 있다. 창의적 사고는 내부와 외부 변화를 지각하는 데 작용한다. 또 창의적 인지 활동은 당면 문제를 해결하고, 거시적 사고를 갖고 경영 목표에 이바지하는 혁신을 끌어내기도 한다. 이처럼 개인의 독특성이 차별적인 잠재성이지만, 조직 차원에서는 창의성으로 발휘되고 혁신성으로 전환되도록 해야 한다.

대인관계 역량

대인관계 역량은 타인과 맺는 관계에서 작용한다. 타인은 리더십 발휘의 대상이며 리더십 효과를 결정한다. 성과 지향적인 리더는 구성원을 성과 창출을 위한 수단으로만 보는 경향이 있다. 그들은 구성원을 배려하고 열린 대화를 하기보다는 높은 성과를 내는 데만 관심을 둔다.

대인관계에서 발생한 문제를 다루는 기술이 부족한 리더는 지속적인 성장을 기대하기 어렵다. 조직에서 개인의 지위가 올라가고 역할이 중요해질수록 인간관계가 차지하는 비중은 더 커진다. 리더의 가장 중요한 역할은 조직 내의 구성원, 고객, 기타 이해관계자들 사이에 신뢰와 협력적 관계를 구축하고, 이를 계속 유지하는 것이다. 그러나 많은 리더가 이를 명확히 이해하지 못하는데, 특히 구성원과의 관계를 효과적으로 관리하지 못한다.

선택이론(choice theory)에 기초한 현실치료(reality therapy)를 개발한 윌리엄 글래서(William Glasser)는 상담실을 찾은 다수의 사람이 대인관계에서 불만족한 사례가 많다는 점을 주목했다. 우리가 자신의 삶은 통제할 수 있지만, 타인을 통제하는 것은 제한적이므로 관계관리가 중요하다. 대인관계를 원만히 형성하고 유지하려면 정서 관리와 대인감수성은 기본이다.

뛰어난 리더는 감정이입을 통해 타인을 잘 이해하고 자신의 감정을 잘 조절한다. 효과적으로 갈등을 관리하고 자유로운 의사소통이 이루어질 때 고객 입장을 우선 고려한 의사결정과 합리적인 협상도 가능하다.

대인관계 역량에 속하는 역량들은 서로 밀접한 상관관계를 갖는다. 리더의 리더십을 다면 진단(360도 진단)했을 때 공통으로 나타나는 현상이 있다. 정서 관리 능력과 대인감수성이 낮은 리더나 타인과의 의견 차이가 큰 리더일수록 의사소통 수준도 낮았다. 이는 자기중심적 사고로 인해 타인의 피드백을 받아들이지 못하는 것이다. 따라서 리더십 강화에는 높은 대인관계 역량이 필요하다.

전략적 관리 역량

전략적 관리 역량은 비전과 목표 달성을 위한 역량군이다. 오늘날 조직은 관리자에게 리더의 역할을 요구한다. 워렌 베니스(Warren Bennis)는 "관리자의 역할은 일을 제대로 하는 것이고, 리더의 역할은 옳은 일을 하는 것(A good manager does things right. A leader does the right things)"으로 관리자와 리더의 차이를 표현한다. 여기서 '옳은 일'은 조직의 비전과 목표, 계획, 방향성에 가장 부합하고 필요한 일을 한다는 뜻이다.

리더는 조직의 비전을 세우고 이를 달성하기 위한 목표를 설정한다. 목표는 비전을 달성하는 이정표다. 리더는 목표 달성을 위해 결과 지향적인 사고능력을 갖추고 팀워크를 구축한다. 비전을 명확히 제시하는 리더는 팀워크를 잘 활용하고 구성원들의 잠재력을 최대한 발휘할 수 있도록 코칭을 한다. 더불어 목표 달성을 위해 위험을 감수하는 추진력도 발휘한다.

3가지 역량군의 균형 관리

배는 왼쪽과 오른쪽의 노를 번갈아 균형 맞춰 저어야 앞으로 나아간다. 한쪽 노를 더 많이 저으면 배는 궤도를 벗어난다. 대인관계 역량과 전략적 관리 역량은 두 개의 노와 같다. 리더가 둘 중 어느 한 역량에 치우치면 리더십의 효과는 떨어진다. 전략적 관리 역량에 치우치면 조직에서 좋은 성과를 낼지는 몰라도 구성원의 지지를 받지 못할 수 있다. 이런 리더는 타인과의 관계를 일 중심으로만 형성한다. 반면 리더가 대인관계 역량에 치우치면 조직의 분위기가 부드러워지고 구성원들에게 자율성이 부여되므로 일할 맛이 나는 듯하지만, 일의 성과가 떨어질 수 있다.

리더가 두 역량군을 균형 있게 발휘해야 리더십 효과성이 높아진다. 또 리더는 인지 역량을 통해 구성원의 잠재성을 끌어내고, 급변하는 환경 변화를 읽고 당면 문제를 풀어내는 리더십을 발휘해야 한다.

핵심 역량이 작동하는 차원

리더는 구성원들의 개인 효과성이 팀 효과성과 연계되고 조직 효과성으로 나타나도록 코칭해야 목표를 이룰 수 있다. 조직과 개인 간의 연계성을 리더십 개발에서 다루기 위해 차원의 개념을 적용한다.

차원의 기능적 의미

차원(dimension)은 역량이 기능적인 측면에서 공통적인 성질을 갖는 것을 의미한다. 조직에서 개인 효과성에 영향을 미치는 요인은 정서 관리, 갈등 관리, 고객지향 등과 같은 리더십 역량이다. 이들 역량은 어느 차원에서 주로 작동하는지에 따라서 세 가지 차원 중 어느 한 차원에 속한다. 예를 들면 정서 관리는 자기 관리에 속하는 것으로 내적 차원, 갈등 관리는 타인과의 관계에서 작동하여 상호작용 차원, 고객지향은 타인과의 관계 영역을 넘어 외부 환경에 대응하는 과정에서 발휘되기 때문에 성장 촉진 차원에 속한다.

- 내적 차원 : 개인의 내면에서 주로 작동하며 자기 관리가 필요한 요인들의 공통 차원이다.
- 상호작용 차원 : 타인과의 관계에서 주로 작동하며 관계의 질에 영향을 미치는 요인들의 공통 차원이다.
- 성장 촉진 차원 : 외부 환경에 대응하는 과정에서 주로 작동하며 방향성을 주는 요인들의 공통 차원이다.

개인과 조직의 개발을 연계하는 통로

차원은 개인과 조직의 개발을 연계하는 통로(pathway)다. 리더십 계발을 통합과 시스템 측면으로 접근하고 싶다면 차원별로 개인-팀-

조직 효과성의 연계를 깊게 살펴볼 필요가 있다. 모든 리더와 구성원이 각 차원에서 연계성을 갖도록 핵심 역량을 발휘할 때 리더십 효과성은 원하는 수준에 이른다.

　개인과 조직의 개발을 연계하려는 리더는 내적 차원에 속하는 개인, 팀과 조직의 핵심 역량이 서로 높은 수준의 연계성을 갖는 방안을 탐구한다. 같은 방식으로 상호작용 차원에서 개인과 조직의 핵심 역량이 갖는 연계성을 비교 분석한다. 이어서 성장 촉진 차원에서도 같은 방식으로 연계성을 비교 분석한다. 이처럼 차원별로 연계성을 보면서 개인과 조직의 현재 상태와 앞으로 개선할 점을 찾는다.

원하는 결과

● ● ●

  리더에게 '원하는 결과'는 조직과 개인의 변화 요구가 조화롭게 반영된 목표이므로 원하는 결과를 명확하게 정의하려면 먼저 변화 요구의 근원을 객관적으로 파악해야 한다. 리더십 개발에서 리더의 변화 요구는 리더의 역할을 성공적으로 수행하는 데 필요한 리더십 행동 변화에 초점을 맞춘다. 리더십 핵심 역량(영향 요인)을 진단하면 리더의 변화 요구를 찾을 수 있다. ELA는 다면 진단으로 리더 본인과 상사, 동료, 부서원의 변화 요구를 종합적으로 수집한다.

  따라서 핵심 역량을 진단하고 분석하면 리더의 변화 요구가 드러난다. 이를 통해 리더십 효과성 모델(핵심 역량-결정적 행동-원하는 결과)은 효과성 프레임워크(변화 요구-결정적 행동-원하는 결과)와 연결된다. 이러한 이해를 바탕으로 원하는 결과를 설정하는 관점을 살펴본다.

자기 인식의 준거와 연결

　자기 인식은 '변화 요구 – 결정적 행동 – 원하는 결과'를 자기 자신과 연결하는 인지능력이다. 자기 인식은 사람들이 갖는 멘털 모델(mental model)에 기반을 둔다. 뭔가를 원한다는 것은 사람의 내면에서 나온다. 내면에서 나온 것일수록 원하는 결과를 열망한다. 따라서 원하는 결과를 설정할 때 자기 인식을 구성하는 5가지 요소의 관점에서 본 연결성을 확인한다.

　기본적인 질문은 "전반적으로 원하는 결과는 삶에 대한 자기 인식의 준거와 연결되어 있는가?"이다. 이 질문에 대해 부정적인 답은 원하는 결과의 가치와 의미를 낮추고 결정적 행동을 억제한다. 그러므로 원하는 결과를 자기 인식의 준거와 연결되는 정도를 확인하고 그 연결성을 높인다. 이를 위해 필요하다면 원하는 결과의 내용을 수정하거나 재구성해 본다. 변화 요구, 결정적 행동에 대해서도 기본적인 질문을 던져본다. 자기 인식의 준거는 다음 5가지로 요약된다.

- 정체성: 나는 내가 누구인지 알고 있다.
- 주체성: 나는 원하는 삶을 구상하고 만든다.
- 목적성: 나는 존재 이유를 알고 있다.
- 일치성: 나는 삶의 목적과 합치되는 생활을 한다.
- 수용성: 나는 현실을 조건 없이 있는 그대로 받아들인다.

미래 관점에서 보는 현재

우리는 원하는 결과를 설정하면서 자기 인식을 각성한다. 이를 바탕으로 자신의 삶을 구상하고 책임지는 인본주의적인 심리를 경험한다. 먼저 현실을 확인하려고 하면 당면한 현실 문제를 떠올리면서 해결 방안을 모색한다. 이때 현실적인 결핍, 상대적 박탈감, 실패와 좌절 등을 떠올리면서 부정적으로 사고하기 쉽다. 현실 문제가 자기 인식과 자기 존중을 압도하는 것이다. 그러므로 먼저 미래 관점을 취하고 나서 자신에게 질문한다.

"내가 진정 원하는 건 무엇인가?"

이 질문에 대한 응답의 관점에서 현재를 본다.

존 휘트모어(John Whitmore)는 GROW모델(goal setting-reality check-options-will로 구성된 코칭 모델)을 통해 먼저 목표 설정을 할 것을 제안한다. 그는 성과 코칭을 통해 사람들이 자신의 삶을 당당히 마주하는 존재 방식을 선택하도록 돕는다. 또 자신의 목표를 설정하고 달성하는 과정에서 자기 인식과 책임감을 가질 것을 제안한다. 원하는 결과를 스스로 선택하고 결정하는 것이다.

어리석은 선택을 하지 않는다

윌리엄 글래서(William Glasser)에 따르면 인간의 선택과 행동을 유발하는 힘은 외부에 있지 않고 내부에 있다. 우리는 현실에서 얻는 느낌, 행동, 생리적인 결과와 사고를 주체적으로 선택할 수 있다. 자기 주도적으로 삶을 구상하고 결정하는 능동적인 선택의 결과가 만족스럽지 못할 수도 있지만, 중요한 것은 느끼고 생각하고 행동하는 주체가 바로 나라는 점이다.

그러나 사람들은 불확실한 상황에서 판단할 때 합리적으로 사고하기보다 외부 정보나 준거에 의존한다. 불확실성과 변동성이 높은 오늘날에는 합리적인 선택과 의사결정을 하기가 점점 더 어려워진다. 따라서 선택을 하지만 어리석은 선택을 피하는 것이다. 이를 위한 효과적인 방법은, 어리석은 선택이 가져올 부정적인 결과를 피하고 목표를 달성할 수 있는 대안을 찾는 것이다. 이러한 사고방식이 비합리적인 선택에 따른 실수를 줄일 수 있다.

역량과 결과를 잇는 결정적 행동

• • •

"주식계좌에 표시된 금액은 내 돈이 아니다"라는 주식 격언이 있다. 현금화해서 꺼내 써야 비로소 내 돈이라는 의미다. 우리 안에 내재한 성장잠재력도 마찬가지여서 개발해내지 않으면 아무 소용이 없다. 성장잠재력을 어떻게 업무 역량과 연계할 것인가? 전략적 접근은 개인화다. 리더는 구성원 개인에 관심을 두고 역량 개발과 성과 관리를 해야 한다. 개인별 맞춤형으로 역량을 키워 업무수행 성과를 높이는 것이다.

예전에는 외부 환경과 경영의 요구에 대응하는 데 취약한 역량을 키우는 데 집중했지만, 오늘날에는 본인과 타인의 잠재성을 끌어내는 리더십을 강조한다. 따라서 리더가 원하는 성과를 내려면 외부 환경과 경영 요구에 대응하는 리더십과 개인별 잠재성을 끌어내는 리더십을 균형 있게 발휘해야 한다. 이때 리더는 결정적 행동에 집중한다. 결정적 행동은 다음 몇 가지로 요약된다.

잠재성을 끌어낸다

목표 달성을 위해 구성원이 어떻게 생각하고 행동해야 하는지, 모범 답안을 만들어 전달한다. 구성원에 초점을 맞추고 그들이 원하는 것을 제공해도 조직의 시각에서 이루어진다. 조직의 목표 달성을 위한 전략을 효과적으로 실행할 지식과 기술을 구성원에게 알려주는 주입식이다. 이러한 접근은 실행(doing) 중심의 전통적인 방식이다.

최근 신세대의 출현, 개인주의화, 자기개발 열풍 등의 사회문화적 변화에 따라 집단의 특성을 공유하기보다 개인의 특성을 더 강조한다. 이러한 변화에 따라 개인의 개별성을 존중하고 잠재성을 끌어내어 원하는 결과를 얻으려는 접근이 코칭이다. 이러한 끌어내는 접근은 존재(being) 중심이다. 대표적인 코칭 기술은 경청과 질문이다.

잠재성을 성과와 연계한다

조직이 계속 성장하려면 모든 구성원의 잠재성이 실제 성과로 실현되어야 한다. 구성원이 아무리 뛰어난 잠재성을 지녔다 해도 리더가 이를 효과적으로 끌어내지 못하면 소용이 없다. 잠재성을 끌어내는 대표적인 방식은 코칭이다. 끌어내기 리더십을 발휘하는 리더는 구성원을 일방적으로 밀어붙이지 않는다. 업무 중에 구성원이 겪는 어려움을 경청하고, 스스로 그 난관을 이겨낼 방안을 찾도록 질문하고 결과 만들기에 몰입하도록 도와준다.

저마다 다음 질문에 대한 답을 찾아보자. 코칭 마인드를 가진 리더는 탐구 질문을 통해 구성원의 잠재성을 최대로 끌어내어 원하는 결과를 만드는 데 리더십 역량을 쏟는다.

- 잠재성을 끌어내기 위해 지금 달리할 수 있는 것은 무엇입니까?
- 원하는 결과를 얻기 위해 무엇을 달리해보겠습니까?

조직과 개인을 함께 성장시킨다

리더는 구성원의 잠재성을 끌어내어 이전보다 나은 성과를 내고 그 과정에서 구성원을 성장시켜야 한다. 경영진은 구성원을 통해 경영 방침과 전략, 전략 과제들을 성공적으로 수행한다. 중간 리더는 경영진과 구성원의 요구사항을 충분히 이해하고, 경영진과 구성원의 연결고리 역할을 해야 한다.

- 조직과 개인의 요구를 균형 있게 충족하는 방법은 무엇입니까?
- 어떠한 환경이 조성되면 조직과 개인이 함께 성장하겠습니까?

현명한 리더는 구성원들의 작은 요구에도 주의를 기울인다. 구성원에 대한 리더의 관심이 깊을수록 구성원의 요구를 잘 파악하고 존중한다. 존중은 몰입을 끌어내어 성과를 만드는 가장 강력한 방법이다. 글로벌 경쟁이 갈수록 치열해지고 기술과 상품의 교체 주기가 날로 빨라지는 경영 현실에서 몰입은 생산성과 품질을 향상할 수 있다.

　몰입 효과에 관한 연구 결론은 조직과 개인의 효과성을 견인한다는 것이다. 구성원에 대한 리더의 존중과 구성원의 몰입을 통해 조직과 개인이 함께 성장할 수 있다. 따라서 리더는 구성원과의 관계를 시스템적 관점에서 접근할 필요가 있다.

생각 파트너의 심리 코칭

다음 질문에 대한 생각을 정리해 보십시오.

생각(Think) : 다른 사람이 원하는 결과를 얻도록 한 성공 사례를 떠올려 보십시오. '변화 요구-결정적 행동-원하는 결과' 의 틀에 맞게 사례를 구성해서 작성하십시오.

선택(Choose) : '변화 요구-결정적 행동-원하는 결과' 의 연결성을 생각할 때 가장 성장(개선, 변화, 육성, 숙련, 발전 포함)하고 싶은 점은 무엇입니까?

실행(Act) : 삶에서 성장하고 싶은 점을 이루기 위해 무엇을 하겠습니까? 구체적으로 실행할 내용과 실행을 방해하는 요인과 극복 방법을 작성하십시오.

실행 내용 :

방해 요소와 극복 방법 :

리더십 개발은 일회적인 활동이 아니라 전략적으로 계획되고 목표가 달성될 때까지 계속 추진되어야 한다. 리더십 개발에 성공하려면 효과성 코칭(이석재, 2014: 2023: 2024)의 기본 설계인 4단계 과정(변화 요구 파악, 변화 목표 설정, 행동 변화 코칭, 효과성 코칭 평가)를 따르는 것이 바람직하다. 효과적인 리더십 행동은 리더가 리더로서 가장 적합한 역량을 발휘하여 당면한 과제를 완결하는 것이다. 리더십 진단을 활용한 코칭 설계는 리더십 개발을 위한 청사진이다

리더십 진단을 통한
코칭 설계

"바람직한 리더의 특징은
기꺼이 새로운 행동을 해보겠다는
의지를 보이는 것이다."

_배리 포스너(Barry Posner)

01

변화 요구 파악

● ● ●

　홍길동 팀장은 팀원이 끝까지 자기주장을 고집하자 당혹스럽다. 어떻게든 그를 이해시키려 노력했지만 쉽지 않다. 홍 팀장은 자기도 모르게 언성을 높였다. 감정 관리에 실패한 것이다. 그날 이후 홍 팀장은 "자기주장이 강한 사람을 만나면 가슴이 답답해진다"라고 하소연한다. 트라우마가 생긴 것이다. 그래서 이후로는 팀원 중 누군가 자기주장을 강하게 내세우면 대세에 크게 지장이 없는 한 수용하고 만다. 문제를 해결하기보다 피해가기로 한 것이다.

　어떻게 홍 팀장을 도울 수 있을까? 매년 건강검진을 받는 것처럼 먼저 리더십 진단이 필요하다. 팀장의 언행은 팀원에게 막대한 영향을 미친다. 문제의 상황을 회피하거나 미봉책으로 때우는 것은 리더십의 효과성을 떨어뜨린다. 팀장의 역할을 제대로 하려면 근본적인 해결책을 찾아야 한다. 시스템 관점에서 현재의 모습을 진단하고, 그 결과를 토대로 해결 방안을 찾아야 한다.

리더십 개발의 요구 분석

리더십 개발은 목표지향적인 활동이다. 먼저 리더십 개발의 목적을 명확하게 구체적으로 정의하는 것이 중요하다. 리더십 개발의 요구는 다음 표와 같이 직업상의 직무 목표와 개인의 성장 목표 관점에서 생각해 볼 수 있다.

〈표 2-1〉 **리더십에 대한 요구 분석**

	추구하는 목표	필요한 리더십 역량	우선 필요한 리더십 역량
직무 목표			
개인 목표			

출처: 이석재(2006)

직무 목표와 개인 목표는 6개월(또는 1년) 단위로 설정한다. 직무 목표를 설정할 때는 조직 관점에서 생각하고 판단하는 것이 중요하다. 어떤 리더십 역량이 필요한지는 조직의 사업 전략, 사업 과제, 조직이 부여한 역할에 따라 결정되기 때문이다. 리더로서 구성원을 코치해야 한다면 구성원의 직무 목표와 개인 목표가 균형을 이루도록 지원하는 것이 중요하다.

그 다음에는 목표 달성에 요구되는 리더십 역량을 기록한다. 리더십은 목표 달성을 위한 전략적 수단이다. 직무 목표와 개인 목표를 달성하기 위해 각각 필요하다고 생각하는 리더십 역량을 기록한다.

그중에서 중복이 많은 역량일수록 가장 먼저 발휘해야 할 중요한 역량이다. 우선순위가 가장 높다고 여겨지는 역량 2~3가지를 〈표 2-1〉의 맨 오른쪽 빈칸에 기록한다. '우선 필요한 역량'은 조직의 직무 측면과 개인의 성장 측면을 종합해 시급히 갖춰야 할 역량이다.

리더십 진단

내게 필요한 리더십 역량과 현재 나의 리더십 수준은 차이가 날 수 있다. 리더십 수준은 ELA를 활용한 리더십 진단 결과로 나타난 수준이다. ELA(Effective Leadership Assessment, 효과적 리더십 진단)는 리더에게 공통으로 요구되는 핵심 역량을 진단하기 위해 리더십 효과성 모델을 기초로 개발한 것이다.

이 진단 도구의 신뢰도와 타당도는 기업의 현직 리더들을 대상으로 검증했다. 이 진단을 통해 리더십 수준이 높은 리더는 낮은 리더보다 2.5년의 누적 인사 평가 점수에서 더 높은 평점을 받았다. 여기 제시한 ELA는 36개 문항으로 구성한 단축형 자기 진단용(Form S)이다. 표준형으로 다면 진단(본인, 상사, 동료, 부원이 참여)을 받고 싶다면 사이트(https://thinkingpartner.co.kr)를 통해 별도로 구매할 수 있다. 누구나 다음 안내에 따라 자신의 리더십 역량을 진단할 수 있다.

안내문

다음의 각 문항은 리더가 맡은 역할과 직무를 수행하면서 보이는 리더십 행동을 서술한 것입니다. 당신은 평소 각 행동을 어느 정도 하는지 생각해 보십시오. 당신의 의견과 일치하는 정도를 나타내는 숫자를 각 문항 번호의 오른편에 있는 빈칸에 기입하십시오. 숫자가 적을수록 당신의 의견과 다른 것이고, 숫자가 클수록 당신의 의견과 일치하는 것입니다.

1 ——— 2 ——— 3 ——— 4 ——— 5

1. __ 상대방의 성격과 개성에 맞추어 상대한다.
2. __ 당면한 문제나 복잡한 상황을 처리하기 쉽게 세분화한다.
3. __ 팀원이 각자의 역할에 자부심을 느끼도록 기여도를 인정한다.
4. __ 업무 진행 단계마다 필요한 의사결정을 결단력 있게 한다.
5. __ 자신에게 주어진 과제를 완수할 능력이 있음을 보인다.
6. __ 단계별로 실행 가능한 세부 목표를 설정하고 달성도를 점검한다.
7. __ 구성원에게 공유할 사항을 정확히 전달한다.
8. __ 구성원의 직무 수행 능력에 맞게 과제를 전략적으로 부여한다.
9. __ 회사에 이익이 되도록 이해관계자들과 합의를 끌어낸다.

10. __ 다른 사람과 의견충돌이 있을 때 자기 의견을 명확하게 말한다.

11. __ 고객 의견을 수렴해 제품과 서비스 질을 높이는 데 활용한다.

12. __ 갈등 당사자들이 서로 실익을 얻는 타협점을 찾아 제시한다.

13. __ 상황이 좋지 않아도 감정을 즉흥적으로 드러내지 않는다.

14. __ 결정할 사항이 구성원과 업무에 미칠 영향을 폭넓게 고려한다.

15. __ 상대방이 내 생각을 지지하거나 수용하도록 설득력 있게 말한다.

16. __ 일시적인 해결보다 문제의 원인을 파악해 근본적으로 해결한다.

17. __ 고객 관점에서 시장 상황을 분석하고 결과를 사업 전략에 반영한다.

18. __ 부서의 성과 향상을 위한 전략과 과제를 구체적으로 제시한다.

19. __ 사적 이해관계보다 함께 일한다는 마음을 갖게 구성원을 격려한다.

20. __ 도전적 목표와 구체적 목표 달성 지표를 구성원에게 알린다.

21. __ 이해관계자의 입장을 고려해 모두가 만족하는 결정을 한다.

22. __ 구성원의 약점과 문제점을 확인하고 성장하도록 돕는다.

23. __ 관행을 따르지 않고 새로운 업무 수행 방식을 도입해 개선한다.

24. __ 구성원이 변화 필요성을 알 수 있도록 관련 정보를 제공한다.

25. __ 새롭고 독특한 아이디어로 곤란한 상황을 돌파한다.

26. __ 갈등 당사자의 의견을 충분히 듣는다.

27. __ 구성원의 관심을 끄는 긍정적인 비전과 목표를 제시한다.

28. __ 상황이 혼란스러워도 다양한 관점에서 당면 과제를 분석한다.

29. __ 구성원이 조직 변화에 동요하지 않고 적응하도록 돕는다.

30. __ 칭찬과 독려를 활용해 일에 대한 구성원의 열정을 끌어낸다.

31. __ 구성원이 당면하는 문제를 주도적으로 해결하도록 격려한다.

32. __ 틀에 갇힌 사고를 하기보다 유연하게 생각하며 독창적이다.

33. __ 주위 사람의 심정을 이해하며 그들과 친밀감을 형성한다.

34. __ 성장과 수익성을 고려해 실행할 수 있는 신사업 안을 만든다.

35. __ 좌절하거나 의기소침하지 않도록 자기 감정을 관리한다.

36. __ 회사 비전에 부합하는 업무 목표를 설정하고 공유한다.

이상의 리더십 진단 문항에 모두 응답했으면 〈표 2-2〉에 있는 문항 번호의 점수란에 응답한 숫자를 기입한다. 기록을 마쳤으면 역량별로 해당 점수의 합을 합계란에 기입한다.

〈표 2-2〉 **리더십 진단 점수의 집계표**

구분	역량	문항	점수	문항	점수	합계
인지 역량	창의성	25		32		
	자기확신	5		10		
	변화 관리	24		29		
	문제 해결	2		16		
	거시적 사고	14		28		
	혁신성	23		34		
대인관계 역량	정서 관리	13		35		
	대인감수성	1		33		
	의사소통	7		15		
	갈등 관리	12		26		
	고객지향	11		17		
	협상력	9		21		
전략적 관리 역량	추진력	4		30		
	결과지향성	6		20		
	코칭	22		31		
	팀워크 형성	3		19		
	비전 제시	27		36		
	전략실행력	8		18		

리더십 분석

ELA 결과를 토대로 각자의 리더십 강점과 약점을 확인하고 시사점을 찾아본다. 여기서 강점과 약점은 상대 비교를 통해 판단한다. 자신의 여러 리더십 역량 간의 수준을 비교하고, 다른 리더들의 역량과도 비교한다. 특히 360도 진단을 하고 싶다면 전문가의 도움이 필요하다.

- 먼저 역량 점수의 합이 가장 큰 것부터 5개를 선정한다.
  이들 역량이 강점이다.
- 다음 역량 점수의 합이 가장 작은 것부터 5개를 선정한다.
  이들 역량이 약점이다.
- 강점과 약점으로 나타난 역량이 속해 있는 역량군이 무엇인지 확인한다.
- 3개 역량군의 종합 점수를 비교하고 어느 역량군이 가장 점수가 높거나
  낮은지 본다.

리더십 진단 결과를 개발 관점에서 해석할 때 어떤 역량을 개발 대상으로 삼을지 고민이 될 수 있다. 강점을 더욱 살려 효과성을 높일지, 아니면 약점을 보강하여 효과성을 높일지 선택해야 하기 때문이다. 판단은 리더십 개발에 대한 개인이나 조직의 관점에 따라 달라질 수 있다.

조직 목표를 달성하는 데 전략적으로 중요한 역량이라면 리더는 필

요한 역량을 균형 있게 육성할 책임이 있다. 그러나 기업의 리더십 모델이나 계층에 따라서 역량의 중요성은 달라질 수 있다. 위에서 강점과 약점으로 나타난 각각의 5개 역량을 '예상한 것' 과 '예상하지 못한 것' 으로 나누어 다음 표의 빈칸에 기록한다.

〈표 2-3〉 **리더십의 강점과 약점 분석**

	예상한 것	예상하지 못한 것
강점	④	③
약점	②	①

출처: 이석재(2006)

이 분석을 통해 보면 가장 먼저 육성해야 하는 역량은 ①에 속하는 역량이다. 분명히 약점인데도 자신은 그동안 약점으로 예상하지 못한 것이다. 잠재된 약점(맹점, blind spot)에 해당한다. 이처럼 자신이 예상하지 못하는 약점이 많을수록 리더십의 실패를 자신의 문제가 아니라 외부의 문제로 돌리기 쉽다. 문제가 생기면 남 탓을 하기 바쁘다는 말이다. 리더의 바로 이런 태도가 내부의 갈등을 일으키는 요인이 된다.

다음 육성 대상은 ②에 속하는 역량으로, 자신이 이미 약점으로 예상한 것이다. 그래서 적절한 대응책을 마련했을 수도 있다. 여기서는 약점을 강점으로 변화하는 데 장애 요소들을 찾아서 제거하는 것이 중요한 학습 내용이다.

강점으로 나타난 역량 가운데 ③에 속한 역량은 자신의 강점임을 전혀 모른 역량이다. 숨겨진 강점(hidden strength)에 해당한다. 이 영역에 속하는 역량은 더욱 적극적으로 개발하여 발휘하는 노력이 필요하다.

④에 속하는 역량은 지금은 강점으로 작용하지만, 역할 수행에 적합한 수준인지 점검해야 한다. 나아가 조직 환경이 변하거나 자신의 역할이 확대되면 약점이 될 수도 있음에 유의해야 한다.

리더십을 효과적으로 발휘하려면 자신의 리더십 수준을 명확하게 이해하고, 강점으로 여겨지는 역량을 통제 범위에 두고 효과적으로 활용해야 한다.

변화 목표 설정

• • •

이제 자신의 리더십 역량 가운데 무엇을 먼저 개발해야 하는지 알았다. 이 단계에서 할 일은 육성 대상을 최종 선정하고, 강점이 되도록 구체적인 개발 계획을 수립하는 것이다. 육성 대상 역량을 최종 선정하는 방법과 절차를 알아보자.

개발 요구 역량의 선정

개발 요구 역량은 약점 또는 강점으로 선정된 5개 역량 가운데 2~3개를 우선 대상으로 한다. 앞의 〈표 2-1〉에서 '우선 필요한 역량'을 확인한다. 코치는 리더십 진단 결과와 개발 요구 역량을 검토하면서 코칭 고객이 주도적으로 자신의 강점과 약점을 탐구하도록 돕는다. 다음과 같이 질문한다.

- 당신의 강점은 무엇입니까?
- 강점이 더 발휘되도록 할 수 있는 것은 무엇입니까?
- 약점은 무엇입니까?
- 약점을 보완하기 위해 어떤 노력을 하겠습니까?

이러한 질문은 리더가 역할 수행에서 더 영향력 있는 리더가 되는 방법을 생각하도록 자극한다. 고객이 깊은 수준의 통찰과 관점 전환을 경험하도록 코치는 다음과 같이 질문을 한다.

- 당신의 성향과 역할은 리더십을 발휘하는 데 어떻게 작용합니까?
- 당신의 안전지대를 어떻게 극복할 수 있겠습니까?
- 지금까지 성장하는 데 효과적이었지만, 현재 당신의 성장을 방해하는 리더십은 무엇입니까?

원하는 결과

〈표 2-4〉에서 '원하는 결과' 에는 최종 선정한 역량 개발의 목표를 작성한다. 리더십 개발이 효과적이려면 먼저 변화 목표를 명확하게 설정한다. 홍길동 팀장의 경우 대화의 방향이 잡히고 대화의 범위도 명료해진다. 효과성 코칭에서 코치는 리더십 다면 진단과 다면 인터뷰 등의 결과를 고객에게 피드백하고, 개발이 필요한 역량과 연관된

변화 요구를 파악한다.

코치는 구조화된 질문을 통해 리더십 행동에서 변화가 필요한 점을 찾기도 한다. 대표적인 구조화된 질문은 고객이 원하는 미래 모습(to-be)과 현재 모습(as-is)을 정의하고 두 모습의 격차(gap)를 줄이는 것이다. 고객과 다음과 같이 대화를 시작한다.

- 진단 결과를 종합할 때 현재 어떤 리더입니까(현재 모습)?
- 앞으로 어떤 리더이고 싶습니까(미래 모습)?
- 원하는 리더십을 보이려면 어떤 변화가 필요합니까?
- 현재 리더십은 조직에 어떤 영향을 미치고 있습니까?
- 리더십 진단 결과는 어떤 리더십 변화를 요청합니까?
- 리더십 변화를 통해 얻고자 하는 결과는 무엇입니까?

결정적 행동 도출과 실행 점검

이 단계에서 코치는 팀장이 계획을 작성하도록 돕는다. 변화 행동을 구체화할 때 결정적 행동을 찾는다. 결정적 행동은 목표 달성 가능성을 높이는 행동이다. 아래 질문은 실천할 행동을 구체화하고 실행 계획을 수립할 때 필요하다.

홍길동 팀장은 자기주장이 강한 팀원과 대화할 때 '손쉽게 포기하지 않고 당당하게 주도적으로 대화한다' 는 결정적 행동을 확정했다.

구체적인 실천 행동을 개발하기 위해 다음 질문을 한다.

- 쉽게 포기하지 않는다는 것은 어떤 의미입니까?
- 쉽게 포기하지 않기 위해 할 수 있는 것은 무엇입니까?
- 당당하고 주도적인 대화를 하는 구체적인 행동은 무엇입니까?
- 주도적이기 위해 필요한 것은 무엇입니까?
- 어떻게 그것을 얻을 수 있습니까?
- 지금까지 작성한 것에서 빠진 것이 있다면 무엇입니까?
- 언제까지 그 노력을 해보시겠습니까?

이런 질문을 통해 실천 행동 목록을 작성한다. 이 단계에서 작성한 목록을 모두 실행에 옮길 수는 없다. 목표를 달성하려면 이 가운데 꼭 실행해야 할 행동을 선별한다. 각각의 행동에 대해 순차적으로 결정적 행동을 구성하는 3가지 속성을 도출한다. 그리고 각각에 대해 5점 만점의 리커트(Likert) 척도로 평가한다. 매우 높다(5점), 보통이다(3점), 매우 낮다(1점) 같이 점수 간격이 같은 척도를 사용한다.

- 맥락성: 현재 처한 상황에서 이 행동이 '변화 요구-결정적 행동-원하는 결과'의 틀과 어느 정도 연계성을 갖습니까?
- 예측성: 이 행동을 하면 어느 정도 원하는 결과를 얻을 수 있다고 예측하십니까?
- 가치성: 이 행동을 하면 원하는 결과의 가치를 어느 정도 높인다고 생각하니까? (원하는 결과가 갖는 기본 가치는 1점)

결정적 행동은 3가지 속성의 평가 점수 합이 가장 큰 것으로 정한다. 해당 내용을 〈표 2-4〉의 '결정적 행동' 항목에 적는다. 변화 노력의 기간에 따라 다르지만 보통 3개 이내로 한다. 이어서 결정적 행동의 세부 실천 내용을 작성하고, 행동이 완료되었을 때 조직과 자신에게 어떤 변화가 기대되는지 적는다.

기대하는 모습이 구체적이고 현실적일 때 실행력은 더 증진된다. 기대되는 모습은 성공적인 변화를 확인하는 지표와 같다. 중간 평가를 통해 기대되는 모습의 달성도를 점수(100점 만점 기준) 또는 비율(100% 기준)로 나타내는데, 필요하면 두 가지를 혼용할 수 있다. 중간 평가(점검)는 2주 단위로 설정하고, 계획을 실행하는 데 지원이 필요하다면 어떤 지원을 누구로부터 받을 것인지 정한다.

목표 달성 방해 원인과 해결 방안

리더십 개발의 방해 원인을 파악하고 해결 방안을 찾아 '방해 원인 해결 방안과 지원 요구 사항'에 기록하면 리더십 개발 계획을 작성할 때 코치의 도움을 받을 수 있다.

리더십 개발 계획서는 2장 작성하여 1장은 본인이 갖고, 다른 1장은 인재개발부에 보관하게 하여 필요한 지원을 요청할 경우 기초 자료로 활용하도록 한다.

이러한 접근은 개발 대상자의 참여와 몰입을 유도하는 데 효과적이다. 리더와 코치에게 리더십 개발을 전부 맡기고 인재 개발 부서는 도움을 요청하는 사항에 대해서만 개입하는 방법도 가능하다. 명심할 것은, 이 모든 걸 개발 대상자 본인의 주도로 이루어지도록 해야 한다는 점이다.

〈표 2-4〉 **리더십 개발 계획서 양식**

리더십 개발 계획서

작성일 : 년 월 일
작성자 :

원하는 결과	결정적 행동	구체적인 실천 행동 (생각, 창작/창안, 실행)	목표가 달성되었을 때 기대되는 구체적인 모습	중간 평가 (점수, 비율)

목표 달성에 장애가 예상되는 요인	장애 요인 해결 지원 요구 사항

출처: 이석재(2006). 리더십 개발 계획서 양식을 수정 보완함.

03

행동 변화 코칭

• • •

자기 주도적인 행동 변화를 위해 다음에 제시하는 질문을 활용하거나 전문가의 코칭을 받는다. 행동 변화에는 다양한 코칭 기술과 방법론이 활용되는데, 여기서는 리더십 개발 계획서에 작성한 '구체적인 실천 행동'을 지속하는 데 초점을 둔다.

변화의 기회와 가능성 발견

코치의 도움을 받더라도 고객 스스로 왜 변화가 필요한지를 명확히 인식하고 자발적으로 참여할 때 코칭은 효과적이다. 코치는 고객의 변화 조짐을 포착하고 새로운 가능성에 주목한다. 이때 코치가 명심할 것은, 변화의 주체는 어디까지나 고객이라는 사실이다. 고객이 원하지 않는 변화 요구는 반발심을 부른다. 특히 변화의 방향이 자기 의도와 다를 때 거부감을 표출한다. 이처럼 외부의 변화 요구에 반발하는 심리가 '변화의 역설'이다. 변화 요구가 클수록 반발심도 더 커진다. 사람은 전혀 다른 존재로 바뀌는 변신보다는 현재의 자기 존재를 더 높이 올리는 진보를 추구할 때 변화는 자연스럽게 일어난다. 따라서 진정한 변화는 변신이 아니라 '미숙한 나'를 '완숙한 나'로 성장시키는 것이다.

홍길동 팀장이 팀원과의 대화 방식을 구체적으로 바꿔보겠다고 작정할 때 코칭은 새로운 가능성을 제공한다. 코치는 현재 구체적으로 보이지는 않지만 앞으로 어떤 일이 펼쳐질지 탐색하도록 돕는다.

"팀장님, 이제 팀원과의 대화법을 바꾸려 하는군요. 대화법을 바꾸었을 때 달라지는 것은 무엇입니까?"

이런 질문은 행동 변화 결과를 구체적으로 생각하게 한다. 고정관념에서 벗어나 새로운 관점을 갖도록 자극한다. 또 새로운 관점에서 현재 자신의 대화법을 살펴보고 개선점을 찾게 도와준다. 다음과 같은 질문을 활용한다.

- 그 팀원과 새롭게 대화하면 무엇을 바꾸어 보겠습니까?
- (팀장이 바꿔보려는 행동을 말하면) 또 다른 방법은 없을까요?
- 다르게 해서 새롭게 기대하는 것은 무엇입니까?
- 팀원과의 관계에서 가능한 것은 무엇입니까?
- 원하는 결과를 얻기 위해 정말 달라져야 하는 것은 무엇입니까?

방해 원인 해소와 추가 확인

실행 계획이 성공하려면 잠재적인 방해 원인까지 미리 파악하여 대응해야 한다. 다음과 같은 질문을 활용한다.

- 당당하고 주도적인 대화를 할 때 가장 걱정하는 것은 무엇입니까?
- 어떤 문제를 해결하면 계획대로 추진할 수 있다고 생각합니까?
- 당신이 할 수 없는 부분은 무엇입니까?
- 무엇 때문에 주저하십니까? 지금 가장 힘든 점은 무엇입니까?
- 당신이 통제할 수 있는 것과 통제할 수 없는 것은 무엇입니까?

학습과 성찰

리더십 개발 과정에서 우리는 학습과 성찰의 시간을 갖는다. 코칭 말미에 고객에게 코칭에 참여하면서 알게 된 것은 무엇이고, 다음번의 코칭 미팅을 위해 준비할 것은 무엇인지, 책임지고 실행 계획을 추진할 것을 다짐받는다. 코칭의 목표 달성에 대한 다짐과 책임감을 잃지 않고 계속 유지하도록 돕는다. 다음과 같이 대화로 시작한다.

- 오늘 배운 것이 있다면 무엇입니까?
- 당신이 실천하기로 한 것은 무엇입니까? 그것은 누구의 선택입니까?

계획의 실행 결과 검토

리더십 개발 계획을 세우고 첫 실행은 중요하지만, 실행을 지속하는 것은 어렵다. 그래서 최종 검토 전에 중간 검토가 필요하다. 검토 방법은 형식적인 검토와 비형식적 검토가 있다.

형식적 검토

형식적 검토는 관리와 통제가 반영된 방식이다. 인재개발부는 성과 목표와 지원 범위 등을 정해 놓고 주기적으로 리더십 변화 정도를 검토한다. 이 방식에서는 대개 해당 상사가 검토를 책임지고, 인재개발부는 지원을 책임진다(〈표 2-5〉 참조).

리더십 변화를 파악하는 일반적인 방법은 사전 진단(1차 진단) ➡ 육성 대상 역량에 대한 교육이나 코칭실시 ➡ 사후 진단(2차 진단)의 형식을 취한다. 리더십 변화는 1차 진단과 2차 진단의 차이를 통해 확인한다. 사전-사후 진단은 진단 대상자의 상사, 동료, 팀원(구성원)이 참여하는 360도 진단이 일반적으로 활용된다. 사전 진단과 사후 진단의 간격은 6개월을 기본으로 한다. 형식적인 검토가 최종적으로 이루어지는 경우는 목표 대비 리더십 행동의 변화 정도를 비교해 판단한다는 측면에서 평가 의미를 포함한다.

형식적인 검토에서는 대개 상사에게 리더십 변화 의견을 듣는데, 그 밖에도 본인이 원하는 사람을 선정하여 의견을 들을 수 있다. 변화 피드백은 개발 계획서에 명시된 개발 목표에 초점을 두는 것이 적절하다. 형식적 검토는 조직 내부에서 이루어지는 리더십 개발 활동 평가로 사용한다.

〈표 2-5〉 **리더십 개발 계획의 실행 검토 양식**
리더십 개발 계획 실행 검토

작성일: 년 월 일
작성자:

본인 평가				상사 평가
개발 목표	개발 목표 달성도	인지·행동 변화의 결과 (학습과 성찰 포함)	보완 방안 (미흡, 매우 미흡, 개선)	개발 목표 달성도
	☐매우 미흡 ☐미흡 ☐보통 ☐우수 ☐매우 우수			☐매우 미흡 ☐미흡 ☐보통 ☐우수 ☐매우 우수
	☐매우 미흡 ☐미흡 ☐보통 ☐우수 ☐매우 우수			☐매우 미흡 ☐미흡 ☐보통 ☐우수 ☐매우 우수

본인 종합 의견	서명	상사 종합 의견	서명

출처: 이석재(2006), 리더십 개발 계획 실행평가 양식 수정·보완

비형식적 검토

　비형식적 검토는 형식에 얽매이지 않고 의견을 받아보는 방식이다. 공식적인 미팅은 물론 비공식적인 미팅을 통해서 나오는 의견도 피드백으로 활용한다. 리더십 육성을 관리하고 통제하기보다 개개인이 자신의 역량을 높이는 데에 자율적으로 노력하도록 권장한다. 개인이 자기 역량 향상에 적극적으로 대응하지 않으면 리더십 육성을 위한 조직의 노력이 무의미해질 수도 있다.

04

효과성 코칭 평가

· · · ·

코칭은 처음부터 목표가 명확하게 설정되지 않을 수 있다. 코칭은 개인 차원에서 일어나는 맞춤형 전문 활동이다. 따라서 코칭 효과는 대개 코치와 고객의 관계 수준에 따라 다르게 나타나는 것으로 여겨졌다. 그러나 임원 코칭에서는 코칭 초반에만 코치와 고객의 관계 수준이 영향을 미친다는 연구 결과도 있다.

집합교육 참가자들은 대개 교육의 종반에 같은 목표 지점에 도달하지만, 코칭 참가자들은 도달하는 목표지점이 저마다 다르다. 획일적인 평가 기준을 갖는 집합교육 프로그램과 달리 코칭 프로그램은 평가 기준이 다르고 자료 수집도 복잡하다. 코칭 대화의 기밀성은 자료 수집을 어렵게 만든다. 그래서 성과 평가 측면에서 코칭 효과를 평가하는 방법론이 필요하다. 여기서는 코칭 목표 달성을 확인하는 조사법과 도구를 코칭 유형, 평가 시점, 코칭 이해관계자별로 살펴본다. 또 효과성 평가의 활용도 탐구한다.

변화의 중간 점검

개인 코칭이 전체 일정의 중반을 지났을 때 고객의 상사와 구성원을 대상으로 그동안의 변화 노력과 성과에 대한 자체 평가를 확인하는 중간 점검을 한다. 중간 점검으로 유용한 방법은 인터뷰이다. 동료나 서포터스(supporters, 코칭 효과를 높이기 위해 선정된 지원 인력)를 인터뷰할 필요가 있는 경우 함께 진행한다. 중간 점검의 결과를 요약하여 후속 코칭에 참고 자료로 사용한다.

상사 인터뷰

상사는 리더의 개인 변화를 책임진다. 인터뷰는 1시간 이내로 한다. 상사를 대상으로 다음과 같은 질문을 한다.

- 코칭 목표 관점에서 현재 진행 현황을 어떻게 평가합니까?
- 구성원들이 현재 진행되는 리더의 변화 과제에 어느 정도 참여하고 있다고 생각합니까?
- 잘 진행되는 것은 무엇입니까? 그것을 가능하게 하는 요인은 무엇입니까? 더 촉진하는 데 필요한 것은 무엇입니까?
- 계획한 대로 진행되지 못한다면 그 원인은 무엇입니까?
- 원하는 결과를 얻을 가능성을 높이는 데 필요한 여건이나 환경은 무엇입니까?

구성원 인터뷰

리더의 변화 노력과 성과에 대한 구성원의 의견은 변화의 동력을 확인하는 것이다. 조직 내에서 일어나는 변화 경험을 공유할 때 현재 진행되는 변화 노력에 대해 폭넓은 의견을 낼 수 있다. 따라서 인터뷰 대상자는 6개월 이상의 근무 경력을 가진 팀원으로 정하되, 팀별로 3~4명씩 선정한다. 인터뷰는 개인당 1시간으로 정한다. 구성원을 대상으로 다음과 같은 질문을 한다.

- 잘 진행되었거나 진행되는 것은 무엇입니까? 그것을 가능하게 하는 요인은 무엇입니까? 더 촉진하는 데 필요한 것은 무엇입니까?
- 계획한 대로 진행되지 못한다면 그 근본적인 원인은 무엇입니까?
- 원하는 결과를 얻을 가능성을 높이는 데 필요한 여건이나 환경은 무엇입니까?
- 상사의 지원은 어느 정도 이루어지고 있다고 생각합니까?
- 추가로 의견을 말하고 싶은 것이 있다면 무엇입니까?

최종 성과 평가

리더의 결정적 행동과 구체적인 세부 실천 행동이 명확하게 정의될 때 목표를 이루기 쉽다. 그러려면 코칭의 성과 평가에 참여하는 모든 사람이 리더를 상시로 관찰할 수 있어야 한다. 최종 성과 평가는 정성 평가와 정량 평가로 구성된다. 정성 측면에서는 결정적 행동을 실행하는 과정에서 일어나는 인식 변화를 파악하고, 정량 측면에서는 결정적 행동의 실행에 따른 변화와 구체적인 결과를 측정한다.

정성 평가

정성 평가는 코칭 목표 달성에 대한 조직 참가자의 주관적인 피드백으로 구성된다. 정성 평가가 잘 되려면 코칭 목표와 더불어 목표 달성을 확인할 성공 지표가 사전에 명확하게 정의되어야 한다.

① 진단지에 작성된 주관식 피드백

응답자가 표준형 ELA에서 주관식으로 피드백을 작성할 수 있다. 이는 코칭 성과를 파악할 수 있는 유용한 자료로, 코칭 목표의 성공 지표를 참고해 다음 2가지 내용을 활용한다.

- 강점과 개발 필요성을 근거로 작성한 자료 분석
- 진단의 결과(양적 정보)와 차이를 보이는 피드백(질적 정보)

② 상사의 주관식 피드백

리더의 상사 피드백을 활용하는 경우, 다음 내용에 주목한다. 코칭이 6개월 이상 장기로 이루어지는 경우 주기적으로 피드백을 수집해서 성과 평가에 활용한다. 이때는 코칭의 성과를 언제 확인할지를 미리 정한다. 코칭을 시작할 때 수집하면 코칭 중반 또는 종료 이후에 수집한 자료와 비교할 수 있다.

- 변화 기대를 충족한 정도
- 코칭 기간에 관찰된 행동 변화

③ 리더 본인의 피드백

리더는 다음과 같은 평가 기준에 대해 셀프 보고서를 작성(또는 셀프 피드백)하고 코칭 전 과정을 통해 수집한 내용을 성과평가에 활용한다.

- 변화 동기, 강점과 약점 발견, 인식변화, 관점 전환, 통찰
- 인지적 측면에서의 변화에 따라 기존과 다르게 한 행동
- 구체적인 행동 변화를 통해 만든 결과
- 코칭 종료 후 자기 주도로 추진할 리더십 과제(2~3가지)
- 코칭에 참여하며 느낀 소감

④ 코치의 주관식 피드백

코치는 동일한 평가 기준에 대해 코치의 의견서를 작성하고 다음의 내용도 추가한다.

- 코칭 시작 단계에서 판단한 이슈와 종료 단계에서 본 실제 이슈, 그렇게 본

정량 평가

정량 평가는 측정이 가능한 내용을 대상으로 한다. 주로 코칭 목표와 관련된 설문조사, 코칭을 시작할 때 사용한 역량 진단, 성격검사 등을 사용한다. 효과성 코칭에서 사용하는 진단은 ELA(효과적 리더십 진단), TEA(팀 효과성 진단), OEA(조직 효과성 진단)이다.

① 설문조사

코칭에 대한 조직 참가자의 반응을 알아보는 방법이다. 수집된 자료가 신뢰성과 타당성을 갖도록 설문조사의 내용과 구성, 문항의 수, 조사 대상과 방법을 미리 계획한다. 그런데 조직 내에서 다양한 조사가 진행되는 경우, 조사에 따른 피로감과 부정적 인식이 있을 수 있다. 따라서 조사를 시행할 때 조사 환경이 적절한지를 잘 따져 본다. 설문의 문항 수를 8개 이내로 하면 응답률을 높일 수 있다. 코칭의 성과를 알아보기 위한 포괄적인 문항은 다음과 같다.

응답은 7점 척도로 표현한다. 그렇지 않다(1점)로부터 그렇다(7점)와 같이 등간 척도를 사용한다. 척도의 점수가 클수록 동의하는 정도가 큰 것이다.

- 나는 전반적으로 이번 코칭에 만족한다.
- 코칭을 통해 나의 리더십 강점과 약점을 명확히 알았다.
- 코칭은 내게 새로운 성찰의 기회를 주었다.
- 나는 코칭 목표를 달성하기 위해 노력했다.
- 코칭은 조직에서 나의 역할 수행에 도움이 되었다.
- 코칭은 나의 사업과제를 수행하는 데 도움이 되었다.

코칭을 통한 행동 변화를 조사하기 위해 코칭을 시작할 때 코칭 기간에 실천하고자 하는 행동을 미리 확정한다. 이 경우 해당 행동에 대해 참가자에게 "어느 정도 효과적으로 발휘하고 있습니까?"와 같이 질문할 수 있다. 조사는 코칭 전과 후에 시행하고, 응답의 차이를 통해 성과를 판단한다.

② 코칭 세션별 측정

리더가 코칭에 적극적으로 참여하도록 코칭 세션을 관리하면 코칭 효과를 높일 수 있다. 코칭을 시작할 때 리더에게 다음 질문에 응답하도록 요청한다. 코칭 매뉴얼을 제작해서 사용한다면 코칭 세션 양식에 포함한다. 응답은 7점 척도로 표현한다. 그렇지 않다(1점)로부터 그렇다(7점)와 같이 등간 척도를 사용한다. 척도의 점수가 클수록 동의하는 정도가 큰 것이다.

- 코칭 목표가 무엇인지 명확히 알고 있습니까?

- 적극적으로 변화를 만들어낼 자신이 있습니까?
- 코칭 목표를 달성하겠다는 의지가 확고합니까?

③ 효과성 진단 사용

효과성 코칭에서는 코칭의 성과를 측정하기 위해 준 실험연구에서 흔히 사용하는 사전 진단-사후 진단의 방식을 사용한다. 코칭 성과를 측정하기 위해 사용할 때 다음 사항을 유의한다.

- 진단 참가자에게 이메일로 진단에 관한 안내문을 보낸다.
- 참가자가 진단에 응답한 내용은 비밀이 보장됨을 분명히 알린다.
- 진단에 응답한 내용은 고객의 육성 목적에만 활용된다는 점을 분명히 알린다.
- 진단에 응답하지 않은 참가자에게 일정 주기로 응답을 독려하되, 3회 이내로 한다.

사전 진단-사후 진단 방식을 사용한다면 코칭 전과 후를 진단하고 차이 분석을 통해 코칭 성과를 측정한다. 코칭 성과평가에는 진단 전체 내용으로 차이를 분석하는 방법, 코칭 목표와 관련된 요소만 집중적으로 분석하는 방법이 있다. 효과성 코칭에서는 다음 두 가지에 집중한다.

- 영향 요인(역량)별로 코칭 사전-사후에 얻어진 '타인 진단 점수의 차이', 코칭 사전-사후에 얻어진 '본인과 타인 진단의 점수 차이'의 변화를 각각 분석한다.

- 진단 문항(개별 행동)별로 코칭 사전-사후에 얻어진 '타인 진단 점수의 차이', 코칭 사전-사후에 얻어진 '본인과 타인 진단의 점수 차이'의 변화를 각각 분석한다.

코칭의 성과 평가

코칭을 통해 얻은 성과를 화폐 가치로 환산하여 ROI(투자수익률분석)를 하는 방법이 있다. 사례를 통해 사용법을 살펴본다. 기업의 경제성 평가를 담당하는 한 리더는 사업 평가 방법론을 학습하고 평가 실무에 필요한 도구와 활용법, 프로젝트 관리 기술과 대인관계 기술에 대해 전문가의 코칭을 받았다. 그는 자신의 업무성과 향상에서 코칭이 기여한 정도를 40퍼센트로 추정하고, 그 추정을 100퍼센트 확신했다. 그는 코칭의 금전적 가치를 5,000만 원으로 추정하고, 그 추정을 80퍼센트 확신했다. 직접비와 간접비를 포함한 총 코칭 비용은 650만 원이다. ROI를 산출하는 공식은 다음과 같다.

$$[공식] \quad ROI\,(\%) = \frac{순편익}{비용} \times 100$$

금전적 편익(monetary benefit)=코칭의 금전 가치×금전 가치 추정(%)×코칭의 기여도 추정(%)×기여도 추정 확신(%), **순편익**(net benefit)=금전적 편익-비용, **비용**=총 코칭 비용

$$[\text{예시}] \quad ROI\,(\%) = \frac{950\text{만원}}{650\text{만원}} \times 100 = 146\%$$

금전적 편익=5,000만 원×80%×40%×100% = 1,600만 원, 순편익 =1,600만 원-650만 원=950만 원, 비용=650만 원

코칭을 도입한 회사는 투자의 1.46배 편익을 얻었다. ROI를 계산할 때 편익을 추정하는 방법은 다양하다. 비용편익에 대한 정보는 투자를 결정할 때 유용한 정보이나, 산출 과정이 쉽지 않다. 특히 추정치의 산정에 주관이 개입한다는 점에 논란이 있다. 더 정확한 ROI를 원한다면, 합리적인 추정을 할 수 있는 구조화된 인터뷰 방법과 검증된 추정의 준거들이 축적될 필요가 있다.

증거 기반 코칭 실행하기

코칭 도입 초기에는 개인의 코칭 경험과 축적된 전문성이 코칭 서비스를 선택하는 개인이나 조직의 의사결정에 결정적인 영향을 미쳤다. 오늘날에는 글로벌 수준의 코칭 전문성, 행동과학과 성인교육 등의 이론에 기초한 코칭, 현장 연구로 검증된 코칭이 의사결정에서 증거 기반으로 인정받고 있다.

코칭을 효과적으로 수행하려면 코칭 방법론이 필요하다. 방법론은

사회 현상을 객관적으로 분석하여 패턴과 흐름을 도출함으로써 예측력을 높여 향후 전략에 적용하는 논리체계다. 이를 토대로 연구 주제와 문제를 다루기 위해 진단이나 인터뷰 등과 같이 자료를 수집하는 연구 방법을 결정한다([그림 2-1] 참조).

코칭 방법론에 기반한 코칭을 전개할 때 나만의 코칭 프레임워크를 만들면 방법론을 선정하는 준거가 된다. 가령, 효과성 코칭은 목표달성 가능성을 높이는 목표지향적인 협력 활동이다. 효과성 코칭의 프레임워크는 '변화 요구-결정적 행동-원하는 결과' 로 구성된다(이석재, 2023: 2024). 코치는 코칭 전 과정을 통해 이들 3요소를 연결한다. 이를 위한 대표적인 코칭 방법은 리더가 목표달성 가능성을 높이는 영향 요인을 찾는 것이다.

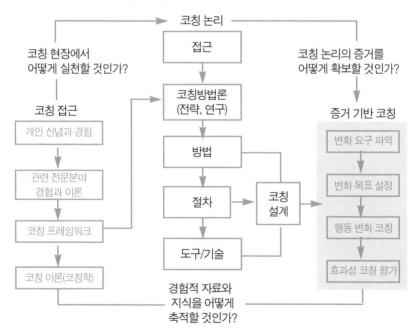

[그림 2-1] **증거 기반 코칭을 위한 논리 구조** (이석재, 2021)

코치는 리더의 리더십을 다면 진단한 결과를 토대로 변화 요구를 규명한다. 이어서 리더의 변화 요구와 원하는 결과를 충족하는 결정적 행동을 규명하고, 코칭 기간에 인식과 행동변화 코칭을 실행한다. 이처럼 코칭 프레임워크는 코칭 방법론에 따른 코칭 방법과 절차, 코칭 도구와 기술을 선정하는 논리를 제공한다. 코치가 코칭 프레임워크를 코칭 현장에서 전개하도록 한 판 짜기가 코칭 설계다.

코칭의 과학화를 실천하는 코치는 코칭 설계를 토대로 증거 기반 코칭을 전개한다. 증거 기반 코칭은 코치가 코칭 프레임워크에서 사용한 주요 개념들의 논리적 관계가 효과적으로 작동한다는 증거를 확보하는 활동이다. 효과성 코칭에서는 프레임워크인 '변화 요구-결정적 행동-원하는 결과' 의 논리를 검증한다. 고객별로 진행되는 코칭을 하나의 연구로 여긴다.

코칭 목표를 구성하는 주요 개념들의 논리적 관계에 대해 가설을 설정한다. 이를 통해 코칭의 작동 원리를 탐구한다. 효과성 코칭에서 코칭 설계는 4가지 과정(변화 요구 파악-변화 목표설정-행동 변화 코칭-효과성 코칭 평가)이 표준이다.

생각 파트너의 심리 코칭

다음 질문에 대한 생각을 정리해 보십시오.

생각(Think) : 제2장을 읽으면서 새롭게 알게 된 것은 무엇입니까?
그것은 현재 당신의 리더십 개발에 어떤 변화를 줄 수 있습니까?

_____

_____

선택(Choose) : 작성한 내용 중에 가장 중요한 것은 무엇입니까?
중요하다는 것은 어떤 의미입니까? 어떤 결과를 기대하십니까?

중요한 변화 : _____

중요한 의미 : _____

기대하는 결과 : _____

실행(Act) : 위에서 작성한 내용을 토대로 당신의 리더십 개발을 위한 단기 과제
를 확정하고 실행해 보십시오.

변화 요구 파악 : _____

변화 목표 설정 : _____

행동 변화 코칭 : _____

효과성 코칭 평가 : _____

조직에서 리더의 리더십은 개인보다는 조직의 목표를 이루기 위한 전략적 수단이므로 경영 전략 차원에서 접근해야 한다. 리더는 조직의 비전을 제시하고, 그것을 달성하기 위한 전략을 수립하고 실행한다(Noel Tichy, 2000). 또 조직의 성과 향상을 위해 구성원의 잠재력 개발은 리더의 중요한 책무이므로 리더십 개발은 개인 차원을 넘어 팀과 조직 차원에서 통합적이고 시스템적으로 접근해야 한다.

03

시스템으로 확대하는
리더십 영향력

"리더는 타인을 변화시키기 전에
먼저 자기 자신을 변화시켜야 한다.
위대한 리더는 모범을 보인다."

_존 맥스웰(John C. Maxwel)

01

리더십 개발을 위한 통합적 접근

● ● ●

　리더십 개발은 개인을 넘어 팀과 조직 차원의 과제이므로 시스템적이고 통합적인 관점에서 조직 개발과도 연계한다.

　리더십 효과성에 영향을 미치는 요인이 개인과 팀 그리고 조직에서 발휘될 때 구성원들은 목표 달성에 적합한 직무 행동(결정적 행동)을 하게 되고, 그 결과로 목표 달성 가능성을 높인다. 또 각 요인은 3가지 차원 중 어느 한 차원에서 고유하게 작동한다([그림 3-1] 참조).

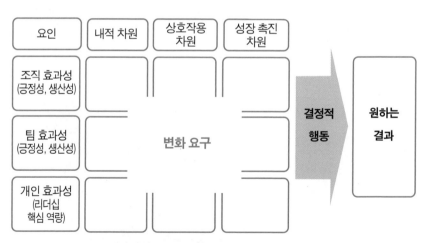

[그림 3-1] **효과성 모델**(이석재, 2014 : 2023: 2024)

각 요인이 갖는 차별성을 고려하여 효과성 코칭에서는 개인과 팀 그리고 조직에 맞는 진단 도구를 활용하여 객관적으로 측정하고 변화 요구를 도출한다.

3가지 효과성 요인의 속성

조직에서 리더는 3가지 효과성을 관리한다. 조직의 일원으로서 개인 효과성, 팀원들과 만드는 팀 효과성, 그리고 상위 집단의 조직 효과성이 그것이다. 개인 효과성 요인은 앞장에서 살펴본 바와 같다. 팀 효과성과 조직 효과성 요인은 뒤에서 더 살펴보고 여기서는 효과성 요인의 주요 특징을 소개한다.

개인 효과성 요인

리더는 인지 역량, 대인관계 역량, 전략적 성과 관리 역량에 속하는 18가지 리더십 핵심 역량을 갖추고 발휘할 때 개인 효과성을 극대화할 수 있다. 리더십을 구성하는 핵심 역량이 곧 효과성에 큰 영향을 미치는 요인이다. 효과성 코칭에서는 이들 역량을 진단할 수 있는 효과적 리더십 진단을 활용한다. 이 도구는 온라인으로 운영되는 다면 진단 도구로서 리더의 리더십 역량 수준을 객관적으로 측정한다. 코치는 진단 결과를 토대로 리더와 구성원 간의 관점 차이를 최소화하고 리더가 리더십 핵심 역량을 균형 있게 발휘하도록 돕는다.

팀 효과성 요인

리더가 팀 효과성을 높일 수 있도록 코치는 팀 효과성에 영향을 미치는 요인을 파악한다. 팀 효과성에 영향을 미치는 요인들이 갖는 공통 특성은 생산성(productivity)과 긍정성(positivity)이다. 문헌 연구와 컨설팅 자료를 토대로 팀 효과성에 영향을 미치는 생산성 요인과 긍정성 요인을 각각 6개씩 총 12개를 도출하고, 타당도 검증을 통해 온라인 진단 도구인 팀 효과성 진단을 개발했다. 팀장은 각 요인의 현황을 진단하여 팀 효과성을 향상하는 구체적인 방안을 수립하고 팀 관리에 활용할 수 있다.

조직 효과성 요인

조직 효과성 진단과 팀 효과성 진단은 팀과 조직 운영에 필요한 리더십과 효과성에 영향을 미치는 요인들이 서로 다르다. 조직 효과성에 영향을 미치는 생산성 요인과 긍정성 요인은 각각 6개씩 총 12개다. 리더가 각 요인의 현황을 측정하여 관리할 수 있을 때 조직의 효과성을 향상하는 구체적인 방안을 수립할 수 있다. 이러한 관점에서 온라인 진단 도구인 조직 효과성 진단이 유용하다.

3가지 차원의 기능

조직 구성원의 개인 효과성이 팀 효과성과 연계되고 조직 효과성으로 나타나도록 코칭하는 것이 중요하다. '차원'은 코칭에서 이러한 연계성을 다루는 데 유용한 개념이다.

조직에서 개인 효과성에 영향을 미치는 요인은 정서 관리, 갈등관리, 고객지향 등과 같은 리더십 역량이다. 이들 역량은 작동 기제에 따라 3가지 차원(내적 차원, 상호작용 차원, 성장촉진 차원) 중 하나에 속한다. 예를 들면 정서 관리는 자기 관리에 속하므로 내적 차원, 갈등 관리는 타인과의 관계에서 작동하므로 상호작용 차원, 고객지향은 타인과의 관계 영역을 넘어 외부 환경에 대응하는 과정에서 발휘되므로 성장 촉진 차원에 속한다. '리더십 핵심 역량'에서 제시했듯이 각 차원의 개념은 다음과 같다.

- 내적 차원 : 자기관리가 필요한 요인들의 공통 차원이다.
- 상호작용 차원 : 타인과의 관계에 영향을 미치는 요인들의 공통 차원이다.
- 성장 촉진 차원 : 외부 환경 대응에 방향성을 주는 요인들의 공통 차원이다.

위 3가지 차원별로 개인 효과성-팀 효과성-조직 효과성의 연계성을 보면서 조직의 현재 위치와 앞으로 개선할 점을 찾아본다. 모든 조직 구성원이 3가지 차원에서 최대한 연계성을 가지며 효과성 요인을 발휘할 때 목표를 달성할 수 있다.

조직 리더들의 변화 요구와 활용

변화 요구는 리더십 효과성 모델의 중요한 구성 요소이다. 이 모델을 개발하면서 리더들의 대표적인 변화 요구를 탐구했다. 그 결과, 〈표 3-1〉에서 보듯이 7가지 변화 요구를 찾았다.

변화 요구(COACH ME)는 쉽게 드러나지 않는다. 자기방어 기제가 속마음 표출을 방해하기 때문이다. 따라서 리더십 개발 계획에는 리더의 7가지 변화 요구를 적극적으로 고려할 필요가 있다. 리더의 변화 요구를 정의하는 데 참고 자료로 활용할 수도 있다. 또 리더십 개발을 전개할 때 목표 달성 가능성을 높이는 긍정적인 심리적 자원으로 활용해 보자.

〈표 3-1〉 **조직 리더의 7가지 변화 요구**

C	**주도적으로 삶을 구성하기(Construction)** 사람들은 삶의 주체로서 자신의 삶을 주도적이며 적극적으로 구성하려고 한다.
O	**자신만의 시선 키우기(Orientation)** 사람들은 자신과 타인 및 환경을 바라보는 독특한 시각을 가지고 있고, 코치는 이를 존중하고 확대되도록 돕는다.
A	**늘 깨어 있는 인식 갖기(Awareness)** 사람들은 자신의 모습을 객관적으로 자각할수록 자신의 강점과 부족한 점을 발견하고, 변화의 주제를 명확하게 설정한다.
C	**협업을 통해 성장하기(Collaboration)** 사람들은 혼자 자기 성장을 이끌어 갈 수도 있지만, 다른 사람과 협력할 때 그 활동은 더 촉진된다.

H	**삶의 희망 키우기**(Hope) 사람들은 현실적인 사고 틀에서 벗어날 때, 새로운 가능성을 발견하고 현재보다 더 멋진 기대와 꿈을 갖는다.
M	**더 나은 나와 일의 성취 추구하기**(Motivation) 사람들은 보다 나은 나, 더 나아가 최고의 나가 되고자 하며, 일터에서는 최고의 성과를 만들려고 한다.
E	**삶의 목적 탐구하기**(Explore) 사람들은 자신을 포함해 타인과 환경에 대해 끊임없이 탐구하려고 하며, 그 과정을 통해 학습하고 성장한다.

출처 : 이석재(2015: 2023)

자기 인식을 일깨워 변화 촉진

자기 인식은 성공하는 리더가 공통으로 지닌 차별적인 능력이다. 리더는 자기 인식을 통해 자신의 강점과 약점을 이해하고, 맹점(blind spot)을 식별하며, 다양한 상황에 맞게 리더십을 조정한다. 이 과정에서 자기 인식은 변화 요구에 부합하는 목표 달성 가능성을 높이는 결정적 행동을 촉진한다. 이처럼 자기 인식은 3가지 효과성 요인인 '변화 요구-결정적 행동-원하는 결과'를 연결하는 심리적 근간이다.

멘털 모델(mental model)에 기반하는 자기 인식은 내면의 열망을 포착한다. 따라서 3가지 효과성 요인을 설정할 때, 삶에 대한 자기 인식의 준거와 연결 여부를 확인한다. 기본적인 질문은 이렇다.

"효과성 요인은 자기 인식의 준거와 연결되어 있는가?"

이 질문에 대해 부정적인 답은 결정적 행동을 억제하는 요인으로 작용한다. 그러므로 3가지 효과성 요인이 자기 인식의 준거와 연결되는지를 확인하고 그 연결성을 높인다. 자기 인식의 준거는 다음 5가지다.

- 정체성 : 나는 내가 누구인지 알고 있다.
- 주체성 : 나는 원하는 삶을 구상하고 만든다.
- 목적성 : 나는 존재 이유를 알고 있다.
- 일치성 : 나는 삶의 목적과 합치되는 생활을 한다.
- 수용성 : 나는 현실을 조건 없이 있는 그대로 받아들인다.

개인과 팀 그리고 조직의 효과성 연계

● ● ●

　효과성 코칭은 개인과 조직 코칭을 시스템적이며 통합적인 관점에서 다룬다([그림 3-3] 참조). 조직 단위별로 개인 활동과 조직 활동을 통해 리더의 개발을 조직 개발로 연계해서 확장한다. 여기서는 주로 조직 차원에서 팀 효과성 진단과 조직 효과성 진단을 살펴본다.

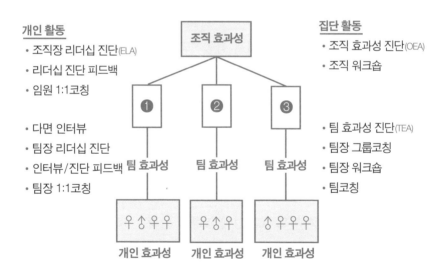

[그림 3-3] **개인, 팀과 조직의 효과성 연계**(이석재, 2015)

효과성 진단

코치는 진단을 구성하는 핵심 요인들의 논리적 관계를 통해 진단 대상자를 설명하는 큰 그림을 그릴 수 있고, 코칭 포인트를 도출하는 데 활용할 수 있다. 진단 기반의 코칭이 갖는 장점이다.

- 리더는 자신의 리더십으로 어느 정도 원하는 결과를 만들어내는가?
- 원하는 결과를 얻을 가능성에 영향을 미치는 요인들은 리더십의 영향력 범위 내에서 어떻게 작동하고 있는가?

효과성 코칭에서는 [그림 3-4]에서 보듯이 진단 대상자의 역할과 책무를 성공적으로 수행하는 데 필요한 리더십 역량을 다면진단하고, 그의 조직관리 범위 내에서 작동하고 있는 영향요인들의 현황을 팀 효과성 진단과 조직효과성 진단을 통해 파악한다. 진단 결과를 바탕으로 원하는 결과를 얻기 위한 결정적 행동을 도출한다.

팀 효과성과 조직 효과성의 주된 차이점은 효과성에 영향을 미치는 요인에 있다. 팀 리더와 조직 리더의 역할과 책임 및 권한에 따른 관리 요인의 차이가 있다. 또 팀과 조직의 핵심 기능, 그에 따른 구조와 제도의 차이로 인해서도 효과성에 영향을 미치는 요인이 다르다.

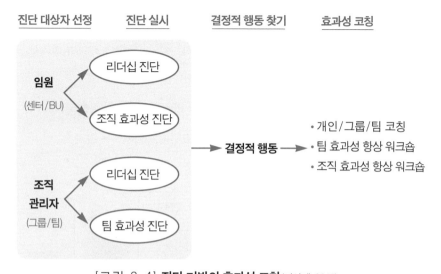

[그림 3-4] **진단 기반의 효과성 코칭** (이석재, 2015)

팀 효과성 진단

팀 효과성 진단은 목표 달성에 영향을 미치는 요인들이 팀 차원에서 어떻게 작동하지 측정한다. 먼저 요인들에 대한 팀원의 인식을 진단한다. 긍정심리학, 살아 있는 시스템으로서 조직, 시스템적 사고, 그리고 팀 역동성과 성과의 관계 연구에서 밝혀진 팀의 긍정성 요인과 생산성 요인 간의 역동적인 인과 관계를 구조적으로 보여주는 것이 팀 효과성 모델이다. 팀의 긍정성과 생산성을 구성하는 12가지 요인은 결정적 행동을 통해 목표 달성에 영향을 미친다. 주요 변수인 영향 요인, 결정적 행동, 원하는 결과에 대한 정의는 다음과 같다([그림 3-5] 참조).

- 영향 요인: 팀 효과성에 영향을 미치는 정도가 큰 요인. 각 요인은 속성(긍정성, 생산성)과 작동하는 차원(내적 차원, 상호작용 차원, 성장 촉진 차원)에 따라서 생성되는 6가지 범주 중의 어느 하나에 속함
- 결정적 행동: 원하는 결과를 얻을 가능성을 차별적으로 높이는 행동
- 원하는 결과: 팀이 만들고 싶고 팀의 변화 요구에도 합치하는 결과

[그림 3-5] **팀 효과성 모델**(이석재, 2014: 2023)

[질문1] 우리 팀은 노력한 과정과 결과를 생각할 때 어느 정도 효율적인가?
[질문2] 우리 팀은 원하는 결과를 만들 수 있는 팀 문화를 가지고 있는가?

팀 효과성에 영향을 미치는 요인들을 개념화하는 데 중요한 질문이다. [질문 1]에 대한 답은 팀이 어느 정도 생산적으로 일하고 있는지를 알려준다. 원하는 결과를 만들지 못하면 원인을 파악한다. 원하는 결과를 만들고 있다면 더 나아갈 가능성과 방법을 찾아본다.

[질문 2]에 대한 답은 긍정적으로 일하면서 원하는 결과를 만들 수

있는 환경인지를 말해준다. 이처럼 팀 효과성에 영향을 미치는 요인들은 크게 긍정성과 생산성으로 구분된다.

① 긍정성

긍정성은 조직과 개인이 노력과 몰입을 넘어 그 이상으로 활동하게 하여 원하는 결과를 얻도록 하는 속성이다. 팀 효과성의 긍정성 요인은 [그림 3-5]에서 보듯이 6가지다.

팀 구성원 간의 역동적인 관계는 다양성 수용과 상호 신뢰로 구성된다. 팀 구성원 간의 상호 신뢰는 서로의 일하는 방식, 선호도와 관심, 사고방식이 서로 다름을 인정하고 다양성의 관점에서 수용하면서 형성된다. 다름을 잘못된 것으로 평가할 때 팀의 긍정성이 약화된다. 또 팀이 외부 환경에 대응하는 과정에서 개방적이면서 안정적인 팀 정체성을 가지고 있을 때 기회와 가능성을 쉽게 인지한다. 팀이 개방적일 때 협동과 상호 협력이 촉진된다. 팀 정체성이 명확하고 긍정적이면 팀의 응집력이 커지고 팀 목표 달성 동기가 높아진다.

② 생산성

생산성은 원하는 결과를 얻기 위한 능력과 최적의 과정이 예상된 결과를 만들어내는 정도다. 팀이 원하는 결과를 만드는 능력과 과정의 관점에서 6가지 영향 요인은 생산성을 결정한다. 주도성과 주인의식은 결과 지향 태도의 기본이다. 일에 대한 주인의식이 높을 때 대범하고 자신의 활동에 대한 확신이 높다. 팀 구성원들 간에 필요한 자원을 조달하여 서로 지원하고, 더 나은 결과를 만들도록 피드백하는 것도 생산성을 높인다. 또 팀의 목표와 전략이 명확하고 상위 조직의 목표와 한 방향으로 정렬될 때 목표 달성 가능성이 커진다.

조직 효과성 진단

조직 효과성 진단은 조직이 원하는 결과를 얻는 과정에 영향을 미치는 요인들의 작동 현황을 측정한다. 조직 효과성에 대한 개념적 접근은 팀 효과성과 같다. 팀 효과성과 조직 효과성에 영향을 미치는 요인들은 중심 특성(긍정성, 생산성)과 영향 요인들이 작동하는 차원(내적 차원, 상호작용 차원, 성장촉진 차원)이 교차하는 영역에 속한다.

[그림 3-6]에서 보듯이 조직 효과성 모델은 '변화 요구-결정적 행동-원하는 결과'의 논리적 관계를 보여준다. 조직 리더는 조직 효과성 모델을 토대로 목표를 수립하고 이를 달성하기 위한 경영전략과 필요한 업무 프로세스를 체계화하며, 그 프로세스가 작동할 수 있는 환경을 조성한다.

[그림 3-6] **조직 효과성 모델**(이석재, 2014: 2023)

조직 효과성에 영향을 미치는 요인들의 특성을 구조화해 차별화된 조직 경영을 할 수 있다.

"우리 조직은 어떤 강점을 가졌는가? 어떤 점이 개발되어야 할 것인가?" 12개의 영향 요인은 2개의 중심축(긍정성, 생산성)과 3개의 차원(내적 차원, 상호작용 차원, 성장 촉진 차원)에 의해 만들어진 6개 그룹에 속하며, 그룹별로 강점과 개발 필요점이 도출된다.

① 긍정성

긍정성은 조직 효과성을 극대화하는 조직 문화와 연관이 있다. 긍정성에 속하는 6가지 요인은 조직 구성원들이 성과를 내는 데 적합한 일터를 만드는 데 영향을 미친다.

긍정성은 서로에 대한 존중, 더 나은 성과를 위한 성취 동기의 자극과 관련이 있다. 그리고 이에 대한 구성원의 느낌과 인식을 다룬다. 의사소통, 학습과 성장 요인은 다른 구성원과의 관계에서 작동하는 요인이다. 상사, 동료, 부서원과의 대화에서 어느 정도 열린 소통을 하는지, 일을 통해 학습과 성장이 일어나는지를 살펴본다.

마지막으로 구성원들이 외부 환경의 변화에 대응하는 과정이 중요하다. 조직의 가치와 정체성은 구성원 개개인의 존재감을 강화한다. 조직의 가치와 정체성이 명확해야 구성원이 자신과 조직을 동일시하고 조직의 가치를 자신의 가치로 받아들인다.

②생산성

조직의 생산성 정도에 관련된 6개 요인들의 공통 특성인 생산성은 구성원의 업무 수행 능력과 태도에 달려 있다. 역량과 성취동기가 뛰어난 인재는 일에 몰입하고 성과에 대해 적절한 인정과 보상을 기대한다. 또 자신의 수행 결과에 대한 타인의 피드백을 통해 수행 방향과 내용을 수정한다. 조직 리더는 다양한 이해관계자와의 관계에서 작용하는 두 요소, 즉 긍정성과 생산성을 목표 관점에서 관리함으로써 원하는 결과를 얻을 수 있다.

효과성 기상도 분석

"조직 리더의 리더십 영향을 어떻게 객관화할 것인가?"

리더의 리더십이 발휘되는 모습은 리더십 다면 진단을 통해 파악할 수 있다. 효과성 코칭에서 코치는 조직장과 모든 소속 팀장을 대상으로 효과적 리더십 진단을 실시하고, 팀과 조직이 원하는 결과를 얻는 정도에 영향을 미치는 요인들을 함께 진단한다. 조직을 대상으로는 조직 효과성 진단, 조직 내의 모든 소속 팀을 대상으로는 팀 효과성 진단을 한다.

모든 진단이 이루어지면 코치는 고객에게 개인, 팀과 조직의 효과성이 서로 연계되는 모습을 한눈에 파악할 수 있도록 효과성 기상도 작성을 요청한다[표 3-2] 참조). 다음과 같은 방법으로 효과성 기상도를 작성한다.

- 각 칸에서 두 개의 요인이 모두 강점인 경우, 해당 칸 전체를 녹색으로 칠한다.
- 각 칸에서 두 개의 요인 모두 계발 필요점인 경우, 해당 칸 전체를 붉은색으로 칠한다.
- 각 칸에서 하나만 강점인 경우, 해당 강점에 녹색으로 칠한다.
- 각 칸에서 하나만 개발 필요점인 경우, 해당 요인에 붉은색으로 칠한다.
- 강점 또는 개발 필요점에 속하지 않는 요인은 그대로 둔다.

코치는 고객에게 개인, 팀과 조직에서 강점과 개발 필요점이 보여주는 상호 연계의 패턴과 시사점을 찾아보도록 요청한다. 조직의 수장은 자신의 리더십이 팀장이 맡은 팀 효과성에 영향을 미치는 요인과 어떤 연관성이 있는지, 자신이 맡은 조직 효과성에 영향을 미치는 요인과는 어떤 연관성이 있는지 살펴본다. 팀장은 자신의 리더십과 팀 효과성의 관계를 살펴본다.

이를 통해 고객은 자신의 리더십을 보는 관점을 개인 차원에서 팀과 조직 차원으로 확대하고, 자신의 리더십에 대한 자기 지각과 구성원들의 피드백을 통해 리더와 구성원 간의 인식 차이를 객관적으로 본다.

효과성 기상도

　장길산 본부장의 리더십 진단 결과를 보면 일 중심의 리더 유형이다. 국내 영업본부와 영업팀은 목표가 명확하고 한 방향으로 잘 정렬되어 있다. 코치는 진단 결과를 종합적으로 보면서 개인, 팀, 조직 차원의 연계성을 탐구하도록 본부장에게 다음과 같이 질문한다.

> • 본부장의 리더십은 팀과 조직에 어떤 영향을 미쳤다고 생각합니까?
> • 팀 효과성 진단에서 팀의 주도성과 주인의식이 낮게 나온 것을 어떻게 해석합니까? 이 결과가 시사하는 바는 무엇입니까?
> • 구성원들의 개인 존중과 성취 지향이 부족하고, 인정과 보상, 성과 코칭이 낮게 나온 결과가 시사하는 바는 무엇입니까?
> • 이러한 결과는 본부장의 일 중심 리더십과 어떤 관련이 있습니까?

　이어서 코치는 효과성 기상도에 나타난 진단 결과를 어떻게 생각하는지 질문했다. 장길산 본부장은 일 중심의 리더십이 팀과 조직에도 영향을 미쳤고, 리더십이 강점으로 발휘된 점에는 만족하고 결과에 동의한다고 말했다. 그러나 업무가 지지부진할 때나 성과 압박이 심할 때 상대방을 배려하지 못하고 격한 감정을 드러낸 점은 잘못했다고 인정했다. 조직 효과성 진단에도 개인 존중이 부족한 것으로 나타난 것은 대인감수성과 정서 관리에 문제가 있다는 데 동의했다.

[표 3-2] **효과성 기상도 분석** (장길산 본부장 사례)

강점   개발 필요점

- **조직 효과성에 영향을 미치는 강점 요인들(국내영업본부)**

요인	내적 차원	상호작용 차원	성장 촉진 차원
긍정성	개인 존중 성취 취향	의사소통 학습/성장	가치 추구 조직 정체성
생산성	수행 능력 역할 확대	안정/보상 성과 코칭	비전/목표 전략실행

- **팀 효과성에 영향을 미치는 강점 요인들(국내영업팀)**

요인	내적 차원	상호 작용 차원	성장 촉진 차원
긍정성	스트레스 내성 정서 관리	다양성 수용 상호 신뢰	개방성 팀 정체성
생산성	주도성 주인 의식	자원 지원 생산적 피드백	명확한 목표/전략 한 방향 정렬

- **개인 효과성에 영향을 미치는 강점 요인들(장길산 본부장 리더십)**

요인	내적 차원	상호작용 차원	성장 촉진 차원
인지 역량	창의성 자기 확신	변화 관리 문제 해결	거시적 사고 혁신성
대인관계 역량	정서관리 대인감수성	의사소통 갈등 관리	고객 지향 협상력
전략적 관리 역량	추진력 결과 지향성	코칭 팀워크 형성	비전 제시 전략 실행력

출처: 이석재(2016)

임원의 리더십이 팀과 조직 차원에서 발휘되는 수준과 영향을 측정하여 피드백을 제공하면 해당 임원이 자신을 좀 더 객관적으로 바라보게 되어 리더십 행동을 바꾸는 중요한 계기가 된다. 코치는 고객에게 다음과 같이 자문하도록 요청하고, 자기 인식과 성찰을 돕는다.

- 역할을 성공적으로 수행하는 데 필요한 리더십은 무엇인가?
- 역할 수행에 맞는 리더의 모습은 무엇인가?
- 그런 리더가 되려면 어떤 변화가 필요한가?

팀장의 효과성 기상도

국내 영업팀을 이끄는 홍길동 팀장의 사례를 보면 장길산 본부장의
리더십이 미치는 영향을 추론할 수 있다.

[표 3-3] **효과성 기상도 분석**(홍길동 팀장 사례)

강점   개발 필요점

• **팀 효과성에 영향을 미치는 강점 요인들**(국내영업팀)

요인	내적 차원	상호작용 차원	성장 촉진 차원
긍정성	스트레스 내성 정서 관리	다양성 수용 상호 신뢰	개방성 팀 정체성
생산성	주도성 주인 의식	자원 지원 생산적 피드백	명확한 목표/전략 한 방향 정렬

• **개인 효과성에 영향을 미치는 강점 요인들**(홍길동 팀장 리더십)

요인	내적 차원	상호작용 차원	성장 촉진 차원
인지 역량	창의성 자기 확신	변화 관리 문제 해결	거시적 사고 혁신성
대인관계 역량	정서 관리 대인감수성	의사소통 갈등 관리	고객 지향 협상력
전략적 관리 역량	추진력 결과 지향성	코칭 팀워크 형성	비전제시 전략실행력

출처: 이석재(2016)

홍길동 팀장의 리더십을 다면 진단한 결과를 보면 추진력과 결과지향, 비전 제시와 전략실행력이 강점으로 나타났지만, 코칭과 팀워크 형성은 개발이 필요한 것으로 나타났다. 홍 팀장은 이 진단 결과를 통해 자신의 리더십 강점과 개발 필요점이 무엇인지를 이해했다. 그러나 리더십 진단만으로는 자신의 리더십이 팀 효과성에 어떤 영향을 미치는지 알 수 없다.

팀 효과성 진단 결과를 보면 팀 구성원들은 팀이 명확한 목표를 가졌으며 한 방향으로 잘 정렬되었다고 인식한 것으로 나타났다. 그러나 팀의 주도성과 주인의식이 낮고, 자원 지원과 생산적 피드백, 다양성 수용과 상호 신뢰는 부족한 것으로 나타났다. 홍 팀장이 추진력을 발휘하며 결과 지향으로 팀을 이끌고 있지만, 팀원들의 자발적이고 적극적인 참여를 끌어내지 못하고 있다. 팀장이 결과 지향 리더십을 강하게 발휘하면 팀원은 주인의식이 부족하고 수동적으로 움직이기 쉽다. 이러한 결과는 코칭과 팀워크 형성 역량이 부족한 홍 팀장의 리더십과도 관련이 있다.

어디에 중점을 두고 홍길동 팀장을 코칭할 것인가? 효과성 코칭 기상도를 보면 전략적 관리 역량의 상호작용 차원에 초점을 둔 코칭이 필요하다. 홍 팀장의 팀워크 형성 역량을 향상하고 강점으로 나타난 결과 지향 리더십의 긍정적 측면과 부정적 측면을 균형 있게 보도록 코칭하는 것이다.

기업 코칭은 제한된 횟수와 시간 내에서 전개된다. 따라서 원하는 결과를 얻는 데 가장 큰 영향을 미칠 수 있는 코칭 주제에 초점을 두는 것이 필요하다. 이처럼 효과성 코칭은 진단을 통해 코칭 주제의 범위를 통합적이며 시스템적으로 접근한다.

피드백 방법

코치는 고객이 진단 결과에 따른 변화 요구를 인식하도록 돕는다. 코치는 고객의 상사, 동료, 부원을 인터뷰하거나 다면 진단(효과적 리더십 진단, 팀 효과성 진단, 조직 효과성 진단)을 실시하고 결과를 피드백한다. 고객은 진단 결과에서 나타난 자기 지각과 타인 지각 간의 차이가 목표달성에 어떠한 영향을 미치는지 검토하고, 추가적인 조치와 변화의 필요성을 확인한다. 또 자신의 역할 수행을 다각도로 살펴보기 위해 상사, 동료, 부서원이 작성한 피드백과 셀프 피드백을 비교해 본다. 이런 비교 분석을 통해 고객은 자신의 강점과 약점을 발견하여, 강점은 더 발휘하고 약점은 보완할 필요성을 확인한다. 진단 보고서를 피드백하는 경우, 다음 순서를 따른다.

개인 피드백을 하는 경우

- 보고서의 분석 단계에 따라 순차적으로 진단 결과 공유
- 고객에게 진단 결과에 대한 셀프 피드백 요청
  - 진단 결과를 보고 느끼고 생각한 점

- 자신의 강점과 개발 필요점

- 연상되는 구체적인 직무 상황과 행동 예를 떠올리게 하고,

   그 행동의 영향 검토하기

• 이후 어떤 변화가 필요하다고 생각하는지를 묻기

• 코치가 코칭 대화를 통해 피드백을 한다.

   변화에 수동적일 때 직설적으로 피드백

• 해당 변화가 실제 일어나도록 하는 데 필요한 행동을 적도록 요청

• 행동 변화를 위한 구체적인 실행 계획 수립

• 변화를 주도하는 노력을 인정하고 지지

집단 피드백을 하는 경우

• 전체 집단을 5명 정도의 소집단으로 편성

• 보고서의 분석 단계에 따라 순차적으로 진단 결과 공유

• 고객에게 진단 결과에 대한 셀프 피드백 요청

   - 진단 결과를 보고 느끼고 생각한 점

   - 자신의 강점과 개발 필요점

   - 연상되는 구체적인 직무 상황과 행동 예를 떠올리게 하고,

      그 행동의 영향 검토하기

• 각자의 사례와 생각을 공유하고, 집단 차원에서 어떤 변화가 필요한지 토론

   하도록 요청

• 변화의 방향과 내용에 있어 리더들 간의 눈높이 맞추기

- 코치가 코칭 대화를 통해 피드백을 한다. 변화에 수동적일 때 직설적으로 피드백

- 해당 변화가 실제 일어나도록 하는 데 필요한 행동을 개인별로 적도록 요청

- 행동 변화를 위한 구체적인 실행계획 수립

- 변화를 주도하는 노력을 인정하고 지지

03

진단 기반 코칭으로 팀 변화 만들기

• • •

팀은 조직의 가장 기본적인 직무기능을 담당하며 성과의 시작을 책임진다. 팀장의 리더십에 따라 팀 성과, 팀 분위기, 팀원들의 응집력과 직무 몰입도가 달라진다. 팀 효과성 향상은 팀장과 사업부장의 최우선 관심이다. 팀 효과성은 팀장과 팀원들이 함께 만든다.

목표 달성을 위해 팀장이 발휘해야 하는 리더십과 관리 능력은 무엇인가? 균형 있는 생산성 관리와 긍정성 관리가 중요하다. 생산성 관리 위주의 리더십을 발휘하는 팀장은 목표 달성 가능성이 크지만, 팀원들의 에너지를 고갈시키기 쉽다. 반대로 긍정성 관리에 치우친 팀장은 팀 분위기는 좋지만 원하는 결과를 만들지 못할 수 있다.

성과 압박을 받는 팀장은 단기적으로 생산성 관리에 집중하는 전략을 편다. 그러면 목표를 달성하더라도 그 과정에서 더 풀기 어려운 과제를 안게 된다. 팀원들의 스트레스와 정서 관리다. 이들 요인은 타인과 환경에 대응하는 개인의 심리적 전략을 포함한다. 이 전략은 학습을 동반하므로 한번 학습되면 쉬 바뀌지 않는다. 팀원의 스트레스와 정서 관리에 실패하면 감정적인 데다가 자기방어적이 되어서 대화가 비생산적이다. 그러므로 팀장은 생산성과 긍정성 관리에서 균형을 유지해야 한다.

"리더라면 직원의 머리를 사지 말고 마음을 사야 한다"는 피터 셍게의 이 말은 리더가 긍정성 관리에도 주의를 기울여야 한다는 뜻이다. 다음은 팀 변화를 만드는 데 유용한 방법이다.

워크숍으로 팀 변화 만들기

팀 효과성은 목표지향적 개념으로 팀이 원하는 결과를 얻는 정도다. 팀 효과성을 향상하기 위해 팀에 어떠한 변화가 필요한가? 팀장과 모든 팀원이 참석하는 팀 효과성 향상 워크숍에서 이에 대한 답을 함께 찾아본다. 이 워크숍의 기본 설계는 다음 5단계로 구성되며, 진행에 걸리는 기본 시간은 5시간이다.

단계 1: 진단 결과 디브리핑

그룹 피드백을 포함한 진단 결과 디브리핑은 워크숍 참가자의 관심과 몰입을 끌어내는 활동으로, 진단 결과가 팀과 자기 자신에게 의미하는 바를 찾도록 돕는다. 진단은 워크숍 개최 전에 미리 실시하는 것이 제일 좋지만, 워크숍 현장에서 실시해야 하는 경우도 생길 수 있다. 다만, 현장에서 실시할 때는 진행이 산만해지기 쉬우므로 주의

해야 한다.

효과성 진단의 온라인 진행은 시스템 환경을 준비하는 데 최소 2일이 필요하다. 진단은 팀 효과성에 영향을 미치는 요인들이 작동하는 모습을 정량적으로 측정하고, 팀의 강점과 개발 필요점에 대한 정성적인 정보(주관식 피드백)를 수집한다. 추가 정보가 필요하면 다면 인터뷰를 통해 보완할 수 있다.

단계 2 : 팀이 원하는 결과 정의

팀이 원하는 결과는 워크숍의 개최 목적에 따라서 다르다. 대개 팀의 성과 목표를 달성하는 것이다. 이 경우에는 워크숍 참가자 전원에게 다음과 같이 질문한다.

"팀이 가장 원하는 업무 성과를 생각해 보십시오. 우리 팀이 반드시 이루고 싶은 업무 성과는 무엇입니까?"

이 질문은 현재의 목표를 도전 관점에서 다시 검토하도록 이끈다.

"업무 성과를 이루면 달라지는 것은 무엇입니까? 그 성과가 우리 팀과 팀원에게 중요한 이유는 무엇입니까?"

이 질문에 답하면서 개인과 팀의 연계성을 높인다. 이어서 긍정성에 대해 질문한다.

"우리 팀이 원하는 결과를 얻는 데 바람직한 팀 문화를 생각해보십시오. 가장 바람직한 팀 문화는 어떤 모습입니까?"

원하는 팀 문화를 찾기 위해 팀의 현재 모습을 정의하고, 바람직한 모습을 떠올려 보게 한다. 코치는 팀 구성원들이 현재 모습으로부터 바람직한 모습으로 변화하기 위한 방안을 브레인스토밍을 하고, 최종 합의한 결론을 도출하도록 요청한다.

단계 3 : 결정적 행동의 도출

결정적 행동은 팀의 생산성과 긍정성이 균형 있게 관리되고, 긍정성이 생산성을 촉진하는 것이 기본이다. 팀의 결정적 행동을 찾기 위해 팀원들이 공유하는 생각과 신념, 태도와 행동을 다방면으로 살핀다.

"원하는 결과를 얻으려면 무엇을 달리해야 합니까?"

결정적 행동은 이제껏 반복된 행동일 수도 있고 완전히 새로운 행동일 수도 있다. 반복된 행동이라도 목표 달성 가능성을 높인다면 결정적 행동이 된다. 결정적 행동을 도출하려면 브레인스토밍 기법을 활용하여 실행할 행동 목록을 개발하고 그에 대해 의견을 공유한다. 이때 결정적 행동의 속성인 맥락성, 예측성, 가치성을 평가하여 가장 높은 평가를 받은 행동을 선정한다. 최종 평가는 리커트 척도(Likert Scale)를 이용하거나 각 행동에 투표하는 방식을 적용할 수 있다.

단계 4 : 결정적 행동 중심의 실행 계획 수립

결정적 행동이 도출되면 이를 실행하기 위한 팀 차원의 실행 계획을 수립한다. 각각의 결정적 행동에 대해 역할을 정하는데, 팀장의 역할과 각 팀원의 역할을 상세하게 정한다. 그리고 팀원들은 협의를 통해 저마다의 역할 분담을 결정한다.

실행 계획을 성취하려면 실행을 촉진하는 요인과 방해하는 요인을 심도 있게 논의한다. 계획 수립에만 몰두하다 보면 실행 방해 요인을 간과할 수 있다. 사전 논의를 통해 실행 촉진 요인은 효과적으로 활용하고, 방해 요인은 선제적으로 대응할 필요가 있다.

단계 5 : 실행에 필요한 지식, 기술, 태도 향상

목표 달성 가능성을 높이려면 행동 변화를 실천하는 데 도움이 되는 지식, 기술, 태도를 찾아 정리한다. 팀장과 각 팀원들이 필요로 하는 것을 구분하여 작성한다. 수집된 정보를 종합하여 팀의 역량 강화를 위한 교육 프로그램을 준비하거나 업무 환경을 개선하는 데 기초 자료로 활용한다.

진단 기반의 팀 코칭

어떻게 하면 팀을 유능한 개인들의 단순집합이 아니라 집단지성을 발휘하는 유기적인 조직체로 만들 수 있을까?

팀이 원하는 결과를 얻으려면 3개의 차원(내적 차원, 상호작용 차원, 성장 촉진 차원)별로 긍정성이 생산성을 촉진해야 한다. 또 유능한 팀원들이 개인을 넘어 팀 기여자로 성숙하려면 개인 변화와 팀효과성 향상을 방해하는 요인들을 극복하고 돌파점을 넘어서야 한다. 차원별로 적합한 코칭 주제는 [표 3-4]에 요약되었다. 차원별로 코칭 주제와 돌파점을 알아본다.

[표 3-4] **팀 효과성 향상을 위한 코칭 주제**

구분		내적 차원	상호작용 차원	성장촉진 차원
영향 요인		스트레스 내성, 정서 관리, 주도성, 주인의식	다양성 존중, 상호 신뢰, 자원 지원, 생산적 피드백	개방성, 팀정체성, 명확한 목표/전략, 한 방향 정렬
코칭 주제	긍정성	현실적 자기	사회적 관계	이상적 자기
	생산성	역할	영향력	혁신 추구
돌파점		자기중심성	고착된 신뢰	현상 유지 경향

출처: 이석재(2014)

내적 차원의 코칭

팀 코칭에서 4개의 영향 요인을 주제로 다루기 전에 먼저 영향 요인의 근저에서 작동하는 심리 기제를 다룬다. 긍정성 요인인 스트레스 내성과 정서 관리는 자기관리의 이슈로서 팀 구성원의 현실적 자기인식을 다룬다. 생산성 요인인 주도성과 주인의식은 역할 관점에서 다룬다. 현실적 자기가 중심을 잡을 때 역할 수행도 생산적이 된다. 내적 차원에서 가장 변화가 필요한 공통 주제는 자기중심성이다. 자기중심성을 돌파할 때 비로소 팀에 필요한 사회적 관계를 형성하여 역할을 제대로 수행할 수 있다.

① 현실적 자기

현실적 자기(real self)와 지각된 자기(perceived self)는 다를 수 있다. 지각된 자기는 타인이 보는 자기 또는 자기 자신이 본 자기에 대한 인식이다. 사람들은 현실적 자기, 즉 자기의 본래 보습을 정확히 알 수 없으므로 지각된 자기에 의지한다. 이때 타인이 본 자기는 무시하고 자기 자신이 본 자기에만 집착하면 객관성을 잃기 쉽다. 코치는 객관적으로 자신을 보도록 질문한다.

- 팀원으로서 나는 누구인가?
- 팀원으로서 내가 가장 힘들어하는 것은 무엇인가?
- 무엇 때문에 화를 내는가?
- 내가 주저하는 이유는 무엇인가?
- 나다움을 보여 준다면 무엇인가?

② 역할

팀에서의 역할은 자기 인식의 기본이다. 팀이 원하는 결과를 이루려면 저마다 역할과 책임을 명확하게 인식하고, 다른 사람과 협력하며 팀에 기여하는 행동을 해야 한다.

- 당신의 역할은 무엇입니까?
- 상사가 기대하는 당신의 역할은 무엇입니까?
- 다른 팀원은 당신에게 어떤 역할을 기대합니까?

팀장의 리더십이 관리와 통제 위주로 흐르면 팀원들에게 주인의식이나 적극성을 기대하기 어렵다. 그러므로 리더는 팀을 이끌 때 개인적 성향을 배제해야 한다. 안정적인 조직 관리를 선호하고 갈등보다 화합을 중시하는 성향의 리더는 문제의 소지를 사전에 파악하여 해소하는 리더십을 보인다. 겉보기에는 갈등 관리를 잘하는 리더로 보이지만, 갈등을 봉합하는 과정에서 팀원들 각자의 자유로운 의견 개진을 억누를 수 있다.

만일 팀장이 일상적인 조정이나 관리가 아니라 도전적이며 선제적으로 다른 동급의 리더들을 끌어가야 하는 역할을 맡는다면 어떤 문제에 직면할까? 상급자가 문제를 발생시키면 어떻게 할 것인가? 역할보다 성향을 앞세우면 상급자는 그를 추진력과 조직 장악력이 약하며 보수적이고 보신하는 리더로 보기 쉽다.

③ 자기중심성

스트레스 내성, 정서관리, 주도성, 주인의식은 모두 자기 관리와 관련이 있다. 자기 관리의 중심에 있는 자기중심성은 아동기에 나타나는 두드러진 특성으로 청년기를 지나면서 쇠퇴하지만, 성인도 가지고 있다.

자신의 관점과 다른 관점의 차이를 구별하거나 이해하지 못한다. 자신의 관점, 입장, 필요에 따라 행동하는 경향이 높다. 소통을 목적으로 하기보다 자기 생각을 표현하는 데 중점을 둔다. 따라서 자신의 언행이 타인에게 어떻게 전달될지에 관심이 적고, 타인의 반응을 이해하지 못한다. 자신을 객관적인 입장, 관찰자의 관점에서 살펴보도록 이끄는 질문이 필요하다.

- 나는 어디에 묶여 있나?
- 바로 지금 내가 놓치고 있는 것은 무엇인가?
- 이 대화의 목적이 무엇인가?

내적 차원에서 작동하는 영향 요인들이 팀 효과성에 긍정적인 영향을 미치려면 먼저 자기중심성을 극복해야 한다. 자기중심성을 벗어나 다른 사람과 원만한 관계를 갖고 영향력을 확대할수록 팀 기여도는 커진다.

상호작용 차원의 코칭

긍정성 요인인 다양성과 상호 신뢰의 바탕에는 사회적 관계 심리가 작동한다. 생산성 요인인 자원 지원과 생산적 피드백은 팀에서 구성원들이 서로에게 영향력을 발휘하는 모습이다. 팀 구성원의 사회적 관계가 견실할 때 영향력은 긍정적인 방향으로 작동한다. 상호작용 차원에서 팀 구성원이 극복해야 할 돌파점은 고착된 신뢰다.

① 사회적 관계
팀원들의 사회적 관계가 좋을수록 팀 효과성도 높아진다. 따라서 관계 형성에 대한 고민이 앞서야 한다.

• 팀원으로서 당신은 다른 사람과 어떤 관계를 만들고 싶습니까?

• 바람직한 관계는 어떤 것입니까?

• 그 관계를 만들기 위해 지금 할 수 있는 것은 무엇입니까?

• 당신이 그것을 실행한다면 달라질 수 있는 것은 무엇입니까?

사회적 관계 형성은 개인의 성장과 상호작용하므로 사회적 관계 속에서 저마다의 모습을 객관적으로 보는 것이 중요하다. 코치는 개별적 자기가 사회적 자기로 나아가는 과정과 내용을 코칭한다.

• 다른 사람이 당신을 어떻게 봐주길 기대합니까?

• 다른 사람의 피드백으로부터 당신이 알지 못했던 것을 알게 되었다면
  그것은 무엇입니까?

• 그때 어떤 느낌이었습니까?

• 당신은 어떤 사람이 되고 싶습니까?

② 영향력

팀 내에서 영향력은 다른 팀원에게 도움을 주고 팀의 성과에 기여하는 힘이다. 팀에서 자신의 영향력을 긍정적인 면에서 생각해보자.

- 당신의 역할에 어떤 변화가 기대됩니까?
- 가능한 것은 무엇입니까?
- 어떤 긍정적 결과를 만들 수 있겠습니까?
- 당신의 영향력을 더 확장하려면 달라져야 하는 것은 무엇입니까?

개별로는 우수한 성과를 내지만, 팀원으로서 팀에 기여하지 못하는 경우가 있다. 그때는 다음과 같은 질문이 필요하다.

- 팀은 당신에게 어떤 의미입니까?
- 지금 주저하는 까닭은 무엇입니까?
- 당신이 더 나아가지 못하도록 방해하는 것은 무엇입니까?
- 당신이 가장 두려워하는 것은 무엇입니까?
- 당신이 힘들어하는 것은 무엇입니까?

스티븐 코비(Steven Covey, 2004)가 『성공하는 사람들의 7가지 습관』에서 주장한 것처럼 개인적인 관심의 원에 머무르지 않고 영향력의 원을 키우는 것이 필요하다. 영향력의 원에 초점을 맞추면 타인의 요청이 없더라도 주도적으로 타인을 돕고 책임질 일을 더 맡는다. 팀원들이 자신의 이해관계에만 집착하면 협력을 통한 시너지를 만들지 못한다. 일을 성공적으로 수행하는 데 필요한 도움과 자원을 자발적으로 제공하고, 지식과 경험을 공유할 때 팀의 성과는 더 올라간다.

③ 고착된 신뢰

상호작용 차원에서 작동하는 다양성 존중, 상호 신뢰, 자원 지원, 생산적 피드백은 모두 나와 타인과의 관계 관리다. 관계의 기본은 신뢰다. 로저 메이어(Roger Mayer)는 상대방을 신뢰하도록 지각하는 상태를 신뢰성(trustworthiness)으로 정의한다. 신뢰성은 역량(competency)과 성품(character)으로 구성된다. 역량은 업무를 완수하는 지식과 기술이다. 성품은 타인에 대한 배려와 지원, 소통의 개방성을 보여 주는 호의성, 일 처리에서 공정성과 일관성, 약속을 이해하는 정직성을 뜻한다.

> • 우리는 서로 어떻게 대하며 일하고 있습니까?
> • 신뢰할 때와 신뢰하지 않을 때 어떤 차이가 있습니까?
> • 신뢰와 불신에 대한 생각과 느낌은 무엇입니까?
> • 가장 바람직한 서로의 관계는 어떤 모습입니까?

자신과 타인에 대한 신뢰성을 되돌아보는 것이 필요하다. 코치는 신뢰성이 낮을 때 자기 자신과 타인, 팀에 미치는 영향과 결과를 확인하도록 이끈다. 팀원 간의 신뢰는 서로의 성장을 도와줄 뿐만 아니라 팀의 목표를 달성하기 위한 역량의 기반을 형성한다.

> • 서로 신뢰하지 않게 되었다면 무엇 때문입니까?
> • 신뢰를 잃게 하는 3가지 결정적인 유발 요인은 무엇입니까?
> • 서로 신뢰하는 관계를 만들기 위해 지금 무엇을 하겠습니까?

한 대기업의 팀장을 대상으로 진행한 '신뢰 회복을 위한 팀 코칭'에서 신뢰를 쌓는 데 도움이 되는 대표적인 행동을 찾았다. 이 11가지 행동 목록으로부터 팀의 관점에서 우선 필요한 행동을 실천 행동으로 선정하고 실행을 약속했다. 저마다 팀원으로 가정하고 팀에서 관찰 포인트를 체크한 다음 신뢰를 높일 방안을 생각해 보자.

- 서로 거리낌 없이 하고 싶은 말을 하되, 나쁜 소식은 빨리 공유한다.
- 서로의 자존감을 존중하고 상처 주지 않는다.
- 모르는 것이면 모른다고 말한다.
- 기밀성을 존중하고 지키되, 팀원을 지지하고 지원한다.
- 방어적인 태도와 행동을 보이지 않는다.
- 필요하다면 나서서 주도적으로 행동한다.
- 다양성을 존중하고 험담을 하지 않는다.
- 언행이 일치하고 윤리에 맞게 행동한다.
- 비난하기보다 해결해야 할 문제에 초점을 맞춘다.
- 일이 완결되도록 진행 과정을 계속 챙긴다.
- 팀이 나아갈 방향에 대해 팀원과 공유한다.

성장 촉진 차원의 코칭

긍정성 요인인 개방성과 팀 정체성은 팀이 생명력을 가진 조직체임을 보여준다. 팀의 생명력은 팀 구성원의 정체성과 밀접히 연결되어 있다. 개인의 성장은 팀의 성장과 연결된다. 팀 구성원이 이상적 자기를 실현하려는 욕구는 혁신 추구를 촉진한다. 팀이 외부 환경의 변화에 지혜롭게 대응하면서 계속 성장하고 존속하려면 안전지대에 머무는 방어적인 심리에서 벗어나 변화와 혁신을 추구해야 한다. 성장 촉진 차원에서 돌파할 점은 팀 구성원의 현상 유지 경향이다.

① 이상적 자기

저마다 팀원으로서 이상적인 모습을 찾아가도록 도와준다. 이상적 자기(ideal self)는 현실적 자기(real self)와 달리 오랫동안 사회적 피드백을 통해 형성된다.

- 당신이 가장 원하는 모습은 무엇입니까?
- 주위 사람이 당신에게 기대하는 모습은 무엇입니까?
- 당신은 진정 어떤 사람이 되고 싶습니까?

팀 효과성을 높이려면 팀원들 저마다 기존의 패러다임에서 벗어나 자기를 확장함으로써 새로운 것을 받아들여야 한다. 팀 정체성을 내재화하여 개인 정체성과 조화를 이루도록 한다. "우리 팀은 어떤 팀인가?" 이 질문에 대한 답을 통해 자신과 팀을 동일시하는 정도와 팀 정체성을 내재화한 정도를 확인할 수 있다.

② 혁신 추구

팀 효과성이 높아지려면 탁월한 성과와 일에 대한 만족, 지속적인 학습과 성장, 혁신 활동이 있어야 한다. 팀 활동을 통해 새로운 변화를 추구하고 이전보다 더 나아지려고 노력해야 한다. 코치는 다음과 같은 질문을 통해 현재 상태에 머무르지 않고 일하는 방식과 행동 습관, 제도 등을 개선함으로써 팀 효과성을 높이는 노력을 도울 수 있다.

- 지금 새롭게 할 수 있는 것은 무엇입니까?
- 무엇을 바꾸면 이전보다 더 나아지겠습니까?
- 지금까지 일하던 방식에 변화를 준다면 가능한 것은 무엇입니까?

③ 현상 유지 경향

사람들은 대개 자기방어 기제로 인해 안전지대 안에서 현상 유지에 만족하려는 경향을 보인다. 그래서 수동적인 역할에 머물기 쉽다. 급변하는 비즈니스 환경에서는 그런 수동적인 태도로는 해결할 수 없는 사업 영역과 과제가 생긴다. 누군가 팀의 관점에서 더 과감하고 미래 가치를 창출하고자 노력해야 한다.

코치는 팀 구성원 모두가 지금보다 더 높은 가치를 추구하도록 자극하고 도전하도록 돕는다. 이를 통해 각자가 익숙해져 있는 안전지대에서 나와 과감하게 새로운 세상에 도전한다.

- 팀 구성원으로서 진정으로 이루고 싶은 것은 무엇입니까?
- 그것을 이루기 위해 과감하게 도전한다면 무엇을 하겠습니까?
- 그것을 할 때 염려되는 것은 무엇입니까?
- 지금 주저하는 것은 무엇입니까?

팀 변화를 촉진하는 코칭 기술

팀 차원의 촉발 요인 찾기

팀 내에서 서로의 감정이 효과적으로 관리되지 않으면 스트레스와 갈등의 원인이 된다. 팀원 간의 정서적 관계 관리는 상호 협력의 토대가 된다. 우리 팀은 언제 감정이 폭발할까? 팀원들과 잘 지내고 싶지만, 부정적 감정을 자극하는 촉발요인(hot buttons)이 서로 다르므로 팀 차원에서 감정관리하는 것이 쉽지 않다.

팀원이 모두 한자리에 모여 효과적인 감정 관리 방법을 찾는다. 팀원이 서로의 감정 촉발요인을 안다면 그것을 사전에 차단할 수 있다. 이 활동은 팀원이 서로에 대한 이해를 높이고 팀 내 갈등을 해소하는 데 효과적이다.

팀원 모두 원형으로 둘러앉아 저마다 다음 질문의 괄호를 채운 다음 한 명씩 돌아가면서 자기 생각을 말하는 동안 나머지 팀원들은 경청한다. 하나의 질문에 대한 발표가 끝나면 다음 질문으로 넘어간다.

- 나는 (　　　　　　) 때 정말 화가 난다.
- 나는 팀원이 (　　　　　　) 하는 것을 매우 싫어한다.
- 나는 상대방이 (　　　　　　)할 때 특히 무례하다고 생각한다.
- 나는 (　　　　　　) 때 정말 미치겠다.
- 팀원이 (　　　　　　)을 멈추면 팀 분위기가 훨씬 더 좋아질 것이다.

질문에 대한 각자의 생각을 공유한 후 해결 방안을 개발한다. 코치는 팀원이 진솔하게 말할 수 있도록 상황을 이끈다. 5가지 질문을 모두 마치면 코치는 마지막으로 질문한다. 팀원들은 돌아가면서 속 시원히 자기 의견을 말한다. 발표자의 말에 질문이나 평가를 하지 않고 오직 듣기만 한다.

"이번 활동을 통해 느끼고 생각한 것은 무엇입니까?"

AMP 기술을 통한 팀 차원의 감정 관리

나는 조직 리더를 코칭하면서 감정관리를 돕기 위해 AMP 기술을 개발했다. 여기서는 팀 변화를 위한 코칭에서 AMP 기술을 사용하는 방법을 알아본다. 먼저 코치는 팀원들에게 화가 치밀어서 불편했던 상황을 떠올려 보도록 요청한 다음, 저마다 감정을 대하는 방법을 탐구하도록 다음 질문을 던진다.

- 화가 날 때 당신이 가정(assumption)하고 있는 것은 무엇입니까?
- 그 가정으로 인해 당신이 놓치고 있는 것(missing)은 무엇입니까?
- 그것을 지금 실천해 본다면 가능한 것(possible)은 무엇입니까?

코치는 각각의 질문에 대해 자기 생각을 작성하도록 요청한다. 코치는 먼저 첫 번째 질문(A)에 대한 메모를 모두 볼 수 있는 벽면에 붙이도록 한다. 공통점을 찾아보고, 그 가정은 평소 팀에 어떤 영향을 미쳤다고 생각하는지 토론한다. 코치는 다음과 같이 질문한다.

- 팀 구성원은 어떤 가정을 가졌습니까?
- 그 가정은 팀 활동에 어떤 영향을 미쳤습니까?
- 그 가정은 참입니까?
- 그릇된 가정에 대한 대안으로써 참인 가정은 무엇입니까?

이어서 코치는 두 번째 질문(M)에 대한 팀 구성원의 생각을 공유할 수 있는 시간을 마련한다. 코치는 다음 질문을 던진다.

- 팀원이 놓치고 있다고 생각하는 것은 무엇입니까?
- 놓치고 있다고 생각한 것에 공통점은 무엇입니까?
- 그 놓치고 있는 것은 우리 팀에 어떤 의미를 갖습니까?

마지막 질문(P)에 대해 코치는 팀 차원에서 가능한 것과 개인 차원에서 가능한 것을 찾아보도록 요청한다. 중요한 것은 실천 가능한 행동을 모두 찾아보는 것이 아니라 원하는 팀의 모습을 만드는 결정적 행동을 찾고 팀 차원에서 실천할 수 있는 실행계획을 작성하는 것이다.

- 참인 가정을 근거로 팀이 함께할 수 있는 것은 무엇입니까?
- 공통적으로 놓친 것을 되찾기 위해 팀이 함께할 수 있는 것은 무엇입니까?
- 개별 차원에서 각자 노력할 것은 무엇입니까?
- 팀의 노력이 성공적일 때 어떤 모습이 기대됩니까?

팀원들이 AMP 기술을 통해 감정을 효과적으로 관리하고 소통하게 서로 돕는다. 팀원 모두가 관찰자가 아닌 능동적인 실행자 역할을 할 때 개인 변화의 필요성을 자각하고 팀 변화를 만들 가능성이 높다. 자기 자각이 있을 때 행동 변화는 쉽게 일어난다.

상호이해하기

팀이 구성되고 6개월 이상 지났는데도 역동성이 부족하다면 새로운 비전이나 도전적인 목표가 제시되면서 하나의 팀으로 응집력을 키울 필요가 있을 때 주로 활용한다. 다음의 운영 절차를 따르면 된다.

[진행 준비]

• 리더와 구성원이 원을 그리고 앉는다.

• 참여 인원은 7명 이내가 적절하다.

• 뒷면에 접착력이 있는 메모지와 필기구를 준비한다.

[진행 방법]

• 리더가 이번 활동의 취지를 설명한다.

• 참가자들 각자 팀원 A의 긍정적인 모습을 메모한다. 긍정적인 모습은 장점, 강점, 인성, 행동 등으로 표현하는데 최소 3개 이상을 찾아서 적는다.

• 작성을 마치면 돌아가면서 발표한다. 피드백을 받는 A는 피드백 내용을 있는 그대로 자신의 모습으로 받아들인다.

- 리더도 피드백에 참여한다.

  피드백을 모두 마치면, 각자 작성한 메모를 A에게 전달한다.

- 이런 요령으로 참여한 모든 사람(리더 포함)이 다른 참가자들로부터

  피드백을 받는다.

- 종합 정리: 참가자 전원이 피드백을 받은 후, 리더는 다른 사람으로부터

  피드백을 들을 때 경험한 느낌과 생각을 자유롭게 이야기하도록 요청한다.

팀 변화를 만드는 방법

행동 변화를 지속할 동기 찾기

흔히 당근과 채찍이 동기부여의 유력한 방법이라지만, 심리학자들에 따르면 사람을 움직이는 진정한 힘은 자기 욕구를 충족하고자 하는 내적 동기에 있다. 그러나 외적 동기를 부르기는 쉬워도 내적 동기를 부르기는 어렵다. 따라서 내적 동기를 개발하려면 연습이 필요하다. 개발 연습을 통해 긍정적인 경험이 쌓이면 습관이 되고, 그 습관은 삶의 기술이 된다. 그렇다면 자발성을 일으키는 내적 동기 부여 요인은 무엇인가?

대니얼 핑크(Daniel Pink)는 동기 부여가 목적(purpose), 숙련(mastery), 자율성(autonomy)에 있다고 봄으로써 새로운 패러다임을 제시한다. 의미 있는 삶을 살고자 하는 바와 같은 목적, 중요한 일을 더 잘하려는

숙련, 자기 삶의 주인이 되겠다는 자기 주도의 자율성은 업무에 자발적으로 몰입하는 강력한 동기로 작용한다.

팀이 원하는 결과와 결정적 행동이 팀원의 내적 동기와 어떤 관련이 있는지를 토론해보자. 먼저 다음 [표 3-5]의 빈칸에 '원하는 결과'와 그 결과를 얻기 위해 실행할 '결정적 행동'을 적는다. 먼저 다음 질문을 통해 원하는 결과가 목적, 숙련, 자율성과 갖는 연결성을 적는다.

- 원하는 결과는 어떤 의미를 가집니까?
- 숙련은 원하는 결과를 얻는 데 어떤 기여를 합니까?
- 원하는 결과는 스스로 선택하고 주도하는 것입니까?

이어서 다음 질문을 통해 결정적 행동이 3가지 내적 동기와 어떤 연결성을 갖는지 답을 찾는다.

- 결정적 행동에 어떤 가치가 담겼습니까?
- 결정적 행동에 어느 정도 몰입하고 있습니까?
- 결정적 행동은 스스로 선택하고 주도하는 것입니까?

팀원들은 원하는 결과와 결정적 행동을 내면의 동기와 연결함으로써 행동 변화 의지와 실행력을 높이고, 토론을 통해 다른 팀원의 내면을 더 이해하게 된다.

[표 3-5] **결정적 행동, 원하는 결과와 내적 동기의 연관성**

동기	결정적 행동	원하는 결과
목적		
숙련		
자율성		

변화 노력과 결과 피드백하기

변화 노력을 지원하려면 변화 과정을 관찰하고 목표 달성에 필요한 피드백을 제공해야 한다. 피드백에 담긴 많은 정보가 고객에게 전달되지만 실제로 전달받지 못하거나 피드백에 의한 변화도 드물다. 따라서 피드백의 빈도와 내용보다 심리학적인 원리에 기초한 소통 방식이 더 중요하다. 피드백은 긍정적 피드백과 부정적 피드백으로 나뉜다.

긍정적 피드백은 코치가 변화 과정에서 고객의 바람직한 행동이 팀 효과성에 미치는 긍정적인 영향을 알려주고, 고객의 책임감과 주인의식을 인정한다. 긍정적 피드백에서 중요한 것은 인정인데, 인정을 받는 과정에서 자신의 강점과 약점을 알아차리는 자기 인식이 일어난다. 인정은 고객의 심리적 자원과 행동 변화를 연계하고 강화하여 변화를 지속하도록 동기 부여한다.

부정적 피드백은 코치가 변화 과정에서 고객의 바람직하지 못한 행동이 팀 효과성에 미치는 부정적인 영향을 알려주고, 고객이 변화되길 기대하는 것을 명확하게 알려준다.

부정적인 피드백은 고객의 기존 행동을 바람직한 방향으로 교정하는 효과가 있다. 또 변화에 따른 긍정적인 결과를 기대하도록 알려줌으로써 변화 노력을 보상하고, 교정 행동과 바람직한 결과를 연계하도록 한다. 이러한 심리 기제를 활성화해 변화를 실행하도록 동기를 부여한다.

바람직한 행동에 보상하기

결정적인 순간에 적합한 경험을 반복하게 되면 극적으로 변화할 수 있다. 습관 행동이 반복되는 순간 뇌에서는 그 행동을 하게 만드는 고착된 기억이 작동한다. 코칭은 습관 행동과 고착된 기억의 견고한 고리를 끊는다. 습관 행동이 일어날 때 새로운 경험을 할 환경을 조성하고 바람직한 행동을 하도록 자기 자신을 이끈다. 그리고 습관 행동이 일어나는 상황에서 바람직한 행동을 보일 때 보상한다.

팀장이 피드백이 필요한 팀원에게 피드백을 주저하면 코치는 피드백을 요청한다. 그리고 피드백에 따른 느낌과 영향, 결과를 공유함과 동시에 코치는 팀장의 실행력을 인정한다. 인정은 팀장의 리더십 발휘를 강화하는 데 효과적이다.

정보를 정직하게 공유하기

팀장은 자신이 정직하다고 여기지만 팀원들은 그에 동의하지 않을 수도 있다. ELA를 보면, 목표 지향으로 팀을 잘 이끌어가는 팀장은 사업부와 전사 차원에서 취득하는 정보를 거의 공유하지 않는다. 따라서 성과 측면에서 팀장을 존경하지만, 인간적으로 존중하지 않는다고 피드백을 한다. 이러한 상황에서 팀원들은 중요한 의사결정을 하거나 평소에 좀 더 원활한 소통과 정보 공유를 기대한다. 따라서 팀장은 팀원과 정보 비대칭 관계에 있다는 점을 인정하고, 팀원도 많은 정보를 갖지 못한 사실을 받아들여야 한다.

팀장은 "지금 내가 알고 있는 것은 이렇다"고 정직하게 말하는 담대한 용기가 필요하다. 특히 회사가 경영 위기에 있거나 전사 차원에서 조직 개편이 있을 때 정직한 정보 공유는 신뢰의 근간이다. 팀의 정보공유에 대한 72개의 기존 연구를 메타 분석한 결과를 보면, 정보공유가 있을수록 팀 성과, 응집력, 의사결정 만족도가 더 높았다.

04

존재감 강화로 조직 정체성 향상

· · ·

　회사가 계속 성장하면서 경영의 글로벌 변화도 빠르게 진행된다. 국내외 시장 환경이 급변하면서 조직 리더들의 역할과 직무 수행 범위도 확대일로에 있다. 또 조직의 인적 구성에서 신세대의 비중이 점차 커지면서 기존 인력과 원활한 소통과 업무 협력이 더욱 중요해졌다. 이러한 환경 변화에 뒤처진 국내 한 대기업은 자기 계발과 리더십 개발을 고민하는 리더를 돕기 위해 코칭을 도입했다.

　코칭 프로그램 운영 주관 부서는 코칭의 기본 운영 원칙만 제공한다. 가령, 코칭 주제는 고객의 관심 사항에 우선 초점을 맞추어 설정하되 구체적인 실행은 전문 코치에게 전폭적으로 위임한다.

　고객인 센터장은 조직 관리 능력이 무난하다는 평가를 받았다. 그는 젊은 인력들이 자발적이며 진취적으로 움직이지 않아서 고민이다. 그들이 일하는 자세와 방식에 대해 적절히 대응하고 있다고 자부한다. 그러나 소속 팀장이나 구성원들은 상사인 센터장이 개방적인 듯하면서 지시적이며 평가와 질책이 심하다고 생각한다. 센터장은 그들의 마음을 사는 방법을 알고 싶다.

나는 효과성 코칭에서 기본으로 사용하는 4단계 코칭 설계를 했다([그림 3-7] 참조). 고객 이외에 코칭 프로그램에 참여하는 다른 센터의 임원들과 두 시간 집합교육을 운영했다. 이 교육은 임원의 역할 수행을 돕는 현실적인 리더십 이슈들을 다루고 그룹 코칭의 형식으로 진행했다. 코칭은 총 8회, 1:1 대면 방식이며 코칭 세션은 평균 1시간이다.

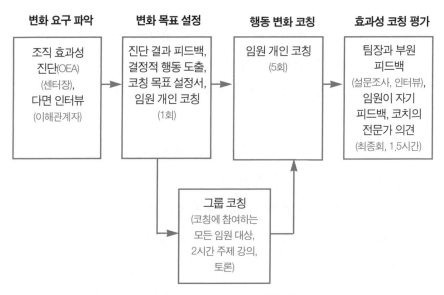

[그림 3-7] **존재감 강화로 조직 정체성 향상**(이석재, 2021)

단계 1: 변화 요구 파악

변화 요구는 다면 인터뷰와 OEA(조직 효과성 진단)의 결과를 통합적·시스템적 관점에서 분석하여 도출했다. 특히 조직 효과성 진단 결과에서 역할 확대를 낮게 본 센터장의 인식을 중요하게 고려했다. 센터장을 대상으로 한 다면 인터뷰의 주요 결과는 다음과 같다.

[강점]

성격이 조용한 스타일로 개방적이며 열린 소통을 한다. 성과 리더십은 우수하다는 평이다. 코칭에 대해 긍정적으로 기대하고 있으며 리더십 변화 의지와 참여 의사를 적극적으로 보여주었다.

[개발 필요점]

신세대에 대한 이해가 부족하고 그들과 소통이 부족하다. 가끔 화를 낸다는 피드백이 있다. 현재 일과 인재 관리에서 높은 수준의 스트레스를 겪고 있는 것으로 나타났다.

[그림 3-8]에서 보면 긍정성 관리와 생산성 관리는 평균 점수가 3.3점으로 중간 수준이다. 긍정성 요소로는 의사소통(3.18), 생산성 요소로는 성과 코칭(3.22)과 역할 확대(3.15)가 낮은 것으로 나타났다. 반면 조직 정체성(3.57), 전략 실행(3.44), 수행 능력(3.42)은 다소 높게 나타났다. 센터의 직원 몰입도는 67.8%로 낮은 수준이다. 직원 몰입도가 낮은 이유는 자기계발 지원, 열정, 선제 대응이 센터 차원에서 부족하기 때문이다.

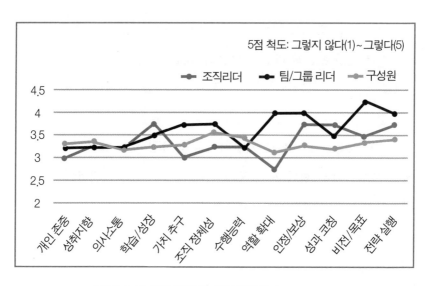

[그림 3-8] **센터 조직효과성 진단 결과**(이석재, 2021)

[센터가 시급히 보완할 점 : 팀장의 피드백]

- 각자 본인 업무에 대한 강한 책임감이 강점이지만, 업무가 정체되고
  발전되는 면이 부족
- 업무수행 개선을 위한 혁신적 마인드가 필요
- 적절한 인원 배분과 주기적인 로테이션 필요
- 조직 발전을 위해 조직 상하 간에 인식의 한 방향 정렬이 필요
- 직원 능력에 맞는 업무 배분

[센터가 시급히 보완할 점 : 직원의 피드백]

- 업무 수행 능력 향상
- 센터 직원의 자발적 참여를 위한 동기 부여
- 성과에 대한 격려 및 의사결정 과정 참여 유도. 이를 통한 완벽한 품질 확보를 위해 수행 능력 및 역할을 강화하는 노력을 지속
- 부원 잘못을 지적만 하지 말고 책임감을 갖고 역할을 주도적으로 할 수 있다는 긍정적 인식과 자세를 갖도록 지원 필요
- 최대 성과를 달성하기 위해 센터 내에서 역할을 적절히 분산
- 전체 직급 간의 의사소통 확대하고 지시적인 소통 지양
- 개인별로 적정의 업무 배분
- 공정한 평가와 보상 실시

인터뷰 결과, 팀장과 직원의 피드백, 조직 효과성 진단에서 공통으로 나타난 코칭 이슈와 센터장이 생각하는 존재감과 조직 정체성에 대한 이슈를 센터장의 변화 목표에 반영했다.

단계 2 : 변화 목표 설정

센터장은 글로벌 리더라는 조직 정체성을 만들기 위해 모든 조직원이 높은 수준의 존재감을 가져야 한다고 생각했다. 따라서 센터장이 생각하는 존재감의 구성 요소와 각 요소를 작동하게 하는 심리를 개

념화했다([그림 3-9] 참조). 자기 정체성의 핵심인 존재감은 책임의식, 자율성, 의사소통, 실행력에 대한 자기 평가라고 보았다. 이러한 개념화를 토대로 구성원의 존재감을 높이고 조직 정체성을 명확하게 만들고자 했다. 센터장의 변화 목표는 다음과 같다.

- 부담 없이 대화하는 소통 분위기 조성
- 센터 구성원에 대한 성취 동기 부여
- 감성적인 접촉을 강화

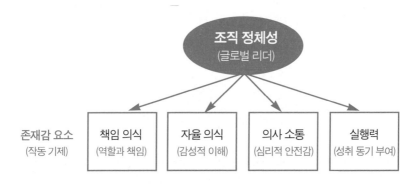

[그림 3-9] **존재감과 조직 정체성의 개념**(이석재, 2021)

코칭의 변화 목표가 복수일 때 주어진 코칭 기간 내에 목표를 완결하는 한 가지 방법은 코칭을 현장 연구로 진행하는 것이다. 이렇게 질문해 보자.

"어떤 논리가 작동하면 복수의 변화 목표를 모두 달성할까?"

이번 사례의 핵심 과제는 센터장의 역할에 변화를 주는 것이다. 조직 리더를 코칭하는 주된 목적은 조직이 기대하는 역할을 하도록 돕는 것이다. 이런 관점에서 2가지 가설을 도출했다.

- 가설 1 : 센터장의 역할이 생산자보다 조력자라면 팀장과 팀원의 존재감은 커질 것이다.
- 가설 2 : 센터장이 역할이 생산자보다 조력자라면 조직의 효과성은 향상할 것이다.

단계 3 : 행동 변화 코칭

여기서는 역할 중심의 코칭에 집중했다. 리더의 역할은 기존의 생산자 중심에서 조력자 비중을 높였다. 이때 센터장의 리더십 행동변화에 대해 코칭 대화를 나눴다. 또 조력자 비중을 높이는 것은 센터장의 3가지 변화 목표와 어떤 관련성을 갖는지 질문했다. 코칭이 진행되면서 센터장은 구성원에 대한 태도를 바꾸었다. 구성원은 미래성장의 주역이다. 따라서 리더의 역할은 그들이 생각하는 현실과 미래에 대한 인식의 차이를 줄여주는 것이다. 불만족한 원인을 파악하기 위해 현재 작동하는 시스템과 업무 환경을 살펴보았다. 그리고 구성원들에게 이렇게 질문했다.

- 무엇을 도와줄까요?
- 어떤 도움이 필요합니까?
- 무엇을 해결하면 더 전진할 수 있을 것으로 생각합니까?

인식 전환의 핵심은 리더십을 당면한 문제보다 사람에 초점을 맞추는 것이다. 조직장과 구성원의 관계를 인격체의 관점에서 설정한다. 이를 통해 구성원의 존재감을 높여준다. 구체적으로 다음 3가지를 즉각 실행에 옮겼다.

① 조직 정비를 통한 역할과 책임 강화

기존의 기획지원팀을 기획팀과 지원팀으로 분리했다. 지원 업무인 노무 업무로 인한 팀장의 업무 부담을 해소했다. 노무 업무에 전문성을 갖춘 리더를 지원팀장으로 임명했다. 팀 리더의 역할과 책임(R&R)을 재정립했다.

② 보고와 보고서 결재에 대한 스트레스 경감

- 우편함 보고를 활성화했다. 보고는 사실 전달에 치중하도록 했다.
- 보고서함을 설치해 대면 보고를 축소했다.
- 기획 보고서 작성을 돕기 위해 보고서의 완성도를 스스로 체크할 수 있는 가이드를 제작해 공유했다. 필요한 경우 보고서 작성 방안을 사전에 우편함을 통해 공유했다.

③ 중간 리더의 주도적 역할을 강화

센터 내에서 진행되는 각종 모임에 대한 관리를 책임급으로 격상했다. 이를 통해 조직 내에 주도적인 역할을 하도록 위상을 정립했다. 기존에 업무 지연과 미해결 등에 따른 패배감을 자부심과 책임감의 관점에서 보도록 관점전환을 도왔다.

단계 4 : 효과성 코칭 평가

코칭 평가는 코칭 목표달성도에 대한 주관식 평가와 고객에 대한 다면 피드백 중심으로 이루어졌다. 코칭이 종료되는 시점에서 OEA 를 다시 실시하지 못하여 2가지 가설을 검증하지 못했으며, 사전-사 후 차이를 분석하지 못했다. 이로 인해 코칭 평가는 객관적인 측면에 서 제한적이다.

① 정량 평가 : 코칭 전-후 진단 결과

센터장의 자기진단 결과와 구성원의 피드백은 긍정적이었다. 3가 지 코칭 목표달성 수준은 만족스러운 것으로 자평했다. 직원도 센터 장과의 소통과 교류가 활발해진 것으로 피드백을 했다.

〈표 3-6〉 **코칭 성과에 대한 본인과 직원 피드백**

〈자기진단 결과〉 척도 : 10점 척도

목표	현 수준	목표 수준	자기 평가
대화에 대한 부담감 없는 소통 분위기 조성	2	8	7
센터 구성원에 대한 성취 동기 부여	3	8	7
공감적인 접촉을 강화	1	7	7

<직원 피드백>

척도 : 10점 척도

직원 평가	의견
6	대화하는 데 일부 부담 있다. 방을 개방하였지만, 아직은 쉽게 들어오지 못한다.
8	도전 주제를 잘 선정 지도해준다. 자발적 도전은 아직 미흡하다. 업무에 대한 지도가 좋다.
8	업무는 어렵지만, 사적으로는 친근감을 느낀다. 사적인 고민을 얘기해보고 싶다.

출처:이석재(2021)

② 정성 평가

- 직원의 피드백 : 칭찬은 공개적으로 질타는 개인적으로 하고, 편하게 대화할 수 있게 했으면 좋겠다.
- 센터장의 셀프 피드백 : 내가 바라고 기대하는 것이 작동되도록 시스템을 만들어야 한다. 지금까지의 성공 전략은 질책과 지적이었지만, 이번 코칭을 통해 동기 부여로 부적절하다는 것을 알았다.
- 코치 피드백 : 인식 측면과 행동 측면으로 구분해 제공했다.

[인식 측면]

센터장은 성과 관리에 있어 구성원과 일의 추진 과정, 결과를 만드는 시스템이 중요하다는 점을 인식했다. 칭찬이든 인정이든 지적이든 현장에서 즉각 피드백하는 것이 중요하다는 사실을 인식했다.

[행동 측면]

결과를 만드는 과정과 시스템을 점검하고, 조직을 신속히 재구성했다. 기획지원팀을 기획팀과 지원팀으로 재편하고 팀장과 중간 리더의 역할과 책임을 명확하게 정의했다. 이를 통해 실행력과 추진력을 보여주었다. 중간 리더를 개별 면담하고, 중간 리더를 중심으로 자율적인 실행 문화 만들도록 여건을 조성했다.

생각 파트너의 심리 코칭

다음 질문에 대한 생각을 정리해 보십시오.

생각(Think) : 리더십 개발을 통합적 관점에서 추진한다면 가능한 것은 무엇입니까? 기대 효과는 무엇입니까?

가능한 것 :

기대 효과 :

선택(Choose) : 우선 실행할 수 있는 통합적 접근은 구체적으로 어떤 모습입니까? 그 모습을 서술해 보십시오.

실행(Act) : 위에서 선택한 통합적 접근을 실행에 옮길 때 예상되는 방해 요인은 무엇이며, 어떻게 극복하겠습니까?

방해 요인 :

극복 방법 :

PART 2에서는 3가지 역량군을 각 장으로 구성했다. 각 장의 서두에 소속 6가지 핵심 역량별로 해당 역량이 효과적으로 발휘되는 심리 기제와 주요 특징을 소개한다. 또 리더십 진단 결과를 토대로 리더 워크숍, 개인 코칭과 그룹 코칭, 집합교육에서 관찰하고 분석한 내용과 각 역량이 효과적으로 발휘되지 못하는 원인을 제시한다. 각 장의 끝부분에는 해당 역량을 개발하는 데 도움이 되는 코칭 주안점과 구체적인 실천 행동을 제시한다. 리더십 행동을 계발할 때 각 행동을 자기 주도로 실천해 보길 권한다.

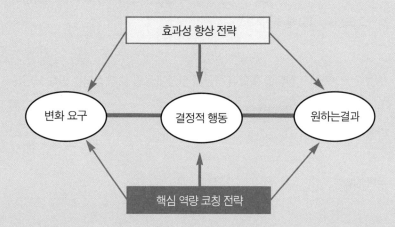

리더십 변화를 강화하는
핵심 역량 코칭

"사회적 행동에 영향을 미치는 환경은
객관적 환경이 아니라 지각된 환경이다."
_쿠르트 레빈(Kurt Lewin)

인지 역량은 당면한 문제와 과제의 해결, 조직 안팎의 환경 변화에 대한 적응, 현재와 미래의 변화에 대한 지각과 예측 과정에서 발휘되는 능력이다. 이처럼 사물과 현상을 새로운 시각에서 보는 가능성과 깊이를 결정하는 핵심 역량이다. 인지 역량은 유전적 요인보다는 사회적 경험과 축적된 학습 경험에 의해 형성된다. 따라서 체계적인 훈련을 통해 누구든지 인지 역량을 개발할 수 있다.

기회와 가능성을 발견하는 인지 역량

"성공적인 혁신은 변화를 새로운
제품, 서비스, 비즈니스의 기회로
이용한 것이다."

_피터 드러커(Peter Drucker, 경영학자)

01

다르게 보고 창의적으로 생각하기

• • •

애플 창업자 스티브 잡스(Steve Jobs)는 기존 산업과 신기술의 융합을 통해 잠재된 가치를 실현할 기회를 포착했다. 나아가 새로운 서비스를 개발해 세계인의 생활 방식을 변화시켰다. 그가 공동창업자인 스티브 워즈니악(Steve Wozniak)과 나눈 대화는 창의적 리더십을 잘 보여준다. 개인용 컴퓨터를 개발한 워즈니악이 잡스에게 물었다.

"당신은 코드도 작성할 줄 모르고, 엔지니어도 아니고, 디자이너도 아니고, 못을 박을 줄도 모른다. 그럼 무엇을 하지?"

그러자 잡스가 대답했다.

"당신이 훌륭한 연주를 한다면 나는 오케스트라를 지휘하지."

창의성을 가로막는 요인

창의성을 가로막는 요인은 대략 5가지로 요약할 수 있다. 저마다 자신에게 어떤 요인이 있는지 알아보고 창의성을 높이는 방법을 찾아보자.

마음의 틀에 얽매인다

심리학에서는 마음의 틀(mind-set)을 스키마(schema) 또는 인지구조라고 한다. 마음의 틀은 오랜 경험과 학습을 통해 형성되고 새로운 정보를 처리할 때 기본 틀로 작용한다. 마음의 틀이 긍정적으로 작용하면 비슷한 경험의 사건에 잘 대응할 수 있지만, 부정적으로 작용하면 당면한 문제를 새로운 관점으로 볼 수 없다. 마음의 틀에 얽매여 문제를 유연하게 볼 수 없다는 것이다.

한 가지 방식만 고수한다

문제해결 과정에서 '특정 방식만 해결책'이라는 편협한 사고로는 효과적인 방안을 찾을 수 없다. 이는 자신의 경험에만 의존하여 판단하고 결정하는 리더에게 흔히 나타나는 폐단이다. 문제를 해결하는데 이전 방식을 답습하면 편안하지만, 창의적인 사고를 제한한다. 상황은 급변하여 새로운 시각을 요구하는데 기존의 경험과 방식에 얽매여서는 문제를 근본적으로 해결할 수 없다.

성공 경험과 논리적 사고에만 의존한다

과거의 성공 경험과 논리에만 의존하면 현재 상황을 돌파하기 어렵다. 논리적인 사고는 명쾌하게 분석하는 데는 도움을 주지만, 창의적 사고를 방해할 수 있다. 직무 전문성이 높거나 사고력이 뛰어난 리더일수록 경험적으로 익숙한 논리적 사고의 함정에 빠지기 쉽다. 유능한 임원이 다른 분야에서도 역량을 발휘할 수 있다고 자만하고, 더는 호기심을 갖지 못하고, 좋은 성과 원인을 분석하지 못하고, 자신의 전문성에 눈이 머는 이유다.

타인의 평가를 미리 걱정한다

상대방에 대해 "아니, 지금 그것도 말이라고 하는 거야?"라는 피드백은 아이디어에 대한 부정적인 평가를 담고 있다. 상대방의 평가를 지나치게 의식하면 창의적인 아이디어를 내기 어렵다. 그러므로 구성원들의 창의적인 활동을 촉진하려면 개방적인 조직문화가 필요하다. 리더의 의사소통 기술이 개방적인 의사소통 문화 형성에 중요하다.

주변 사람에 동조하는 경향이 강하다

우리나라처럼 사회적 관계를 중시하는 집단주의 문화권에서는 집단의 사고에 동조하거나 편승하는 경향이 강하다. 조직의 리더는 이러한 동조 성향이 나타나지 않도록 유의해야 한다. 리더가 권위주의적이고 편향될수록 구성원들의 동조 성향이 높아 창의성을 발휘하기 어렵기 때문이다. 특히 상사의 권위에 동조하는 기존의 관행이나 문화는 자율성을 중시하는 신세대에게는 위협일 수 있다.

창의성이 낳은 대표적인 발견

전문가들이 원하는 결과를 만들어 내는 과정에는 무한한 반복이 있다. 따라서 전문가들의 사고는 반복적이면서도 한 방향을 향해 질주하는 초고속 열차와 같다. 창의성은 관계없어 보이는 다양한 정보들이 새로운 차원에서 통합되거나 연결되면서 생겨난다. 때로는 직관이나 통찰력이 발휘되는 것처럼 전혀 예상하지 못한 사고가 형성되고, 이러한 사고를 통해 새로운 관점에서 현실을 보도록 해준다.

사고의 유창성과 유연성이 낳은 접착제

1970년 3M 연구소의 스펜서 실버(Spencer Silver)는 크게 실망했다. 애써 새로운 접착제를 개발했는데 접착력이 낮아 쉽게 떨어지는 것이다. 이 '이상한 접착제'는 아무도 용도를 정하지 못해 모두 폐기 처분해야 할 판이었다. 5년이 지난 1974년 3M 연구원인 아서 프라이(Arthur Fry)는 주일예배를 볼 때 찬송가 사이에 끼워 둔 종이들이 떨어지는 것에서 영감을 얻어, 그 이상한 접착제를 임시로 붙였다가 떼어내는 데 사용하면 좋겠다고 생각했다. 3M은 1980년부터 포스트 잇을 생산하기 시작했다. 한번 붙으면 떨어지지 않아야 한다는 접착 제에 대한 고정관념을 버리고 이를 새롭게 응용하는 창의성에서 포 스트잇이 태어난 것이다.

정교한 실험적 사고가 낳은 백신

루이 파스퇴르(Louis Pasteur)는 가능한 모든 가설을 검증하기 위해 모든 자료를 샅샅이 수집해 체계적으로 연결하고, 엄격히 통제된 환 경에서 실험한 것으로 유명하다. 그러나 그가 발견한 백신은 이러한 엄격한 통제나 과학적 검증과는 거리가 있었다. 파스퇴르의 조수가 닭에게 콜레라 박테리아를 소량 주사했는데 이는 단순한 실수였다. 그런데 나중에 정량을 주사해 보니, 이전에 약하게 주사한 박테리아 가 콜레라에 대한 면역 기능을 한다는 것을 알게 되었다. 백신 (vaccine)이라고 이름 붙여진 약화된 균은 질병에 대한 저항력을 키우 는 데 사용되었다. 이 아이디어가 1879년 이후 면역이론의 토대가 되 었고 백신 예방접종으로 일반화되었다.

독창성이 낳은 항생물질

알렉산더 플레밍(Sir Alexander Fleming)은 유리로 만들어진 10센티미터 크기의 작은 접시에 부스럼에서 채취한 세균을 놓고 실험했다. 세균을 실험하기 위해 사용하는 세균의 배양기는 완전한 무균상태여야 한다. 그래야 오염되지 않은 상태에서 균의 특성을 연구할 수 있기 때문이다. 그런데 플레밍은 세균을 배양하는 접시에서 증식한 푸른곰팡이 주위가 무균 상태라는 것을 알게 되었다. 원래 배양기는 완전 무균이어야 하는데 페니실륨 노타툼(Penicillium notatum)이라는 곰팡이 포자가 우연히 배양기에 들어간 것이다. 게다가 페니실린을 생산할 수 있는 곰팡이가 들어간 것이다. 대개 실험을 할 때는 오염된 배양기는 버리는 게 원칙인데, 플레밍 교수는 우연히 곰팡이 주위가 세균이 없는 무균 상태임을 알게 된 것이다. 페니실린이 이 무균 상태를 만든 것이다. 이러한 '우연' 이 세계 최초의 항생물질인 페니실린을 발명하게 된 계기였다.

창의성의 코칭 주안점

창조하고 종합하고 변화하기 언어의 경계를 넘어서 상상하는 창의적 활동에서는 과연 어떤 인지 작용이 일어날까? 조셉 앤더슨(Joseph Anderson)은 창의성의 3가지 유형으로 구분한다. 무에서 유를 만들어내는 창조로서의 창의성, 2개 이상의 무관한 요소를 연관해 종합하는 창의성, 이미 존재하는 것의 기능을 향상하거나 새로운 기능을 추가하여 용도를 확장하는 창의성이 그것이다. 요약하면 창조하고, 종합하고, 변화하는 것이다.

창의성은 무엇이든 새롭게 보는 능력이다. 따라서 창의적인 아이디어를 얻으려면 호기심과 열정, 지속하여 탐색하는 시도, 다양한 정보의 체계적인 축적과 재활용 등이 필요하다.

창의적인 행동 습관 배우기

우리는 대개 창의성은 타고난 것이지 배워서 가질 수 없다고 생각한 나머지 창의적인 사람을 부러워한다. 그러나 심리학자들은 창의성을 발휘하는 습관을 갖고 세상과 소통하는 스타일로 발전하는 방법을 탐구했다. 관련 연구에 따르면 창의적인 사람들은 다음과 같은 사고와 행동 습관을 갖고 있다.

- 기존 것에 의문을 제기하고 새로운 관점에서 다르게 생각한다.
- 아이디어가 떠오르면 구체적으로 표현하고 만들어본다.
- 호기심과 알고 싶은 것이 많아 열정적으로 새로운 정보를 찾는다.
- 아무 관련이 없어 보이는 것에서 어떤 관련성을 찾아낸다.
- 불가능해 보이는 것에서 가능성을 찾고 테스트해본다.
- 새로운 환경과 변화, 경험에 개방적이며 이에 잘 적응한다.

창의적인 사람이 지닌 행동 특성을 모방하거나 체질화함으로써 창의성을 높일 수도 있다. 그러나 더 근본적인 방법은 자신의 문제점을 진단하고 자신에게 맞는 개선책을 찾는 것이다.

창의성 발휘에 실패하는 이유

ELA를 분석한 결과, 창의성이 부족한 리더는 대개 자기 확신이 지나치게 강했다. 자기 확신이 너무 강하면 정확한 현실 인식이 안 된 나머지 심각한 위기 상황에도 안이하게 대처하기 쉽다. 리더로서 자신의 능력을 과신하는 것이다.

임꺽정 부장은 자기 확신이 강하고 창의성은 낮은 리더이다. 상사와 동료는 그의 직무 전문성과 문제해결 능력 그리고 추진력을 강점으로, 후배 양성과 권한 위임에 인색한 점 그리고 대화술과 협상력 부족 등을 약점으로 꼽았다. 부서원들은 적극적인 소통과 민첩한 상황 대응력 그리고 논리적인 접근을 통한 대안 마련 능력을 강점으로 꼽았다. 반면에 지나치게 꼼꼼한 관리와 인색한 권한 위임을 약점으로 꼽았다. 임꺽정 부장의 경우 창의성과 자기확신은 어떤 관계일까?

리더십 코칭을 통해 본 임 부장은 자기중심성이 강한 리더로서 매사를 주관적으로 생각하고 행동하는 경향이 강한 나머지 다른 사람의 의견을 잘 경청하지 않았다. 특히 자기 전문 분야에서는 전적으로 자기주장만 내세운 채 부서원의 의견은 철저하게 배제되었다. 이에 부서원들은 업무에서 주인의식을 가질 수 없을뿐더러 잠재성을 표출하지도 더 성장하지도 못했다. 리더의 창의성 진단 결과와 주요 피드백은 다음과 같다.

[창의성이 부족한 리더]

- 관점이 좁고 보수적인 입장을 취하며 결단력이 부족하다.
- 토의 주제, 이슈에 대한 직무 경험과 학습이 부족하다.
- 과감한 시도나 생소한 관점 취하기, 직관에 따른 판단을 피한다.
- 주위 사람의 잠재성을 끌어내지 못한다.
- 갈등의 발생에 민감하고 회피한다.

[숙련되게 창의성을 발휘하는 리더]

- 기존의 관점에 가치를 더하는 아이디어를 제시한다.
- 주제와 상황, 맥락을 독특하게 바라본다.
- 제3의 관점에서 현상을 설명하는 입장을 취한다.
- 은유와 비유를 통해 개념을 상징화하고 재해석한다.
- 직관과 통찰을 통해 무관해보이는 요소들을 연결 짓는다.

[지나치게 창의성을 발휘하는 리더]

- 비현실적이며 미래지향적인 사고와 아이디어에 집착한다.
- 부서원 육성과 권한 위임, 임파워먼트에 관심이 적다.

- 많은 일을 시도하고 명확한 방향과 목표를 제시하지 않는다.
- 의견을 간결하게 표현하지 못하고 수사적이며 장황하다.

창의적 사고방식 훈련

"구슬이 서 말이라도 꿰어야 보배"라는 속담은 "창의력이란 이미 존재하는 것끼리 연결하는 것"(스티브 잡스)이라는 통찰과 상통한다. 사물의 독립적인 요소를 구조화하여 새로운 차원에서 관계를 파악하는 창의성은 누구에게나 잠재하지만, 그것을 실현하려면 열정이 필요하다. 창의성에 작용하는 원리와 과정은 학문적으로 분석할 수 있으며 학습할 수도 있다. 토니 프록터(Tony Proctor)는 창의적 사고방식을 학습하기 위한 4가지 훈련 요소를 제시했다(〈표 4-1〉 참조).

유창성과 독창성은 조앤 길포드(Joan Guilford)가 확산적 사고(divergent thinking)와 관련해 사용한 개념이다. 확산적 사고는 수렴적 사고(convergent thinking)의 상대 개념으로, 문제에 직면했을 때 명확한 해답이 없으면 다양한 해답을 찾아보려는 사고방식이다. 이와 견주어 수렴적 사고는 특정 답을 얻기 위해 단계적으로 일련의 절차를 따르는 사고방식이다. 이들 두 사고방식은 완전히 독립적으로 작용하기보다는 동전의 양면처럼 상호보완적으로 작용하면서 창의적 사고에 기여한다.

〈표 4-1〉 **창의성 개발을 위한 4가지 요소**

요소	정의	향상 방법
유창성	아이디어를 만들어내는 능력	주위에 있는 물건을 보고 연상되는 모든 단어를 기록한다.
유연성	특정 형식과 고정된 사고방식에 얽매이지 않고, 다양한 유형으로 생각하여 관련 아이디어를 만들어내는 능력	특정 단어에서 연상 가능한 모든 것을 적고, 그것들이 어느 정도 다양한지 측정한다.
정교성	새로운 생각을 추가하거나 기존의 생각을 변형하고 삭제하여, 구체화하는 능력	특정 개념이나 사물을 정해, 이를 가능한 상세히 묘사한다.
독창성	기존의 것에서 탈피하여 특이하고 새로운 생각을 만들어내는 능력	주위의 사물을 정해, 이를 달리 활용할 수 있는 방안을 생각한다.

출처: Proctor, T. (2005)

세계적인 창의성 전문가 에드워드 드 보노(Edward de Bono)에 따르면 확산적 사고는 '한 우물을 깊게 파는' 수직적 사고와 '다른 곳도 파보는' 수평적 사고로 구성된다. 수직적 사고는 관점과 방향이 정해지고 나면 설정된 길을 따라서 단계적으로 논리적 사고를 한다. 이와 달리 수평적 사고는 꾸불꾸불한 시골길을 걸어서 다른 마을로 가려할 때 그 마을에 도달하기 위한 새로운 길을 생각하는 것과 같다.

창의성을 개발하는 방법

평소에 떠도는 마음 즐기기

아르키메데스는 주문 제작된 왕관이 순금인지 합금인지 알아보라는 왕의 지시를 받았다. 그는 어느 날 목욕탕에 들어갔다가 물이 넘치는 광경을 보고 물질의 질량을 발견했다. 이러한 일화에 담긴 발견의 순간을 보면 위대한 발견의 주인공은 떠도는 마음(wandering mind)의 상태에 있었다. 수학자 앙리 푸앵카레(Henri Poincare)는 비유클리드 기하학(non-Euclidean geometry)의 실마리가 문득 떠오른 순간을 다음과 같이 묘사했다.

"여행이라는 변화는 수학자로서의 일을 잊게 했다. 쿠탕스에 도착한 후, 우리는 여러 곳으로 여행하기 위해 합승 마차에 올랐다. 발걸음을 내딛는 순간 아이디어가 떠올랐다. 내가 푸크스 함수(Fuchsian functions)를 정의하는 데 사용한 변형이 비유클리드 기하학의 변형과 같다는 것이다. 이전에는 생각하지 못한 것이다."

푸앵카레의 새로운 발견은 해결해야 하는 과제에 몰두해 있지 않았으며 과제와는 독립적인 시간과 공간에서 일어났다. 이 결과로 보면 평소 떠도는 마음의 상태를 수용하고 즐길 수 있어야 한다 (이석재, 2020).

몰입의 모순에서 벗어나기

어떤 주제에 대해 충분히 생각했다면 계속 생각하지 말고 그동안 생각한 것을 기록으로 남기고 그대로 덮어둔다. 자신이 깊이 생각하는 것, 알고 있는 것이 오히려 창의적 사고를 제한할 수 있다. 최종 결론을 내기 전에 충분한 휴식 시간을 갖는다. 에드워드 드 보노는 이것을 '창의적 중지(creative pause)' 라고 했다. 개인은 20~30초, 그룹은 2분 정도가 적당하다. 허용되는 기간에 따라서 3~5일의 충분한 공백기를 가져 본다. 그리고 다시 원래의 주제로 돌아가 하던 일을 계속한다. 너무 오랫동안 똑같은 생각을 하면 기존 생각의 덫에 걸려들 수 있다. 만일 다른 사람이 시간이 있으면 그 사람이 아이디어를 내보도록 맡겨 둔다.

스탠퍼드대학교 연구팀은 한 집단에게는 실내에서 걷거나 책상에 앉아서 창의성을 측정하는 과제를 풀게 하고, 다른 집단에게는 잠시라도 가벼운 실외 산책을 한 후 같은 과제를 풀게 했다. 산책한 집단이 그러지 못한 집단보다 창의성 점수가 높았고, 특히 확산적 사고와 분석적 사고, 기발한 생각을 했다. 땀을 흘리거나 에어로빅을 하는 강도의 산책이 아니어도 효과적이다.

구성원들의 창의성 활용하기

리더는 구성원들의 창의성을 발휘를 북돋고, 조직을 혁신적으로 이

끌어 효율성을 높이려면 다양한 사고 유형을 지닌 인재를 고루 활용해야 한다. 다양성 존중과 집단지성의 활용이다. 문화적 다양성을 가진 팀이 문화적 획일성에 빠진 팀보다 성과가 높았다. 리더와 구성원들의 사고 유형과 개성이 비슷하다면 현재의 직무 수행에는 도움이 되겠지만, 직무 내용이나 환경이 바뀌면 유연하게 대처하지 못할 수 있다. 반면에 사고 유형과 개성이 다른 구성원들과 일하면 창의적인 활동은 활발하겠지만 구성원 간의 갈등을 피하기 어렵다. 현명한 리더는 다음과 같은 전략을 사용해 사고 유형의 차이를 극복하면서, 그들의 창의성을 효과적으로 활용한다.

- 자신과 구성원의 사고 유형을 객관적으로 진단하고, 그 결과를 조직관리에 활용한다.
- 갈등이 생기지 않도록 원칙을 정한다(예를 들어 상대방의 의견을 반박할 때는 반드시 이유를 제시한다).
- 토의 안건을 사전에 제시하고 구성원들 각자가 검토할 수 있도록 충분한 시간을 준다.
- 목표를 공유하고 각 개인이 목표 달성에 기여한 부분을 인정한다.
- 구성원들의 관점 차이를 인정하고, 갈등의 원인을 구성원의 인격과 연결하지 않는다.

인과관계에서 벗어나 논리적 비약하기

자유연상법에 따라서 꼬리에 꼬리를 물고 이어지는 생각들을 따라가 본다. 결과를 미리 걱정하면 다양하고 창의적인 아이디어를 얻기 어렵다. 자유연상을 하기 전에 자기와는 무관한 분야의 미래 계획서를 읽어보자. 가령, 다른 나라의 도시와 지역, 국가 계획서를 읽는다. 계획이 중점을 두는 개념을 찾는다. 그 개념을 지금 생각하는 주제를 연상하는 첫 출발점으로 활용한다.

자유연상법은 새로운 제품과 서비스에 대한 아이디어를 찾거나 이미 개발된 제품과 서비스의 명칭을 바꾸고자 할 때 매우 유용하다. 집단토론에 앞서 실시하면 사고를 유연하게 하는 데 도움이 된다. 개인 또는 팀 단위로 연습해 보고, 그 결과를 비교해 보면 훌륭한 아이디어를 얻을 수 있다.

자기 분야에서 성공 비전 그려보기

비전을 설정한 다음에는 자기 분야가 앞으로 어떻게 바뀔지, 그리고 무엇을 준비해야 할지 생각해본다. 자기 비전과 현재 상태의 비교를 통해 자기가 해야 할 일이 구체적으로 드러난다. 비전을 설정하고, 변화 영역을 찾고, 자신을 변화시킬 방안을 찾는 데 창의성을 활용해 보자.

이때 미래 비전과 창의성, 혁신적 리더십을 연결하여 통합적 관점에서 접근해 본다. 개인보다 조직 차원에서 관련 주제와 이슈를 생각하는 것이다. 혼자 할 수도 있고, 같은 분야 사람들과 브레인스토밍을 해봐도 좋다. 도출된 아이디어 가운데 실천 가능한 것이 있으면 직접 실행에 옮겨보자.

02

자기 능력을 인정하고 신뢰하기

● ● ●

　자기 확신이 강한 리더는 성공 원인을 순전히 자기 능력, 즉 전문성, 경험, 지능 등과 같은 내적 요소에 돌리는 경향이 강하다. 이를 '내적 귀인(internal attribution)'이라고 하는데, 이런 리더는 미래의 성공을 통제할 수 있다고 생각하므로 성공을 위해 부단히 노력한다. 매사에 긍정적으로 생각하며 성취 욕구 또한 강하다. 미래가 불확실한 상황에서도 확신에 차서 주위 사람들을 독려한다. 그러나 이런 리더는 독선적이어서 구성원들을 수동적 존재로 만들기 쉽다. 그러므로 리더는 자기 확신의 양면성을 고려해야 한다.

지나친 자기 확신이 부르는 문제

　리더의 자기 확신이 너무 강하면 다음과 같은 문제가 생기기 쉽다.

장애 요인 과소평가

상황을 객관적으로 인지하지 못하고 비현실적으로 보기 쉽다. 자기 확신이 강할수록 성공 요소를 과신하는 반면 장애 요인은 무시한다. 이 과정에서 타인의 의견을 무시하거나 그 능력을 과소평가한 나머지 참여와 협조를 끌어내지 못한다. 그러다가 결국은 감당할 수 없는 상황을 부른다.

일방적인 의사소통

'나'를 모든 일의 중심, 심지어는 세상의 중심에 두는 리더는 의사소통도 일방적이다. 회의도 의논은 없고 리더의 일방적인 훈시나 지시로 끝난다. 이런 분위기에서는 구성원들의 다양한 의견과 적극적인 참여를 끌어낼 수 없다.

가면증후군에 빠질 위험

자기 확신은 동기 요인으로 효과적 리더십 발휘의 핵심 역량이다. 그러나 자기 확신이 지나친 리더는 객관적인 업무 실적은 높지만, 그것은 우연일 뿐으로 사람들을 속였다는 생각에 불안해할 수 있다. 이를 가면증후군(imposter syndrome)이라고 하는데, 치열한 성과주의 문화를 가진 조직에서 높은 책임감을 가지며 타인으로부터 부정적 피드백을 받은 남성 리더에게서 흔히 관찰할 수 있다.

이런 리더는 스스로에 대한 기댓값이 너무 높아서(객관적으로 충분히 잘하고 있는데도 불구하고) 리더로서 역할이 부족하다거나 목표 달성에 별로 도움이 되지 못하다거나 팀의 업무 성과가 아직 부족하다고 비관한다. 객관적 상황이 아니라 내면의 불안감이 만든 부정적인 심리는 자기 위주 편향(self-serving bias)의 성격에 기인한다.

자기 확신을 떨어뜨리는 심리

자기 확신은 행동의 결과에 대한 피드백으로부터 형성된다. 그런데 피드백을 어떻게 수용하는지에 따라 자기 확신의 성격이 달라진다. 어떤 일이 실패로 끝났을 때 우리는 흔히 자신의 능력 부족이라고 쉽게 결론 내고 만다. 실패를 반복하면서 '실패 = 능력 부족'을 공식화하고 이를 객관적인 사실로 믿어버린다. 이렇게 자기 확신이 낮아지면 무기력해진다. 낮은 자기 확신은 다음과 같은 요인들과 관련이 있다.

자기 파괴적 사고방식

열등하고 결함이 많다며 자신의 능력을 폄훼하거나 부정하는 사고 방식이다. 이런 사고는 직면한 문제를 회피하거나 필요한 조치를 미룬다. 자신을 비판하고 타인과의 비교에 민감하다. 자신의 단점만 보며, 한 번의 실수나 잘못을 일반화해 자신의 모든 행동을 부정적으로 본다. 그러면 목표 달성이 멀어진다.

완벽주의 사고방식

자신은 모든 일을 잘해야 하고, 그것을 널리 인정받아야 한다는 사고방식이다. 이런 사고에 붙들리면 부담감으로 경직되어서 실패하기 쉽고, 자신의 능력을 신뢰하기도 어렵다. 리더라면 팀의 소소한 부분까지 일일이 참견하고 통제하게 된다. 또 위험이나 실수가 두려워 새로운 시도를 주저한 나머지 현실에 안주하는 것으로 완벽주의를 추구하는 경향이 강하다.

평가에 대한 과도한 의식

다른 사람들의 평가에 민감한 사람은 자기 능력을 낮게 평가하고 신뢰하지 않는다. 또 실패를 두려워하고 어떤 일을 능동적으로 할 수 없다. 다른 사람들의 평가에 더 신경을 쓰기 때문에 의사결정이 신속하지 못하다.

객관적인 피드백 부재

자기 확신에는 결과에 대한 평가가 개입되어 있다. 만일 타인의 피드백이 정확히 전달되지 않거나 상사나 동료, 구성원들이 객관적이고 타당한 피드백을 제공하지 않으면 올바른 자기확신을 형성하기 어렵다. 또 성과 관리에 부정적인 영향을 미친다. 객관적 피드백이 부재한 조직은 보수적이거나 폐쇄적인 조직 문화와 밀접한 관련이 있다.

자기 확신의 코칭 주안점

자기 확신은 자기 능력에 대한 신뢰로, 자기계발에 매진하게 하고 자신의 이미지를 긍정적으로 만든다. 자기 확신은 자기 자신을 객관적으로 인식하면 좀 더 체계적으로 형성되는데, 다음과 같은 방식으로 강화될 수 있다.

자신의 능력 키우기

전문 직무 지식과 기술 등을 습득하여 잠재 역량을 강화한다. 약점을 보완할 방안을 궁리하고 구체적인 목표를 세워 실천한다. 성공하는 모습을 매일 10분씩 마음속으로 그려보고, 성공할 수 있다고 생각한다. 회복탄력성과 같은 마음의 근육을 키워 실패에도 좌절하지 않고 다시 일어서는 능력을 키운다.

긍정적 이미지 높이기

운동선수가 경기 시작 전에 "나는 잘할 수 있다"고 속삭이는 자기 대화(self-talk)는 자기 확신과 긍정적 이미지 형성을 돕는다. 긍정적인 평가는 어려운 상황에서도 자기 자신을 긍정적으로 지각시키며, 새로운 일에 도전할 수 있는 용기를 준다.

적극적인 의사표시

적극적인 의사표시는 타인에게 영향력을 발휘하는 효과가 있다. 그러나 지나치면 공격적인 인물로 비칠 수도 있으니 유의해야 한다.

자신을 객관적으로 인식하기

자신을 객관적으로 인식하는 것이 자기 확신을 위해 무엇보다 중요하다. 이를 위해 다른 사람들의 피드백을 적극적으로 요구하고 수용하는 자세가 필요하다. 특히 자신의 강점과 약점을 열거해 보고, 여러 사람에게 의견을 들어볼 필요가 있다. 객관적인 자기 인식은 자존감에 영향을 미친다. 부정적인 피드백은 자존감을 떨어뜨리지만, 긍정적인 피드백은 자존감을 높인다.

구성원들의 자존심 세우주기

사고와 행동은 자존심(self-esteem)을 반영한다. 사람들은 타인에게 인정받으려는 욕구, 자기의 긍정적인 면을 드러내려는 욕구, 자기 모습을 지키려는 욕구를 지닌다. 대인관계에서 자존심은 바로 사회적 얼굴이다.

훌륭한 리더는 구성원들의 사회적 얼굴을 긍정적으로 평가해 주고, 인정해주고, 치켜세운다. 이런 긍정적 피드백이야말로 구성원의 자기 확신을 높여 주는 중요한 동기부여이다.

자기 확신은 어떻게 개발할까

해결 중심 접근으로 EIAG 모델 활용

EIAG 모델은 각자의 문제점을 분석하고 변화 포인트를 찾는 자기 성찰을 한다. EIAG는 경험(experience), 확인(identify), 분석(analysis), 일반화(generalization)를 나타낸다. 이 방식은 먼저 자기 확신이 부족하다는 피드백을 받은 사례를 떠올려보고, 어떤 일이 일어났고 왜 일어났는지 이해한다. 자기 확신이 부족한 원인을 알았다면 개선방안을 찾아 실행한다.

피드백을 적극적으로 활용

대수롭지 않게 흘려버린 것들 가운데 자기 확신을 높이는 요소가 있는지 찾아본다. 또 자신에게 '숨겨진 강점'은 없는지 알아본다. 나의 숨겨진 강점은 다른 사람은 다 아는데 나만 모르는 강점이다. 그래서 피드백이 중요하다. 효과성 진단(ELA, TEA, OEA)은 다면 진단으로 정량적인 진단 정보뿐만 아니라 정성적인 정보로 셀프 피드백과 타인(상사, 동료, 팀원 등) 피드백을 제공한다.

자신의 성공을 시각화하여 자기 확신 경험

성공할 수 있다며 자신에게 확신을 주면서 아침과 저녁으로 10분간 성공하는 모습을 그려본다. 이렇게 반복해서 성공을 이미지화하면 꿈꾸던 일은 현실이 된다. 피그말리온 효과(Pygmalion effect)다. 그리스 신화에 키프로스 조각가 피그말리온의 사랑 이야기가 있다. 피그말리온은 아름다운 여인상을 조각했는데, 그 조각상을 너무나 사랑한 나머지 생명을 달라고 신에게 기도했다. 이에 감동한 미의 여신 아프로디테가 그 기도를 들어주었다. 지성이면 감천이라더니, 꿈이 이루어진 것이다.

리더의 기대는 변혁적 리더십(역할모델과 같은 이상적 영향력, 영감을 담은 동기부여, 지적 자극)과 구성원의 승진 준비 간의 관계를 매개했다. 리더의 기대는 피그말리온 효과와 같이 구성원의 경력 변화에 긍정적인 영향을 미쳤다.

개인이나 집단 구성원으로서 자기 가치 확인

댄 코헨(Dan Cohen)의 자기가치확인이론(self-affirmation theory)에 따르면, 사람들은 자기 자신의 가치를 돌아보고 자기의 긍정적인 이미지를 지키려고 한다. 삶에서 실패나 좌절, 불안 등을 경험할 때 사람들은 자기 이미지가 위협을 받게 되고, 자기 가치를 회복하는 방식으로 반응한다. 자신이 속한 그룹에 대해 위협적인 정보에 직면할 때에도 집단 수준에서 자기에 대한 위협을 줄이려고 한다. 이러한 동기는 회복탄력성을 강화하고 자존감을 높여준다. 따라서 자기 자신에게 긍정 메시지를 매일 3회 정도 반복해서 말하면 자기 확신을 키울수 있다. 다만, 자기 가치 확인이 지나치면 역효과를 내고 더 큰 자기 방어와 차별로 이어진다는 점을 명심해야 한다.

실패를 통해 배우는 자세

결과를 스스로 비관할수록 자기 확신만 낮아진다. 실패의 근본 원인을 분석하고, 실패를 극복하기 위한 새로운 지식과 기술을 배운다. 또 실패는 성공으로 가는 과정일 뿐이라고 긍정적으로 받아들인다. 이를 통해 실패로 인해 손상당한 자기 확신을 극복하고 존재감을 높인다. 다음과 같이 다양한 관점에서 실패를 생각해 본다.

- 실패는 결과가 아니라 더 나은 결과를 만드는 시작이다.

- 나만 실패한 것이 아니라 누구나 실패한다.

- 실패에 묶이기보다 실패로부터 학습하고 극복하려고 노력한다.

- 실패를 두려워하기보다 그 두려움을 극복하고 전진한다.

- 다르게 보려고 한다. 역경을 극복해야 경력이 된다.

- 과정과 결과의 기대 수준에 대한 눈높이를 올린다.

- 원하는 결과를 얻을 수 있는 자원을 확보한다.

03

변화에 대응하기보다 선도하기

● ● ●

미시간대학교 경영대학원 로버트 퀸(Robert Quinn) 교수는 "리더가 변화의 필요성을 알면서도 변화를 시도하지 않으면, 의식적으로 점진적인 죽음을 선택한 것"이라며 리더의 역할을 강조했다. 조직을 변화하고 관리하는 과정에서 리더의 주된 역할은 변화의 목표를 명확하게 제시하고, 그 방향으로 구성원들을 이끄는 것이다.

변화에는 저항이 따르게 마련이다. 변화는 새로 바꾸는 것인데, 바꾸려면 불안하거나 불편하기 때문이다. 리더가 변화를 추진하면서 간과하기 쉬운 부분이 바로 구성원의 심리적 변화다. 변화를 주도하는 리더는 구성원이 당연히 변화에 따르고 적응할 것으로 알지만, 실제는 그렇지 않다. 구성원으로서는 조직의 변화가 이성적인 문제를 넘어 감성적인 문제이기 때문이다.

그래서 선진기업들은 조직 문화에 변화를 줄 때 구성원들이 이를 감성적으로 받아들이도록 여건을 조성한다. 변화는 구성원들이 열정을 갖고 참여할 때 탄력을 받는다. 변화의 성패가 구성원의 감성보다 능력에 달렸다고 여긴다면 변화 관리에 실패하기 쉽다. 변화 관리는 곧 감성 관리라는 사실을 명심해야 한다.

변화에 성공하기 위해 감성 자극하기

변화는 '변화 지각 → 변화 불안 → 변화 저항 → 변화 적응' 이라는 심리적 변형(transformation)의 과정을 거친다. 이런 심리적 저항 요인은 변화의 최대 장애 요소다.

존 코터(John Kotter)와 댄 코헨(Dan Cohen)은 『기업이 원하는 변화의 기술』에서 80개의 변화 추진 사례 분석을 토대로, 변화 추진의 가장 효과적인 방법은 감정에 호소하는 것임을 강조한다. 그들은 변화에 성공한 기업들의 사례에서 '보고-느끼고-변화하는(see-feel-change)' 패턴이 공통적임을 관찰했다. 생각부터 바꾸기를 요구하는 대신 변화가 필요한 문제 상황을 보고 느끼게 함으로써 행동 변화를 일으키는 것이다. 이처럼 리더는 자연스럽게 구성원들의 감정 변화를 유도할 수 있어야 한다.

변화 관리의 포인트 점검하기

사람들은 변화가 당연하다고 생각하고 심리적으로도 공감한다. 그러나 정작 변화가 발생하면 불안해하거나 저항한다. 변화의 필요성은 인정하지만, 변화하는 현실에는 잘 적응하지 못한다. 따라서 리더는 구성원들의 변화에 대한 인식을 자연스럽게 행동으로 연결할 수 있어야 한다.

변화 체계가 효과적으로 정착되려면 변화 관리의 포인트를 체계적으로 관리해야 한다. 리더가 흔히 놓치기 쉬운 포인트를 살펴보자.

심리 변화를 파악하여 불안감을 최소화

구성원이 변화에 대해 갖는 불안의 원인부터 찾아 해소해야 한다. 변화에 대한 절차적 정의를 확보할 때 구성원이 불안을 해소하고 편안히 받아들이는 것으로 나타났다.

변화 과정에서 잃는 것들에 관심

구성원들은 변화 과정에서 잃게 될 것들을 염려하는데, 리더가 이런 심리를 헤아리는 것이 중요하다. 조직 개편이나 인사 이동으로 동료 구성원과 헤어진다거나 자신의 역할이 낮아지진 않을까 하는 등의 상실감을 가질 수 있다. 리더는 구성원의 이런 심리에 관심을 두고 소통해야 한다.

변화에 따른 이점을 최대한 부각

변화의 목적과 방향에 대한 불확실성으로 소문만 무성하다면 구성원이 변화가 가져올 긍정적인 이점을 정확히 모르기 쉽다. 따라서 변화의 긍정적인 면을 정확히 이해시키는 노력이 필요하다. 구성원 개개인의 변화를 통한 기대감을 높임으로써 변화에 자발적으로 참여하도록 유도한다.

소통으로 변화에 대한 신뢰와 지지 확보

변화에 성공하려면 변화를 전파하고 실행하는 리더가 구성원들에게 신뢰를 받아야 한다. 다양한 형태의 소통 방식을 통해 리더는 구성원이 궁금해하는 인사 이동, 조직 개편, 역할 변경에 대한 정보를 충분히 공유함으로써 변화된 미래를 예측할 수 있도록 돕는다. 그리하여 구성원이 스스로 변화를 주도하고 있다는 인식을 심어주는 것이 중요하다.

변화 관리의 코칭 주안점

성공적인 변화를 끌어내기 위해서는 조직과 개인의 관점이 균형을 이루어야 한다. 따라서 리더는 변화에 직면한 구성원의 관점에서, 그들이 체감하는 정서를 변화관리의 중요 요소로 삼아야 한다.

구성원의 눈높이에 맞추기

리더는 변화가 구성원들에게 어떤 영향을 미치며, 그것이 의미하는 바가 무엇인지 그들의 언어로 전달해 주어야 한다. 리더는 경영층의 의지가 구성원 모두에게 충분히 전달되도록 변화의 큰 그림을 제시하고, 각 부문과 직무에서 일어나는 구체적인 변화를 이해할 수 있도록 도와야 한다. 그리고 구성원들이 변화를 어떻게 추진하면 되는지 실행 계획을 수립하도록 독려하고 지원해야 한다. 리더는 구성원에게 다음의 사항을 이해할 수 있도록 돕는다.

- 왜 현재 시점에서 변화가 절실하게 필요한지를 알려준다.
- 변화가 조직 목표나 비전과 어떤 관련성이 있는지 알려준다.
- 구성원의 변화에 대한 수용 준비가 얼마나 되어 있는지 객관적으로 알게 한다.
- 구성원 개인의 직무와 역할에서 예상되는 변화를 알려준다.
- 이러한 변화에 효과적으로 적응하기 위해 미리 준비할 것을 협의한다.
- 변화에 적응하는 과정을 어떻게 평가하고 관리할 것인지를 이해하도록 돕는다.

구성원의 정서 변화 관리하기

리더는 논리적이고 감성적인 면에서도 리더십을 발휘해야 한다. 리더가 구성원들에게 과거와 단절할 것을 요구하고 변화에 빨리 적응하기를 강요하면 불안감과 두려움으로 인해 심리적으로 변화를 거부하게 된다. 이런 불안감과 두려움을 해소하는 것이 리더의 역할이다.

이해관계자의 참여 유도하기

리더는 변화에 영향을 받는 조직 안팎의 이해관계자들이 변화에 동참할 수 있도록 해야 한다. 특히 변화가 여러 부서와 연관되어 있거나 조직 전체의 이슈와 연관이 있다면 이해관계자들을 고려한 전략을 구사해야 한다. 이를 위해 다음과 같은 전략을 활용해 볼 것을 제안한다.

- 변화 과제와 관련한 이해관계자가 누구인지, 조직 안팎의 이해관계자를 명확히 파악한다.
- 이해관계자들이 변화에 관심을 갖는다면 무엇 때문일까? (변화를 통해 기대하는 성과와 손실, 참여 범위, 변화 계획에 대한 인지 등을 이해관계자의 관점에서 정리한다.)
- 이해관계자 가운데 가장 영향력을 지닌 오피니언 리더는 누구이며, 그는 변화에 대해 어떤 시각을 갖고 있는가? 그들의 역할과 기대 사항, 기존의 변화 활동에 대한 평가, 새로운 변화에 대한 입장을 분석한다.
- 이해관계자를 참여시킬 전략은 무엇인가? (어떠한 전략으로 변화에 대한 이해관계자의 관심과 참여, 열정을 불러일으킬 것인지 의사소통 전략을 구체화한다.)
- 구체적으로 누가 어떤 과제에 대해 어떤 역할을 맡을 것인지, 이해관계자들

인적 지원 시스템 만들기

리더는 변화 추진의 과정에서 중요한 역할을 해낼 인물을 선정하고 이들 간의 네트워크를 구축해야 한다. 특히 변화 계획을 전파하고, 정보를 공유하고, 설득하고, 그들의 의견을 수렴해, 리더와 구성원을 연결해주는 인물이 필요하다. 변화 범위가 조직 차원일 때는 변화혁신팀을 구성해 체계적으로 변화를 추진하는 게 바람직하다. 변화를 추진하고자 할 때 다음의 역할을 담당할 인물을 찾아본다.

- 변화 실행자(change agent) : 현재의 모습을 혁신적으로 바꾸고 싶어 하거나 그러한 활동에 적극적인 참여 의지를 지닌 인물.
- 오피니언 리더(opinion leader) : 조직 내에서 구성원들에게 존경과 지지를 받고, 그들의 사고방식과 행동에 영향을 미칠 수 있는 인물.
- 변화 챔피언(change champion) : 추진하려는 변화 계획을 구현하기 위한 의사결정권이 있거나 변화를 실현시킬 수 있는 핵심적 인물.

변화 과정 코칭하기

변화 관리를 잘하는 리더는 구성원들이 변화의 흐름을 이해하도록 돕고, 변화에 적응하기 위한 역량과 기술을 육성한다. 또 새로운 변화를 통해 그들이 무엇을 얻을 수 있는지, 그들의 성장에 도움이 되는 것은 무엇인지를 정확히 알려주고 지원한다.

다음 단계로는 행동 변화를 유도해야 한다. 급격한 변화보다는 단계적인 변화를 통해 성공을 경험할 수 있도록 지도한다. 다음의 질문들은 효과적인 지도 관리를 위해 변화 과정에서 당면할 문제를 미리 점검하는 것이다. 어떤 질문에 대한 응답이 부족한지 확인하고, 명확한 답을 찾도록 한다.

- 변화를 택한 이유는 무엇인가?
- 변화 내용이 구성원에게 구체적으로 전달되었는가?
- 변화가 구성원에게 미칠 긍정적 또는 부정적 영향은 무엇인가?
- 구성원의 태도와 행동이 어떻게 변하길 기대하는가? 그리고 현재 어떻게 바뀌고 있는가?
- 이 과정에서 어떠한 저항이 나타나고 있는가? 이러한 저항은 예상했던 것이었나?
- 이러한 저항 요인을 해소할 방안은 무엇인가?

효과의 법칙 적용하기

사람들은 결과에 대한 보상이 있을 때 그 행동을 더 하게 되고, 처벌이 있으면 그 행동을 반복하지 않는다. 이를 효과의 법칙(the law of effect)이라 한다. 변화에 대한 적응도 이와 같은 법칙을 적용할 수 있다. '변화 적응 시도-지원과 보상-긍정적 정서 경험'의 선순환을 이루는 것이다.

변화 관리 역량을 어떻게 개발할까

변화 사례를 목록으로 작성

각각의 사례에서 느낀 감정을 부정적인 것과 긍정적인 것으로 나누어 적는다. 사례별로 정리된 감정의 빈도를 종합해 볼 때 긍정적인 게 많았는지 부정적인 게 많았는지 비교해 본다. 그리고 정리한 목록 가운데 공통으로 경험한 감정을 찾아본다. 부정적인 감정이 강하다면 그 원인을 찾아보고 제거함으로써 긍정적인 감정으로 돌릴 수 있어야 한다.

이해관계자의 입장을 체계적으로 고려

변화는 구성원들에게 기존의 사고와 행동을 변화하도록 요구한다. 또 고객과의 관계에서도 변화가 온다. 따라서 변화를 추진할 때는 조직과 관련한 안팎의 모든 이해관계자의 입장을 고려해야 한다.

상사와 이해관계자의 충분한 지원 끌어내기

외부의 지원을 받아내기 위해 팀이 변화를 수용할 준비가 되어 있는지 파악해본다. 준비가 부족하다면 그 원인을 구체적으로 찾아본다.

- 조직 내에서 구성원 간의 신뢰 수준은 어느 정도인가?
- 변화로 인해 예상되는 팀원의 불평불만은 어느 정도인가?
- 구성원들이 변화의 필요성을 느끼고 있는가?
- 변화의 내용과 방향이 조직 문화의 가치와 일치하는가?
- 변화에 대한 회사의 지원은 확보되었는가?
- 변화를 촉진하거나 방해하는 요인들이 상존하는가?

구성원 개개인이 변화를 수용하도록 돕기

구성원이 변화에 적응하는 데 어려움을 호소하면 해당 구성원을 대상으로 개인 면담을 통해 일대일 코칭을 한다. 이때는 다음 사항을 참고해 진행하는 것이 효과적이다.

- 구성원들과 허물없이 대화를 나눌 수 있는 시간과 공간을 마련한다.
- 변화에 대한 구성원의 솔직한 생각과 느낌을 경청하고 공감한다.
- 구성원이 변화에 적응하고 앞서갈 수 있도록 격려한다.
- 구성원이 경험하는 장애 요인을 찾아서 제거할 수 있도록 돕는다.

- 구성원과 함께 변화에 적응하기 위해 필요한 실행 방안을 수립한다.

- 구성원이 겪을 어려움을 극복할 수 있다는 확신을 심어 준다.

구조화된 사고방식으로 문제 해결하기

• • •

문제해결은 독창적인 아이디어를 현실화하는 데 중요한 연결고리가 된다. 문제해결 과정에서 문제의 본질이나 복잡성, 타인의 관점을 이해하기보다 자기 방식대로 문제를 인식하면 최선의 해결책을 얻기 어렵다. 문제해결 역량의 부족은 대인관계에서 갈등을 증폭하고 목표관리에서 개인이나 팀의 성과에 직접적인 영향을 미친다.

문제해결 과정의 심리적 함정들

리더가 문제해결에 성공하려면 지적·이성적 능력이 필요하다. 그러나 막상 문제에 맞닥뜨렸을 때 그 해결 과정이 대체로 합리적이지 못하다. 문제해결 과정에 개입한 다양한 인지적 오류가 문제해결을 방해한다. 방해 요소에는 다음과 같은 것들이 있다.

자기 합리화

　리더가 문제 분석 과정에서 자기 합리화에 빠지면 인지적으로 문제의 본질을 외면하게 된다. 가령, 벤처기업 리더가 프로젝트 실행 도중에 실패할 것을 감지했는데도 그때껏 들인 돈이 아까워 프로젝트를 지속하려는 동기를 자극하고 프로젝트에 더욱 몰입하는 불합리한 결정을 하고 만다. 또 상반기 매출이 목표에 미치지 못했다면 다른 경쟁사들도 마찬가지라는 둥, 갑작스러운 원자재 가격 급등 때문이라는 둥 하는 자기 합리화로 문제의 본질을 비껴간다. 이런 자기 합리화를 극복하려면 우선 '자기 합리화 사실'을 인지하는 것이다. 그리고 주위의 피드백을 받는 게 중요하다.

확대경 사고

　문제를 규명하는 과정에서 문제의 한 단면만을 보고 여기에만 집중해 문제해결을 시도하는 것이다. 이럴 때 문제를 총체적으로 보지 못하는 실수를 범한다. 이것이 HRD(인적자원개발)의 대가 로저 코프먼(Roger Kaufman)이 말한 확대경 사고(magnifying glass mentality)다. 이런 방식의 사고는 문제의 한 측면만을 확대 해석해 근본적인 문제해결을 간과한다.

대표성 휴리스틱

매출이 떨어진 이유가 마케팅 전략의 실패인지 시장 상황의 악화 때문인지 판단해야 할 때 사람들은 흔히 대표성 휴리스틱 (representativeness heuristic)에 의존한다. 즉, 매출 분석 자료의 특징이 갖는 대표성에 의존해 실패 원인을 판단하는 경향이 있다는 것이다. 이를 극복하려면 개별 정보에 너무 치우치지 말고, 다양한 자료를 철저히 분석하는 것이 중요하다.

문제의 극단적 평가

문제의 심각성이나 중요성을 의도적으로 과소평가하거나 과대평가하여 문제의 본질을 회피하는 경향이다. 예를 들면, 의사결정 과정에서 제품의 일부 정보를 조합한 극단적인 평가에 의지해 구매를 결정한다. 이러한 극단적 평가 심리는 소비자가 판매자나 타인의 시선을 과대평가하거나 자신의 외모와 행동, 의사결정 능력을 과대평가하는 스포트라이트 효과(spotlight effect)의 영향을 받는다. 리더의 의사결정에도 작용할 수 있는 심리적 함정이다.

결과지향의 문제해결 과정

문제해결의 기본 심리는 결과지향으로 시스템적 사고를 하는 과정이다. 일반적으로 문제해결 과정은 7단계로 나눌 수 있다. 다음의 〈표 4-2〉에서 제시한 과정은 기존 문제해결에 대한 이론들 가운데 공통 요인들을 종합한 것이다. 1~4단계는 확산적 사고가 필요하고, 5~7단계는 수렴적 사고가 필요하다. 이런 방식으로 확산적 사고와 수렴적 사고를 거치는 문제해결 과정은 깔때기 모양과 비슷하여 '깔때기형 사고'라고도 한다.

〈표 4-2〉 **구조화된 7단계 문제해결 과정**

단계	질문 내용	방법
1. 환경 분석	• 언제, 어디서, 어떻게 문제가 발생한 것인가? • 문제에 관여된 사람(들)이 누구인가? • 잘못된 것이 무엇이며, 어느 정도 심각한가?	문제 관찰, 문헌자료 수집, 심층 인터뷰를 실시한다.
2. 문제 규명	• 쉽게 해결할 수 있는 문제는 무엇인가? • 사실에 근거하여 객관적으로 표현했는가? • 타인도 무엇이 문제인지 이해하는가? • 문제해결을 통해 얻고자 하는 바는 무엇인가?	당면 문제의 현재 상태와 기대 상태를 진술하여 비교한다.
3. 원인 분석	• 가장 중요한 문제점이 무엇인가? • 문제들 간에 공통점과 차이점은 무엇인가? • 문제의 근본 원인은 무엇인가?	원인들 간의 인과 관계나 잠재적 원인을 찾기 위해 "왜?"라는 질문을 반복한다

4. 해결 방안	• 현재 상황에서 목표로 나가는 길은 무엇인가? • 문제해결을 위한 최적의 방법은 무엇인가? • 해결방안을 찾을 때 나의 직무 전문성이나 경험에 너무 의존하는 것은 아닌가?	브레인스토밍을 한다.
5. 최적의 해결방안 선택	• 가용한 해결방안은 모두 검토했는가? • 문제해결을 위한 선택 방안들이 적절한가? • 해결방안 가운데 가장 효과적이고 효율적인 방안은 무엇인가?	해결방안을 우수, 보통, 미흡의 단계로 평가한다.
6. 계획과 실행	• 문제해결 과정에서 실패할 잠재요소가 있는가? • 문제해결을 잘못 시도했다면 대안은 무엇인가? • 문제해결에 필요한 지원을 충분히 받고 있는가? • 문제해결 기회를 잘 포착해 활용하고 있는가?	실행계획서를 작성한 후 실행한다.
7. 평가	• 문제를 어느 정도 해결했는가? • 타인(타 부서)의 피드백은 무엇인가? • 개선해야 할 점은 무엇인가??	문제해결 방안의 효과를 평가한다.

출처: 이석재(2006)

문제해결력의 코칭 주안점

문제해결 역량을 향상하는 효과적인 방법은 문제에 체계적으로 접근하는 기법을 익히고 사고과정에 개입하는 인지적 오류를 제거하는 지혜를 배우는 것이다.

단축형 문제해결 과정 따르기

다급한 상황에서 문제의 해결책을 찾으려면 어디서부터 시작해야 할지 몰라 당황하기 일쑤이다. 직무 경험이나 직관만으로는 최선의 해결 방안을 도출하기는 어렵다. 따라서 짧은 시간에 적합한 현장 코칭(spot coaching)을 할 때에는 다음과 같은 단축형 문제해결 과정이 유용하다. 그러나 단축형을 사용하는 경우, 구조화된 문제해결 과정보다 만족할 만한 결과를 얻지 못할 수도 있다는 점에 유의한다.

- 구체적으로 무엇이 문제인지를 선정한다.
- 문제해결을 위해 최적의 해결 방안을 개발한다.
- 문제해결을 위해 계획을 세우고 이를 실행한다.
- 실행 결과를 검토하고 평가한다.

문제해결 과정에서 타인의 피드백 받기

문제해결 과정에서 리더가 인지적 오류에 빠지면 스스로 그것을 인지하지 못하기에 개인이나 조직에 심각한 폐해를 입힐 수 있다. 이러한 오류를 막기 위해 상사, 동료, 구성원, 멘토, 코치 등에게 피드백을 받아 의견을 다양하게 수렴할 필요가 있다. 브레인스토밍도 효과적인 의견 수렴 방법이다. 피드백이 주는 긍정적 효과는 다음과 같다.

- 맹점(blind spot)과 숨겨진 강점(hidden strength)를 안다.
- 본인과 타인 모두 문제 상황을 같은 시각에서 인식한다.
- 피드백 과정에서 집단지성을 활용하고 리더십 효과성을 높인다.
- 시행착오를 줄이고 목표 달성 기회를 높인다.
- 관점 확대, 통찰, 성찰 등으로 더 성장할 수 있다.

발상 전환하기

문제해결 과정에 개입되는 인지 능력은 논리를 뛰어넘는 창의성이다. 이 과정에서 논리적 추론 방식을 체계적으로 학습하지 않으면 창의성이 비논리성, 즉 논리적 비약으로 튀기 쉽다. 비논리성은 개인의 고정관념, 인지 오류, 판단 오류 등에 의해 형성된다. 따라서 발상 전환을 위해서는 논리적 추론에 대한 학습과 함께 비논리성을 극복하기 위한 노력이 필요하다. 발상 전환을 위해 다음의 방법을 사용해 보자.

- 문제를 바라보는 관점을 바꾸어 본다. 제삼자의 시각에서 보면 지금까지 당연히 문제로 생각했던 것을 다르게 해석할 수 있다.
- 문제의 구성 요소들을 세분화한 다음 재결합해보자. 세분화한 요소들이 다시 결합하는지 확인한다.
- 당면한 문제를 '원인-현재 상황-기대하는 결과' 로 세분화해보자.
- 당면한 문제와 비슷한 문제를 경험한 적이 있는지 떠올려보자.

이전에 사용한 해결책은 어떤 시사점을 주는지 확인해본다.

• 해결해야 하는 문제에 얽매이지 말고, 잠시 휴식 시간을 가져본다.

당면 문제를 새로운 관점에서 바라볼 수 있다.

분석적 사고 기법 활용

문제를 큰 틀에서 조정 통합하여 원인을 찾아내는 인지 구조 능력이 떨어지거나, 문제의 구성 요소를 명확히 정의하지 못하거나, 요소 간의 관계성을 분석하지 못할 때 문제해결 역량이 떨어진다. 분석적 사고를 효과적으로 사용하기 위해 다음 사항을 참조한다.

• 나무와 숲을 보며 하늘에서 조감하는 총체적 관점을 갖는다.

• 문제의 외현적인 상태와 내면에서 작동하는 기제를 본다.

• 다양한 전문성과 시각을 가지고 있는 사람과 토론한다.

• 적임자에게 임파워먼트(책임과 권한 위임)를 하고 경과를 챙긴다.

• 직관적 사고와 보완 관계를 유지한다.

큰 그림에 초점을 맞춘 전략적 사고

문제해결 목표의 명확성이 목표 달성에 큰 영향을 미친다. 목표의 조감도, 즉 큰 그림은 단위 요소들이 지닌 연계성을 보여주어 이를 전략적으로 통합·활용할 수 있도록 한다. 개별 단위의 해결 노력 이

전에 큰 그림 차원의 전략적 사고가 필요하다. 전략적 사고를 하면 문제해결 이외에도 다음과 같은 이점이 있다.

- 문제 상황을 선제적으로 대처하여 국면을 주도한다.
- 전략적 사고를 통해 방향성을 인식하여 문제를 보는 시각을 키운다.
- 사업과 조직의 지속적인 성장을 도모할 수 있다.
- 문제 상황과 문제가 지닌 숨은 가치를 깊게 탐구할 수 있다.

착시 상관의 오류 경계

실제로는 별로 관련이 없는 요인들인데 상관이 있는 것으로 해석하고 판단하는 오류가 착시 상관(illusory correlations)이다. 착시 상관은 문제 상황을 해석하거나 타인을 판단할 때 '~한 모습(특징)은 ~하기 때문' 이라는 사고에 얽매이는 것이다. 이러한 오류가 일어나는 심리적인 원리는 사람들이 자신의 논리를 지지하는 정보에 더 주의를 기울이는 '선택적 주의집중' 을 하기 때문이다. 특히 고정관념, 사전 기대, 고착된 경험이 작용하면 착시 상관에 빠지기 더 쉽다. 이와 같은 오류에서 벗어나려면 논리적 · 분석적 사고를 해야 한다.

문제해결력을 어떻게 계발할까?

먼저 무엇이 문제인지 명확히 파악

성급하게 결론을 내려 하거나 기존 방식을 답습하려 하면 좋은 방안을 찾기 어렵다. 문제의 쟁점이나 핵심 요소가 무엇인지 명확히 파악하는 과정을 소홀히 해서는 안 된다. 문제 파악 과정에서 메모하는 습관을 들이면 유용한 정보 수집에 도움이 된다.

문제해결 방안을 최소 3가지 이상 마련

문제해결 방안을 다방면으로 찾다 보면 그 가운데 좋은 방안이 있다. 한발 물러서서 객관적으로 문제를 바라보는 마음의 여유가 필요하다.

문제해결 과정에 개입하는 인지 오류 확인

사람들은 경험과 선입견에 따라 원인과 해결책에 대한 결론을 내리기 쉽다. 만약 자신의 문제해결 방식이 선입견으로 고착되어 있다면 앞의 7단계 문제해결 과정을 따라 해본다.

실행 전에 타인의 의견 경청

좋은 해결 방안을 얻으려면 비슷한 문제해결 경험이 있는 구성원이나 상사에게 의견을 묻거나 여러 구성원이 참여하는 브레인스토밍을 활용하는 것도 좋다. 브레인스토밍은 다음 원칙을 따른다.

- 해결책으로 제시된 가능한 것들을 모두 목록으로 작성한다.
- 좋은 해결 방안으로 보이는 의견이 나왔어도, 토론을 중단하지 않는다.
- 해결 방안을 제시한 사람의 배경 설명을 들어본다.
- 더 이상 의견을 낼 수 없을 때까지 계속해서 아이디어를 내본다.

복잡하고 어려운 문제는 작은 단위로 쪼개기

중압감을 느끼는 상태에서 해결책을 찾으려 하면 쉽게 좌절하거나 문제해결에 대한 확신을 잃는 경우가 많다. 문제 전체를 작은 단위로 나누어 해결책을 생각해보면서, 다른 사람들의 의견을 들어보는 노력도 필요하다.

05

넓은 시각에서 보기

• • •

하늘을 높이 나는 매는 넓은 지역에 걸쳐 먹이의 움직임을 정확히 파악할 수 있으므로 사냥 성공 가능성을 높인다. 리더도 마찬가지다. 업무를 큰 틀에서 볼수록 시행착오를 줄이고 성공 가능성을 높인다. 다만, 지나치게 거시적 시각에만 의존하다 보면 문제의 본질을 놓치고 비현실적인 사고에 매몰될 수도 있으니 주의해야 한다. 거시적 통찰과 미시적 분석이 균형을 이루어야 한다.

거시적 사고와 리더십

숲 전체를 보느냐 아니면 나무 하나하나를 보느냐에 따라 문제를 이해하는 방향이 달라진다. 숲과 나무는 별개가 아니지만, 관점을 어디에 두느냐에 따라 안목에 큰 차이가 생긴다.

숲을 보는 리더와 그렇지 못한 리더의 차이는 분명하다. 숲을 보는 리더는 문제의 원인을 조직 내부뿐 아니라 외부 요인까지 함께 고려한다. 반면 개별의 나무에만 시선이 붙들린 리더는 조직 내에서만 원인을 찾으려 한다. 리더십 개발에서 숲을 보는 거시적 안목이 필요한 이유는 뭘까.

- 거시적 사고는 사고와 행동에 명료성을 준다. 당면한 문제가 조직 목표를 이루는 데 근본적으로 어떤 관련성이 있는지를 알게 하여 문제해결 방향이 분명해진다.
- 거시적 사고는 사고 범위를 넓힌다. 프로젝트 책임자가 거시적 사고로 프로젝트를 추진할 때는 단위 프로젝트에만 국한하지 않고 전체 맥락에서 방향을 잡고, 기존 사업과의 연관성을 고려해 해결한다.
- 거시적 사고는 비전 제시로 동기 부여를 함으로써 직무에 더욱 몰입하게 한다.

거시적 사고의 필요성

거시적인 사고의 필요성은 개인의 직무 특성, 조직에서의 역할, 근무 조건, 개인의 인성 등에 따라 차이가 있다. 그러나 리더의 직급이 높아질수록 거시적 사고 역량이 더 중요해진다. 리더라면 큰 틀에서 문제를 이해하고, 개선점을 도출하고, 혁신하는 능력이 필요하기 때문이다.

- 기획, 전략, 혁신, 마케팅, 연구개발을 이끌어가는 리더는 당면 문제와 과제를 큰 틀에서 보는 거시적 안목을 가져야 한다.
- 지사에 근무하던 리더가 갑작스럽게 본사로 옮긴 경우, 현장에서 실무를 맡아보던 구성원이 신임 리더로 승진한 경우에는 비교적 거시적 사고력이나 안목이 떨어질 수 있다.
- 국내시장 마케팅 담당 리더가 해외 마케팅을 맡게 되면 거시적 사고력이 부족할 수 있다.
- 내성적이며 보수적이고 업무 관리와 자기 관리에 치밀한 리더일수록 자기 관점이 강한 나머지 좁은 시야에 갇히기 쉽다.

거시적 사고의 코칭 주안점

리더는 조직을 바깥에서 들여다보면서 외부 요인이 조직에 어떠한 영향을 미치는지를 분석하고 이해하는 능력이 필요하다. 더불어 조직 안에서 바깥은 보는 시각도 필요하다. 밖에서 안을 들여다보는 능력과 안에서 밖을 내다보는 능력은 결코 별개가 아니다. 리더는 필요에 따라 안과 밖을 동시에 볼 줄 알고 다양한 시각을 종합하여 최적의 해석과 해결 방안을 제시해야 한다. 이를 위해서는 다양한 사고 기술을 키우고 다양한 시각을 지녀야 한다.

대안적 사고력 키우기

사물을 보는 관점을 확대하려면 여러 대안을 함께 고려할 줄 알아야 한다. 대안적 사고는 다른 관점에서 해석하거나 기존 관점과는 완전히 다르게 해석할 수 있게 한다. 기존의 사고에 구속되면 새로운 시각을 갖기 어렵다. 대안적 사고 방법으로는 가정적 사고와 시각화가 있다.

맥락적 사고력 키우기

맥락(context)의 고려는 시각의 확대를 의미한다. 가령, 리더가 어떤 구성원의 사기가 떨어진 이유를 구성원 본인에 국한한다면 구성원이 인사 평가에서 낮은 등급을 받았기 때문이라고 생각할 수도 있다. 그러나 관점을 넓혀 팀이나 조직 차원에서 생각한다면 다른 해석이 가능하다. 문제를 바라보는 맥락을 확대할수록 다양한 사항들이 고려된다.

리더는 내용과 맥락을 동시에 고려해야 한다. 내용과 맥락이 서로 어떤 연계성을 지니고, 또 서로 어떤 영향을 미치는지 명확하게 이해해야 한다. 맥락의 범위를 확대하면 할수록 문제를 보는 시각도 확대되고, 문제에 영향을 미치는 다양한 요소들을 종합적으로 보게 된다. 맥락적 사고를 하기 위해 다음 질문에 답해 보자.

- 문제 발생의 배경은 무엇인가?
- 당면한 문제의 이해관계자는 누구인가?
- 그 사건이 지금 화제가 되는 이유가 무엇인가?
- 이 문제가 해결됨으로써 얻는 것은 무엇이고, 잃는 것은 무엇인가?
- 우리가 생각지 못한 사항이 더 있지는 않은가?

구조적 사고력 키우기

팀이나 부서를 운영하는 리더는 조직과 관련된 다양한 문제나 사건에 직면한다. 이때 가장 당황스러운 것은 문제의 원인이 잘 파악되지 않는 것이다. 문제를 어디서부터 풀어야 할지 막막한 상황에서는, 얽힌 문제들을 구조적 측면에서 바라볼 필요가 있다.

- 새로운 인사제도를 도입했는데도 구성원들이 평가시스템의 공정성에 불만이 많다.
- 팀원 간에 업무 협조가 미흡하고 조직 분위기가 상당히 가라앉아 있다.
- 팀원 개개인의 성과는 좋은데 팀 성과가 예상과 달리 미흡하다.
- '신바람 나는 일터'로 만들고 싶은데 어떤 문제부터 풀어야 할지 모르겠다.
- 팀 활성화를 위한 획기적인 교육 프로그램을 개발하고 싶다.
- 매출이나 영업이익 실적은 양호한데 직무 만족도나 조직 충성도가 낮다.
- 어렵게 채용한 인재들이 수시로 퇴직한다.

위의 예들은 문제 자체는 확연히 드러나지만, 도대체 어디서부터 문제를 풀지 막막하다. 문제의 원인이 다양하고, 서로 얽혀 있어서 원인들 사이의 관계가 명확히 파악되지 않기 때문이다. 따라서 전체적인 시각에서 문제를 볼 수 있으려면 문제 요인들 간의 관계에 주목해야 한다.

거시적 사고는 어떻게 개발할까?

사회 변화에 대한 식견 갖추기

앞으로 사회 변화에 따라 조직이 어떤 영향을 받을지, 개인에게는 어떤 변수가 있을지 요약 정리해본다. 정리한 내용을 통해 공통으로 드러나는 특징을 살펴본다. 변화에 따라 향후 예상되는 새로운 사회를 그려보자.

회사의 미래 비전 토론하기

미래는 우리 생각보다 더 큰 목적을 실현할 가능성을 품은 살아 있는 시스템이다. 서로 다른 직무를 담당하고 있는 사내 직무 전문가들과 토론을 통해 예상 가능한 변화를 공통적인 시각에서 이해하는 것이 중요하다. 도출된 아이디어를 정리하고 다음 질문을 통해 시사점을 찾아본다.

- 현재의 모습은 앞으로 어떻게 달라지는가?
- 현재의 모습을 새롭게 바꾸는 변화 촉진 요인은 무엇인가?
- 우리가 버려야 할 것과 새롭게 취해야 할 것은 무엇인가?
- 앞으로 기존의 의식, 사고, 행동은 어떻게 변화할 것인가?
- 지금 무엇을 준비해야 하는가?

거시적 사고가 필요한 직무 특성 찾기

사고와 행동이 미치는 영향과 다양한 이슈가 서로 어떻게 연관되어 있는지 생각한다면 거시적 사고를 하는 사람이다. 직무의 세부 사항을 처리하기 위해 미시적 사고의 섬세함도 필요하지만, 장기 전략을 구상하고 개발하는 큰 그림을 그리는 거시적 안목도 중요하다.

〈표 4-3〉 **거시적 사고와 미시적 사고의 차이**

구분	거시적 사고	미시적 사고
일의 특징		
나의 강점		
나의 개발 필요점		

다음과 같은 질문에 답하며 거시적 사고를 키워보자.

- 거시적 사고를 요구하는 일을 한다면 나는 어떤 마음 자세를 가져야 할 것인가? (내적 변화라는 측면에서 생각을 정리한다.)
- 주위에 거시적 사고를 잘하는 인물을 찾아 그가 일하는 방식, 강점과 약점을 관리하는 방법, 자기 개발 노력을 인터뷰한다. (인터뷰 내용이 나에게 시사하는 점은 무엇인가?)
- 현실적으로 가장 도전 과제는 무엇인가? 그것을 어떻게 풀어갈 것인가? 그 과정에서 필요한 타인의 도움은 무엇인가?

업무에서 벗어나 새롭게 세상 경험하기

여행, 봉사 활동, 스포츠, 다른 나라의 음식을 먹어 보는 등의 이국 체험 등을 시도해 본다. 생활 방식이나 습관이 다른 국내외 지역 여행을 통해 관심과 사고의 폭을 넓히고 상식을 풍부하게 한다. 거시적인 사고는 다양한 취미, 풍부한 상식과 경험에서 나온다. 다음과 같은 활동에 도전해 보자.

- 외국 출신의 사업 파트너와 업무 교섭을 하는 역할을 담당한다.
- 배경이 다양한 팀원들로 구성된 작업팀(TFT)을 맡아본다.
- 이국적인 문화에 대한 정보와 경험을 나누는 모임에서 활동한다.
- 비즈니스 목적으로 여러 나라에 출장을 가본다.
- 외국 방문객을 접대해보고, 다국적 프로젝트에 참여해본다.

프로젝트 추진이 미흡한 원인 파악하기

먼저 프로젝트에 영향을 미치는 요인들을 파악해 열거해본다. 그리고 각 요인이 현재 프로젝트와 어떻게 관련되었는지 분석한다. 이들 요인이 성공 촉진 요인인지 방해 요인인지 진단한다. 방해 요인에 대한 해결책을 마련해 본다.

- 프로젝트 영향 요인을 통제 가능한 것과 불가능한 것으로 나누어본다.
  통제 가능한 요인 가운데 방해 요인으로 작용한 것을 알아보고,
  이를 효과적으로 관리하지 못한 점은 무엇인지 확인한다.
- "만약 ~ 했더라면" 이라는 가정적 사고를 통해 방해 요인을 해결할 방법은
  없는지 찾아본다.
- 프로젝트 추진의 상황적 맥락을 생각해 본다. 프로젝트와 관련한 이해관계
  자는 누구인가? 프로젝트의 문제점이 부각된 배경은 무엇인가?
  외부와 내부에서 바라보는 방해 요인은 어떤 시각 차이가 있는가?
- 지금 문제를 해결하기 위해 준비해야 할 것은 무엇인가?

06

혁신적인 변화와 새로운 가치

● ● ●

오늘날 급변하는 환경에 적응하고 경쟁우위를 점하려면 어느 때보다 혁신적 사고가 절실하다. 업무 효율을 높일 수 있는 새로운 업무 방식의 시도, 벤치마킹하는 실험정신 등이 필요하다. 혁신성이 부족하면 위험을 회피하려 하거나 실패를 두려워한다. 다만, 지나친 혁신성은 과거의 가치를 경시하거나 새로운 것만 추구할 위험이 있다. 또 창의적인 사람을 선호하고 그렇지 못한 사람을 차별할 가능성이 있다.

창의성과 혁신의 관계

생존을 위해 세계 기업은 과연 어떤 전략을 사용하는가? 〈포춘〉 선정 500대 기업의 생존 전략은 한마디로 '혁신'으로 요약할 수 있다. 혁신이 급변하는 시장 환경에서 차별적 경쟁력을 유지할 수 있기 때문이다. 혁신은 창의성에서 비롯된다. 개인이나 조직이 혁신적이려면 변화를 추진하는 과정에서 창의적으로 문제를 해결해야 한다. 그러므로 리더가 혁신을 주도하기 위해서는 창의성과 창의적인 문제해결 역량을 갖추어야 한다.

　기업 현장에서 리더들의 대화를 듣다 보면 혁신과 창의성의 개념 차이를 분명히 인식하지 못하고 혼동하는 경우를 본다. 제임스 히긴스(James Higgins)는 창의성과 혁신성의 개념 차이에 대해 명확한 정의를 제시하고 있다. 두 개념을 구분하려면 먼저 독창성과 의미적 차이를 살펴야 한다. 독창성은 이전에는 없었던 것 또는 현재의 것과는 다른 완전히 새로운 것을 말한다. 그러나 아무리 독창적이라도 가치를 동반하지 않으면 창의적이라고 볼 수 없다. 다시 말해 창의성이란 독창적 아이디어를 가치 있게 만들어 가는 과정이다. 이렇게 '가치' 라는 관점에서 창의성과 혁신성은 개념적 유사성이 있다. 그러나 혁신은 창의적 활동을 통해 조직에 중요한 가치를 창출해주는 과정인 반면, 창의성은 개인적 차원의 가치 창출 과정이다. 따라서 기업의 측면에서 새로운 가치가 창출될 때 이를 혁신 활동이라고 볼 수 있다.

혁신의 4가지 유형

　혁신은 독창적인 아이디어를 통해 가치를 창출하는 과정이다. 이러한 가치 창출은 어떻게 일어나는가? 티드(Tidd) 등은 4가지 유형의 혁신을 구분했다. 이는 모두 경쟁사와 차별화를 꾀하는 전략의 일환으로, 제품 혁신(product innovation), 과정 혁신(process innovation), 마케팅 혁신(marketing innovation), 조직 혁신(organizational innovation) 등으로 구분했다. 여기서는 티드 등이 제시한 혁신의 유형별로 대표적인 선진기업의 사례를 분석해 봄으로써 아이디어가 가치를 창출하는 핵심 과정을 살펴본다.

제품 혁신

제품 혁신은 새로운 상품이나 서비스 개발 그리고 기존 상품이나 서비스를 개선하는 활동을 말한다. 다음 사례들은 상품 구성 요소들을 새로운 개념으로 통합해 신상품을 개발하거나 기존 상품에 대한 고정관념에서 벗어나 새로운 개념으로 상품을 구성한 것들이다.

① 만년필
1884년 보험회사원이던 루이스 워터맨(Lewis Waterman)은 모세관 현상을 이용해 펜과 잉크를 결합한 만년필을 만들었다. 기존에는 펜으로 잉크를 찍어 쓰는 불편함이 있었다. 만년필은 이 두 요소를 기능적으로 결합한 제품 사례다. 초기에는 수제품으로 주문 생산을 하다가 1899년 공장을 세워 대량 생산 판매를 했다. 만년필은 '고객의 필요가 발명의 원인'이라는 사례에 해당한다. 나중에 조지 파커(George Parker)는 만년필에 클립을 추가해 주머니에 꽂도록 하여 휴대성을 높였다.

② 전자레인지

전자레인지는 신기술이 주방 기구에 응용된 대표적 사례다. 퍼시 스펜서(Percy Spencer)는 1945년 전자관 튜브에 가까이 있을 때 사탕이 녹는 걸 보았다. 1947년 미국 레이시언(Raytheon)사는 마이크로파를 이용한 레이더레인지(Radarange)를 처음 만들어서 판매했으나 시장을 형성하지 못했다. 그러다가 1967년 주방 기구 제조업체 아마나(Amana)사가 기술의 잠재 가치를 인정하고, 가정용 레이더레인지를 생산하기 시작하면서 본격 판매가 이루어졌다. 당시 여성들의 사회 참여가 활발해지면서 이 요리 기구는 조리 시간을 대폭 줄임으로써 폭발적인 호응을 얻었다.

③ 부드러운 쿠키

과자에 대한 기본적인 통념은 바삭하다는 것이다. 데비 필즈(Debbi Fields)는 초콜릿을 넣은 부드러운 쿠키를 만들었다. 평범한 주부였던 필즈는 1977년 캘리포니아에서 처음으로 쿠키 가게를 열었다. 1990년에 프랜차이즈를 시작하여 2024년 현재 미국에 250개 지점이 있고, 세계 33개국에 100개 지점이 있다. 과자에 대한 고정관념에서 벗어나 혁신적인 상품을 개발한 사례다.

④ 익일배송 서비스

페덱스(Fedex)는 익일배송 서비스라는 획기적인 시도로 고객 수요를 창출했다. 이전에 여러 다른 기업들이 도입하려다가 고객 수요가 없을 것으로 판단하고 포기한 서비스다. 고객 수요가 새로운 서비스를 창출하는 게 아니라 새로운 서비스가 수요를 창출하기도 한다는 것을 보여준 대표적인 사례. 오늘날에는 당일배송, 퀵서비스가 새로운 방식으로 고객의 수요를 충족시키고 있다.

과정 혁신

과정 혁신은 조직 내의 생산 과정, 인적자원 관리, 재무 관리 등에서 효율성을 높이는 개선 활동을 말한다. 여기서는 주로 제조 과정의 혁신 사례를 살펴본다.

① 자동차 생산의 모듈화
마이크로 콤팩트카(MCC)는 자동차 생산 과정을 모듈화하여 기업경쟁력을 강화했다. 1994년 스위스에서 합작회사로 출발했다가 1988년 다임러-벤츠가 인수한 MCC는 현재 세계 최고 수준의 2인승 자동차를 생산하지만, 모든 부품을 자체 생산하지는 않는다. 자동차 생산을 모듈화하여 다임러-벤츠가 핵심 부문인 기본 설계와 연구개발을 담당하고, 전략적 제휴 관계에 있는 7개 모듈 공급 업체들을 통해 완제품을 만든다.

② 셀 생산 방식
캐논(Cannon)의 셀(Cell) 생산 방식은 테일러(Taylor)의 '과학적 관리'

경영기법이 소개된 이후 새로운 생산 방식으로 떠오르고 있다. 1908년 도입한 포드 시스템은 철저한 제조 공정의 분업화와 컨베이어벨트를 도입해 평균 조립 시간과 자동차 가격을 10분의 1로 줄였다. 이 생산 방식은 단위 시간당 제품 생산량을 증대해 대량 생산을 가능하게 했고, 이에 따라 제품 가격도 획기적으로 떨어뜨렸다. 그러나 소비자의 다양한 개성화와 작업자의 근로 의욕 저하, 대규모 투자를 요구하는 정보기술과 미래에 대한 불확실성 등으로, 기업들은 또다시 생산혁신을 추진해야 했다. 캐논은 이러한 변화에 대응하여 1988년 컨베이어벨트를 없애고, 8명 안팎의 인원을 한 조로 하여 제품별로 전체 공정을 책임지도록 했다. 이러한 생산 방식의 혁신으로 캐논은 매출액이 26%, 순이익이 294% 증가했다.

③ 적기 생산 방식

도요타(Toyota)는 초기에 생산성 향상을 위해 대량 생산 방식인 포드 시스템을 도입했다. 그러나 1949년 경제불황 이후 포드 시스템이 일본 문화에 잘 맞지 않음을 간파하고, 1970년대부터 린 생산 방식(Lean Production), 다시 말해 고객 요구에 따라 필요한 때에 필요한 만큼만 생산하는 적기 생산 방식(Just-in-Time)으로 전환했다. 이로써 재고 관리 비용이 절감되고 관리와 부품 구매 인력도 감소하는 효과가 나타났다. 불량품이 발생하면 공정을 중단하는 라인스톱제(Line Stop System)를 도입하여 문제점을 생산 현장에서 바로 알아내 불량률을 대폭 줄였다. 또 작업자가 조립시간을 단축할 수 있도록 행동 변화를 함께 추진하여 생산 방식에 효율성을 더했다.

④ 공급망 관리

휴렛패커드(HP)는 소비자 요구에 맞는 프린터 제품을 공급하기 위해 지연 전략을 공급망 관리 방식으로 도입했다. 캐나다에서 생산되는 프린터를 유럽과 아시아에 공급하는 데 한 달 이상이 걸리면서 물류센터에 재고가 쌓이는 문제가 생긴 것이다. 이에 재고 관리비용 감소를 위해 다양한 소비층에 공통으로 요구되는 부분까지만 반제품으로 자국에서 생산하고, 나머지는 해당 소비국에서 완제품으로 생산하도록 했다. 이 전략으로 소비자의 요구에 신속히 대응할 수 있게 되었고, 재고비용을 18% 절감했다.

마케팅 혁신

마케팅 혁신은 상품 판촉, 유통, 가격, 홍보 등의 변화를 통해 가치를 창출한다는 관점에서 시작되었다. 특히 인터넷과 같은 정보기술이 마케팅 수단으로 새롭게 정착하면서, 기존 경쟁 시장의 판도를 바꾸는 사례도 관찰된다.

① 주문생산형 직접 판매

마이클 델(Michael Dell)이 창립한 델컴퓨터는 웹 기반의 주문생산형 직접판매 방식으로 미국 컴퓨터 제조업계에서 1위를 차지했다. 일반적인 컴퓨터 판매 방식은 매장을 중심으로 하지만 델컴퓨터는 온라인 판매를 중심으로 했다. 델컴퓨터는 중간 유통 경로를 배제하고 고객의 요구에 제품의 사양을 맞추는 주문 생산 방식을 채택하여 생산성과 수익성을 높였다.

② 제3의 장소

하워드 슐츠(Howard Schultz)는 커피의 맛과 향으로 기존 경쟁사의 상품과 차별화를 시도했다. 그는 1987년 커피 전문점인 스타벅스(Starbucks)를 설립했다. 스타벅스는 세계 최고의 품질을 자랑하는 아라비카산 원두로 만든 맛과 향이 뛰어난 커피를 제공한다. 스타벅스는 매장 콘셉트를 단순히 커피를 마시는 곳이 아니라 집, 일터, 학교 등의 개념이 종합된 제3의 장소로 설정했다. 커피를 서비스하는 구성원도 고객과 편안히 대화할 수 있도록 관계를 설정했다. 스타벅스는 커피의 품질을 고급화하고 가격도 높게 책정해 차별화된 마케팅을 추진했다.

③ 감성 마케팅

미국 오리건주의 중소 지방은행인 엄콰은행(Umpqua Bank)은 기존의 은행 이미지에 변화를 시도한 감성 마케팅 전략으로 시장점유율을 끌어올렸다. 전통적으로 은행의 이미지는 철망이 있고, 엄중한 경비, 신속히 업무를 보는 곳이었다. 1995년 엄콰은행은 고객의 친구이며 재정적인 보호자라는 이미지 구현을 위해 은행에 고객이 쉴 수 있는 공간을 결합했다. 고객이 잠깐 머물다 가더라도, 그 시간이 고객의 삶에서 의미 있는 시간과 공간으로 체험될 수 있도록 한 것이다. 이를 위해 은행을 호텔 로비 분위기로 꾸몄다. 커피 향, 은은한 조명, 책을 읽을 수 있는 공간을 만들었다. 엄콰은행은 자사의 한두 개 점포를 테스트 마켓으로 하여 여러 가지 체험 마케팅을 시도했다.

④ 디지털 마케팅

피에르 오미다르(Pierre Omidyar)와 제프 스콜(Jeff Skoll)는 1995년 인터넷 경매사이트 이베이(eBay)를 설립했다. 이베이의 수입 중 약 80%가 이 사이트를 이용하여 판매 수단으로 삼는 고객에게서 나온다. 이들 고객 규모는 전체의 약 20% 수준이다. 한 마케팅 조사 결과를 보면 조사 대상자의 70% 이상이 이베이가 자사의 수익에 기여했다고 응답했다. 이베이는 상품 구매나 판매 그리고 경매가 가능한 서비스도 제공한다.

조직 혁신

조직 혁신은 경영 과정에서의 혁신으로 조직 관리 방식의 개선을 통한 효율성을 제고를 지향한다. 기존의 사례들을 보면 경영 혁신이 단순히 조직의 시스템만을 바꾸는 게 아니라, 조직 문화와 연동해 추진하는 것이 특징이다. 경영 혁신은 구성원의 마인드 변화를 수반하지 않고는 성공할 수 없다.

① 삼성의 디자인혁신센터

삼성의 조직 혁신은 창의적인 직원들이 최고 경영진에 직접 접근하고 신제품을 개발할 수 있는 공간으로 전 세계에 디자인혁신센터(SDIC)를 개설했다. 1971년 상품 차별화의 하나로 영업조직에 삼성 디자인 직무가 신설되었다. "딱 맞는 곳에서 딱 맞는 사람들과 함께한다면 우리는 삼성의 새로운 혁신을 만들고 업계의 선도자가 될 수 있다"는 비전으로 출발했다. 이를 위해 매년 다양한 스타트업 인큐베이션 모임과 컨퍼런스를 개최하는데, 모든 직원이 생각을 자유롭게 표현하고 이사회가 경청한다. 이를 통해 삼성은 모든 사업 부서가 구현할 수 있는 신개념 개발 프로세스를 만들고, 직원의 아이디어, 소비자 의견, 시장 중심 기술을 바탕으로 솔루션 콘셉트를 개발한다.

② GE의 워크아웃

GE의 잭 웰치(Jack Welch)는 관료적인 조직 문화로 인한 의사결정의 지연과 경쟁력의 약화로 시장점유율이 단계적으로 하락하는 위기를 조직 혁신으로 극복했다. 웰치는 사업 구조를 핵심 제조, 첨단기술, 서비스 군으로 재편하고, 핵심 사업이 아니라고 분석되는 경우에는 과감하게 처분했다. 조직 문화 차원에서는 워크아웃 제도를 통해 조직 분위기를 쇄신하고, 세션 C와 같은 인사제도를 통해 우수 인재를 전략적으로 육성했다. 또 1995년 식스시그마를 도입하여 품질 향상을 시도하고, 품질 평가 기준을 기업의 관점에서 고객과 프로세스의 관점으로 전환했다. GE는 품질 관리를 통해 5년간 120억 달러의 비용 절감 효과를 달성했다.

③ 닛산의 성과주의

1999년 르노는 일본 닛산자동차의 지분을 인수하고 카를로스 곤 (Carlos Ghosn)을 CEO로 임명했다. 일본 자동차 기술의 자존심인 닛산의 몰락은 조직 문화 면에서는 관료적 경영과 기술 중심의 사고로 분석되었고, 상품기획과 마케팅 면에서는 프로 정신의 부족과 시장 요구(예, 레저용 차량의 수요증대)에 대한 대응 부족 등이 문제점으로 분석되었다. 곤 사장은 회생계획에 따라서 닛산의 자존심인 무라야마 공장과 보유 주식 등을 매각하여 부채를 줄여 경영 개선을 시도했다. 또 닛산의 관료적인 경영 관행을 타파하기 위해 철저한 성과주의를 도입하고 성과급은 실적, 연봉은 공헌도에 따라 차등을 두었다.

④ 구글의 OKR

1983년 앤드류 그로브(Andrew Grove)가 개발한 OKR(objectives & key results)은 구글이 사용하여 유명해졌다. OKR은 측정 가능한 결과를 통해 도전적이고 야심 찬 목표를 설정하기 위해 팀과 개인이 협력하여 목표를 설정하는 방법론이다. 피터 드러커(Peter Drucker)가 주창한 MBO는 상사와 구성원이 소통하며 목표를 설정하지만, 실상은 경영진에 의해 내려지는(top down) 방식이다. 또 달성 가능한 범위 내의 계산된 목표를 설정하는 경향이 있었다. 이러한 방식을 개선해 구성원이 자발적으로 참여하고, 담대한 목표를 설정하고 주요 결과를 측정하여 목표 달성을 확인하며, 조직 전체가 목표를 정렬하고 목표 달성에 따라 보상한다. OKR이 본질상 조직 혁신의 방법론에 가까운 것은 운영 방식의 차별성보다 구성원의 잠재력을 끌어내어 비전을 달성한다는 점 때문이다.

혁신성의 코칭 주안점

짐 콜린스(Jim Collins)는 『위대한 기업』에서 혁신 기업은 일상에서 쉽게 접하는 창의성을 혁신 요소로 발전시켜 실현한다고 보고, 혁신 기업이 되기 위한 6가지 요소를 제시했다.

- 주변의 창의적인 아이디어를 받아들인다.
- 고객 관점에서 생각하고 해결책을 마련한다.
- 실험과 실패를 두려워하지 않고 아이디어를 실행한다.
- 창조적 인재를 채용하고 육성한다.
- 조직을 작은 단위로 분산하고 구성원에게 자율권을 준다.
- 창조적인 아이디어와 활동에 대해 보상하고 지원한다.

사람들은 일상적인 행동보다 새로운 시도를 하다 실패할 때 더 좌절한다. 새로운 시도는 그만큼 심리적 부담이 크기 때문이다. 그래서 기업의 혁신을 위해서는 구성원의 실패를 포용하는 리더십이 필요하다. 성공만큼 실패를 존중하는 기업 문화, 실패를 통해 새로운 기회를 만들려는 도전 정신, 실패를 포용하고 격려하는 리더십 없이는 조직이 새로운 시도를 통해 혁신을 꾀하기란 쉽지 않다.

혁신성을 어떻게 개발할까?

다양한 해결 방안 모색하기

업무 과정에서 문제가 생기면 대개 한 가지 해결 방안에만 매몰되기 쉬운데 그러면 문제해결에 실패하기 쉽다. 그러므로 해결 방안을 다양하게 모색하는 것이 필요하다. 이를 위해 먼저 문제점을 적어본다. 그리고 문제해결 요인을 촉진 요인과 방해 요인으로 구분해 적어본다. 그리고 두 요인이 서로 어떻게 연결되는지 비교해 본다.

〈표 4-3〉 **혁신 역량을 개발하는 문제점 분석**

문제점	촉진 요인	저해 요인	해결 방안

가상으로 상황을 설정하여 연습하기

대기업이나 중견기업은 외국에 제2공장이나 지사를 설립하고, 국내에서도 지역별 사업장을 갖는 경우가 많다. 이처럼 중앙에 본사를 두고 지역별로 여러 사업장을 운영하게 되면 각 조직에 지원 인력의 중복 문제가 대두될 수 있다. 조직 혁신이 필요하다면 어떻게 해야 할까?

[시나리오]

본사 전략기획본부에서는 단위 사업본부의 경쟁력 제고를 위해 핵심 업무에 인력을 집중하고 그들의 전문성을 강화할 계획이다. 업무 중복 문제를 해결하기 위해 인력 효율화에 따른 20%의 구조조정 계획이 있다. 현재 업무 효율화를 위해 외부 위탁 제도를 도입해 운영 중이다. CEO는 지원 인력 혁신을 중요한 과제로 지적했다. 만일 당신이 이 문제를 해결하기 위한 혁신추진팀(TFT)의 팀장으로서 지원 업무와 인력 운영 방식 혁신 프로젝트를 맡고 있다면 이 과제를 어떻게 추진할 것인가?

[과제]

우선 4인 1조로 팀을 구성한다. 각 조에서 2인은 전략기획본부의 역할, 나머지 2인은 단위 사업본부의 지원 인력 역할을 맡는다. 다음과 같은 문제를 토론하고 그 결과를 발표해보자.

- 단위 사업본부별로 수행하는 중복업무를 재구조화해 업무와 인력 효율화를 높일 방안은 무엇인가?
- 위의 방안은 실현 가능한가? 실현 가능하다면 예상되는 문제는 무엇인가? 전략기획본부와 단위 사업본부의 입장에서 문제점을 분석한다.
- 당면 문제점의 해결 방안은 무엇인가?
- 당면 프로젝트 추진의 핵심 성공 요인은 무엇인가?

실패를 딛고 성공을 이룬 일화에서 배우기

혁신적 사고는 자유롭고 유연한 생각과 풍부한 지식에서 형성된다. 독서는 다른 사람들이 어떻게 혁신을 이루었는지 배우는 중요한 수단이다. 혁신적 사고는 서로 관련 없어 보이는 개념과 개념 또는 사건과 사건들이 새로운 관점에서 보면 의미를 지니게 되는 과정이다. 이는 논리적 사고와 분석 과정으로 이루어지지만, 때로는 직관적 사고가 해법을 제공하기도 한다.

실패 사례 기록하기

실패한 원인들 사이에 어떤 관련성이 있는지를 찾아본다. 대개는 실패라는 부정적인 경험에서 헤어나지 못한다. 그러나 그 실패를 기회로 삼아 더 큰 안목에서 개선점을 찾는 노력이 필요하다. 역할 놀이를 통해 실패를 극복하는 방안을 찾아볼 수 있다. 먼저 혁신에 실패한 사례를 선정하고, 한 사람은 리더의 자리에서 다른 사람은 실무자의 자리에서 사례를 분석한다. 그리고 실패를 성공 사례로 만들기 위해 각자 어떤 일을 해야 할지 토의한다.

거시적인 시각에서 문제를 점검하고 진단하기

경쟁력을 유지하기 위해 제품 원가를 절감해야 할 상황이라고 가정해보자. 하지만 완제품을 만들기 위해서는 30개의 부품이 원활하게 공급되어야 한다. 당신은 이 문제에 대해 어떤 혁신적인 문제해결책을 내놓을 수 있겠는가? 30개 부품을 하나의 관점에서 보고 과연 30개 부품은 모두 독립적으로만 사용되어야 하는지, 2~3개의 부품을 하나의 부품으로 결합할 수 없는지 점검한다. 또 부품 공급회사의 생산 라인에서 원가를 절감할 방법은 없는지, 각 회사에 공통으로 적용할 수 있는 원가 절감 방안은 없는지 점검한다.

생각 파트너의 심리 코칭

다음 질문에 대한 생각을 정리해보십시오.

생각(Think) : 인지 역량에 속하는 여섯 가지 리더십 역량 가운데 우선 개발할 필요가 있는 것은 무엇입니까?

개발 필요 역량 :
_____

선택(Choose) : 우선 개발될 필요가 있다고 생각하게 하는 구체적인 상황과 리더십 행동은 무엇입니까? 두 가지를 선정해서 적어보십시오.

상황과 리더십 행동 1 :
_____

상황과 리더십 행동 2 :
_____

실행(Act) : 위에서 적은 두 가지 행동을 실제 실행에 옮길 때 예상되는 어려움(방해 요인)은 무엇입니까? 도움(촉진 요인)이 필요하다면 무엇입니까?

어려움(방해 요인) :
_____

필요한 도움(촉진 요인) :
_____

대인관계 문제가 리더의 지속적인 성장을 가로막는다. 조직에서 개인의 지위가 높아지고 역할이 커질수록 인간관계의 형성과 유지 관리는 중요한 리더십 요소다. 따라서 리더가 상대방의 감정 변화를 읽고 자신의 감정을 효과적으로 관리하는 것은 기본이다. 나아가 조직 내외의 이해관계자들과 열린 소통을 통해 갈등을 풀어야 한다. 그래야 고객을 진심으로 존중하고 협상을 유리하게 전개할 수 있다.

타인의 마음을 얻는
대인관계 역량

"판단을 전달하는 의사소통은
상대방의 마음을 상하게 한다.
그러나 감정을 표현하는 개방적
의사소통은 관계를 촉진한다."
_엘리엇 아론슨(Elliot Aronson)

타인의 관점에서 자기 감정 다스리기

• • •

　정서 관리 능력은 대인관계 형성과 유지에 결정적인 영향을 미친다. 구성원 대부분이 가장 고민하는 문제는 상사와 원만한 관계를 유지하는 일이다. 정서 관리 능력이 부족한 리더는 자기중심적인 성향이 강해서 구성원들의 마음에 상처를 주기 쉽다. 이런 리더는 다른 사람의 말을 듣지 않으므로 자신의 언행이 타인에게 미치는 영향을 모른다.

　한편 자신의 정서를 지나치게 통제하다 보면 구성원들이 대하기 어려운 상사가 될 수 있다. 구성원들로서는 리더의 심중을 알 수 없기 때문이다. 리더 자신도 정서를 관리하는 과정에서 심한 스트레스나 마음의 상처를 입기 쉽다.

정서 관리의 3가지 요소

　정서는 사회적 관계나 외부 환경을 통한 심리적 변화가 만드는 내적 상태다. 이런 정서가 표정 등으로 나타나면 사람들은 그것을 일종의 의사 표현으로 받아들인다. 따라서 대인관계에서 정서 표현은 언어만큼이나 중요한 의사소통으로 여겨진다.

정서 관리의 핵심은 정서를 통제하는 것이다. 효과적인 정서 관리는 다음 3가지 요소를 잘 고려하는 것이다.

본인

정서 통제는 자신의 경험에 의지한 감정을 드러내지 않는 것이다. 리더가 "홍 대리, 자네가 작성한 보고서 때문에 지금 내가 미칠 지경이야. 이것도 보고서인가?"라고 감정을 드러낸다면 문제의 타당한 지적이 아니라 부당한 비난이 되고 만다. 이에 비해 "홍 대리, 내가 지금 기분이 안 좋네. 자네가 작성한 보고서를 보고 무엇이 문제인지 생각 중이네"라고 말한다면 자신의 정서를 잘 관리함으로써 상대방도 인정하는 타당한 지적이 된다.

타인

리더는 자신의 정서적 표현이 타인에게 어떤 영향을 미칠지 주의를 기울이고 관심을 가져야 한다. 리더의 정서 표현은 구성원의 동기와 성과 변화에 영향을 미친다. 리더가 화를 내기보다 행복감을 드러낼 때 구성원은 좀 더 자발적이고 적극적으로 업무에 임하는 것으로 나타났다.

상황

정서 표현의 반응은 상대방과의 관계, 대화가 일어나는 상황, 사회
문화적 환경 등에 따라 달라진다. 상황에 맞지 않는 정서 표현은 대
인 관계를 망칠 수 있다. 타인은 겉으로 드러난 정서 표현을 읽고 상
대방의 기분, 생각, 의도 등을 추론하고 어떻게 대응할지 결정하기
때문이다.

정서 관리 역량이 부족한 리더

정서 관리에 실패하면 대인관계에 부정적인 영향을 미칠 수 있고,
자신의 강점이 오히려 약점으로 작용하게 된다. 순박하고 진실한 성
품은 나약하고 결단력이 부족한 리더의 모습으로, 성취지향의 도전적
인 리더십은 독선적이고 이기주의적인 리더의 모습으로 비칠 수 있
다. 정서 관리 역량이 부족한 리더의 일반적인 특성은 다음과 같다.

- 충동적이고 성격이 급하다.
- 자신의 감정 표현이 타인이나 주위에 미치는 영향을 고려하지 않는다.
- 자기 기준이 명확하여 일정 수준 감정을 통제하다가 그 선을 넘으면 폭발한다.

- 선호하는 것과 옳고 그름이 분명하고, 흑백논리를 따른다.
- 주위에서 발생하는 사건에 대해 긍정적인 면보다는 부정적인 면에 민감하다.
- 실패의 원인을 자신에게서 찾기보다는 외부에서 찾으려고 한다.
- 자신의 생활이나 직무에 대해 불만족하고 불평불만이 많다.
- 타인의 실수를 이해하려고 하기보다는 질책하는 경향이 높다.
- 자존심이 아주 높거나 아주 낮다.
- 타인의 피드백을 수용하는 기술이 부족하다.

정서 관리의 코칭 주안점

리더십을 진단할 때 공통으로 나타나는 결과가 있다. 리더들 대부분이 자신의 정서를 효과적으로 관리하지 못한다. 즉흥적인 감정 표현이 타인에게 미칠 영향을 고려하지 못하고, 실패의 원인을 타인에게 돌리기도 한다. 이런 모습은 구성원들을 긴장시켜 자유스러운 대화 분위기를 끌어내지 못한다. 정서 관리에 어려움을 겪는 리더라면 다음의 방법을 활용해 보자.

내면의 정서 변화를 통제한다

정서 관리를 잘하는 리더는 무엇을 표현해야 할지, 어떤 표현을 통해 상황을 반전시킬 것인지 등을 종합적으로 고려한다. 상황에 따라서는 자신의 정서를 그대로 드러내는 것이 솔직하고 가식 없다는 인상을 주기도 하지만, 대개는 상대방을 당황하게 하거나 마음에 깊은 상처를 준다. 효과적인 정서 관리를 위해서는 다음과 같은 노력이 필요하다.

- 평소 자신의 내면에서 일어나는 심리적, 생리적인 변화에 주의를 기울인다.
- 내면적인 자신의 정서에 대해 주인의식을 갖는다.
- 정서적으로 불안정하다고 느껴지면 휴식을 취하면서 마음을 가라앉힌다.
- 부정적인 감정 상태를 피할 수 없다면 제3자의 눈으로 자신의 모습을 관찰한다.
- 유머를 잃지 않는다. 곤란한 상황을 긍정적으로 받아들이는 것도 습관이다.
- 내면의 변화를 정서로 표현할 때 어떤 정서 표현이 상황에 맞는지를 판단한다.
- 정서를 표현하기 전에 상대방이 어떻게 받아들일 것인지 추측한다.
- 정서를 드러냄으로써 상대방과의 관계가 어떻게 전개될지 미리 생각한다.

정서 표현도 전략 차원으로 긍정하기

정체성은 진솔한 자기의 모습일 수 있지만, 사회적 역할과 상황에 따라 변화하기도 한다. 사람들이 척한다고 나무라는 건 어떤 상황이 요구하는 정체성 활동을 지적하는 말이다. '척한다'는 부정적인 의미를 내포하지만, 인상 관리의 관점에서 보면 사회적응 노력의 일면으로 볼 수 있다. 대인관계에서 슬퍼하고, 기뻐하고, 웃고, 화내는 이런 모든 것이 순수한 감정 표현일 수도 있으나, 사회적 관계 형성을 위해서 때로 전략적으로 사용되기도 한다. 꼭 인상 관리 차원에서 정서 관리를 해야 한다는 건 아니지만, 정서 관리를 속임수라는 부정적인 차원에서만 볼 필요도 없다.

리더의 행동은 구성원들의 감정 반응에 크게 영향을 미친다. 한 연구에 따르면 구성원들은 긍정적인 사건보다 부정적인 사건을 더 자주 그리고 더 강렬하고 자세하게 회상했다. 그러므로 리더는 구성원들이 생생하게 기억하는 직장에서의 당황스러움과 불편함을 겪지 않도록 감성 지능을 발휘할 필요가 있다.

이미지 관리도 리더십

사회학자 어빙 고프먼(Erving Goffman)은 사람들의 생활을 마치 연극 무대에서 배우가 연기하듯이 사회라는 큰 틀 안에서 연기를 하는 것으로 보았다. 사람들은 몸짓, 표정, 자세, 행동 등을 통해 자신의 이미지를 관리하려고 노력한다. 정서도 이미지 관리의 결과다. 고프먼은 사람들의 이런 노력을 '페이스워크(facework)'로 불렀다. 리더의 이미지는 구성원에게 미치는 영향이 크므로 리더는 자신의 감정을 통제하면서 상황에 맞는 이미지를 만들어야 한다. 다음은 리더가 유의해야 할 이미지에 대한 조언이다.

- 전문직을 상징하는 옷차림은 자존심이 높은 사람이라는 인상을 준다.
- 상대방에게 우호적인 말을 하거나 보상을 하면 호감을 사려는 것으로 보인다.
- 인적, 물적, 재무적인 자원을 통제하고 싶으면 권위를 자신의 이미지로 드러낸다.
- 직위나 직급 등을 강조하면 타인에게 자신의 사회적 지위를 전달하는 것이다.
- 비스듬히 앉는 자세는 상대를 무시하거나 권위주의적이라는 인상을 준다.
- 지나친 사과나 변명은 타인에게 방어적인 성격의 소유자라는 인상을 준다.
- 상대방을 지나치게 응시하면 위압적인 인상을 준다.
- 시선을 자주 옮기면 상대방에게 관심이 없다는 인상을 준다.
- 절도 있게 악수와 인사를 하는 것은 사무적이긴 하지만 전문가라는 인상을 준다.

스트레스를 적극적으로 관리

스트레스 관리는 건강한 사회 적응에 필수 요소다. 조직 차원에서도 효과적인 스트레스 관리는 높은 성과와 연결되므로 매우 중요하다. 스트레스에 대한 최근의 견해는 스트레스를 유발하는 외적 요인과 이에 대한 반응과 함께 신체적·심리적 긴장을 포함한다. 리더가 효과적으로 스트레스를 관리하려면 스트레스에 대처하는 기술을 익혀야 한다. 스트레스 대처법은 다음과 같다.

- 스트레스 요인을 논리적으로 분석하여 의식적으로 대처한다.
- 스트레스를 유발하는 문제점을 해소한다.
- 정서적인 방어 전략을 구사한다. 가령, 스트레스 요인에 주의를 기울이지

않거나 스트레스를 경험하는 사건, 상황, 여건을 처음부터 피하고 그러한 상황에 개입하지 않는다.

정서 관리 역량은 어떻게 개발할까?

인성 검사나 정서 관리 유형 진단 검사 받기

자신의 정서 관리 유형이나 인성이 어떤 관련을 맺고 있는지 알아본다. 자신의 인성이 긍정적으로 작용하는 부분과 부정적으로 작용하는 부분이 무엇인지 파악한다. 평소 자신의 감정 변화를 주기적으로 기록해보고, 진단을 통해 나타난 자신의 약점과 실제 생활을 비교해본다. 자신의 인성으로 인해 감정 조절에 실패한다면 그 원인을 해소할 방안을 찾아본다.

구성원과 스킨십을 위해 '3-3-3 법칙' 적용

한 달에 3명의 구성원을 대상으로 3분씩 3가지 주제로 다른 이야기를 나눈다. 이때 상대방을 격려하고 칭찬한다. 긍정적인 마음으로 구성원을 대하면 다음과 같은 효과가 나타난다.

- 반복적으로 칭찬하는 과정에서 자신도 모르게 타인에게 관심이 많아진다.
- 칭찬은 상대방과의 관계에서 마음의 벽을 허물어준다.
- 칭찬하는 과정에서 눈을 맞추는 횟수가 늘어나면 친근감이 생긴다.
- 적극적인 대화를 나눌 때 부정적인 감정보다 긍정적인 감정이 든다.
- 대화를 주도하는 것은 상대방에게 관심을 보이는 것으로 좋은 인상을 준다.

자신의 스트레스 반응을 관찰하고 기록

스트레스의 근본 문제는 스트레스 요인보다 스트레스 요인에 대한 태도, 신념 등이 문제다. 스트레스에 대한 반응 정보들을 분석하여 스트레스에 따른 반응에 어떤 공통점이 있는지 찾아본다. 가령, 감정이 복받쳐 오르고 쉽게 흥분하며 화를 낸다면 이에 효과적으로 대응하는 해답을 찾아본다.

- 무엇 때문에 화가 났는가? 화를 내는 원인이 분명히 있는가?
- 어떤 식으로 화를 냈는가? 이 방식이 적절했나? 감정을 조절할 더 나은 방법은 없었나?
- 어떤 결과를 초래했으며, 타인에게 어떤 피해를 주었나?

직장에서 받는 스트레스 요인 파악

스트레스를 일으키는 외적 요인과 내적 요인을 정리해본다. 각 요인을 해소할 방안이 무엇인지 찾아본다. 해결 방안을 찾을 때는 자신의 코치, 멘토, 동료, 친구 등의 도움을 받는다. 타인은 스트레스 문제를 자신보다 더 객관적인 관점에서 보며 좋은 아이디어를 줄 수 있다. 흔히 스트레스를 주는 요인은 다음과 같다.

- **외적 요인** : 당신이 통제할 수 없는 상황이나 적응하기 어려운 인물, 과중한 업무, 직무 경험이 부족한 신규 업무의 수행, 직업의 안정성 부족, 근무 장소나 여건의 변화, 취약한 근무 환경.
- **내적 요인** : 수행하고자 하는 직무에 대한 지나친 기대, 자신의 장단점에 대한 이해 부족, 자기 능력에 대한 과신, 높은 심리적 민감성, 충동적이고 도발적인 성향.

자신이 직장에서 보이는 행동 관찰

다음의 행동 특성은 직장에서 스트레스를 경험할 때 보이는 것들이다. 해당 사항이 많을수록 스트레스는 심각한 상황이며, 신속한 조치가 필요하다.

- 동료에 대한 불평불만이 잦다.
- 업무와 무관한 사적 통화나 인터넷에 시간을 보낸다.
- 지각이나 결근이 잦다.
- 부서의 모임에 불참하고 혼자 있기를 선호한다.

- 하찮은 것에 대해 과민반응을 보인다.

- 집중력 저하와 잦은 실수로 인해 업무 능률이 낮다.

- 자신이 해야 할 일을 잊어버리는 일이 잦다.

- 시간 관리를 체계적으로 하지 못한다.

02
◆───────────────────────────────────

상대방의 감정을 읽고 입장 배려하기

● ● ●

　다른 사람의 감정과 요구를 읽고 효과적으로 반응하는 능력이 부족하면 대화를 하면서 상대방의 개성이나 입장을 고려하지 않는다. 이것으로 타인과 갈등을 겪게 되어도 그 원인이 자신이 아닌 타인에게 있다고 생각하기 쉽다. 또 상대방의 말을 경청하기보다는 선택적으로 듣고, 자신의 관점에서 재해석하여 듣는 경향이 강하다. 이러한 인지적 왜곡을 자각하지 못하면 주위 사람의 피드백을 진지하게 받아들이지 못한다.

　한편 상대방의 입장을 지나치게 고려하거나 민감하게 받아들이면 관계를 원만하게 유지하기 어렵다. 타인의 평가에 민감해지고 생각이 지나치게 많아져 합리적인 의사결정을 신속히 내리지 못한다.

대인감수성 리더십

　대인감수성 리더십은 타인을 배려하는 정도를 나타낸다. 배려는 말로는 쉽지만, 실제 직무에서는 그리 쉬운 일이 아니다. 임원을 대상으로 리더십을 360도 진단해보면 공통으로 대인감수성이 낮게 나타난다. 성과 창출 역량은 출중하지만, 구성원을 성과 위주로 판단한 나머지 저마다의 특성에 대한 배려가 부족하여 구성원들이 잠재력을 발휘하도록 하는 데까지는 역량이 미치지 못했다.

상사가 대인감수성이 부족하면 요즘 세대의 인재들은 조직을 떠나게 된다. 신세대 직장인을 대상으로 한 설문에서도 상사와의 불화가 이직의 가장 큰 이유로 나타났다.

대인감수성에 영향을 미치는 요인

자기중심 성향이 낮을수록 타인에 대한 감수성이 높다고 할 수 있다. 다음 〈표 5-1〉에서 보듯이 다양한 요인들이 대인감수성을 촉진하거나 저해한다. 자기 이해가 높은 사람은 자신의 감정이 자기 행동에 미치는 영향을 잘 알고 있을 뿐만 아니라, 타인에게 미칠 영향에 대해서도 사려 깊다.

〈표 5-1〉 **대인감수성에 영향을 미치는 요인**

저해 요인	촉진 요인
낮은 자기 이해	높은 자기 이해
자기중심성	감정이입
내향적 성격	외향적 성격
이기주의	이타주의
충동적	사려 깊음
카리스마, 독단적인 성격	인본주의적 사고

대인감수성은 성격과도 무관하지 않다. 외향적인 사람은 내향적인 사람보다 관심 방향이 더 외부로 향해서 타인의 감정을 더 잘 배려한다. 공격적인 사람은 그렇지 않은 사람보다 더 충동적이라는 연구 보고가 있다. 그래서 자신의 감정에 따라 사고하고 행동하는 경향이 있다.

그 밖에도 여러 요인이 대인감수성과 관련이 있다. 독립심이 강하거나 자기 보호 경향이 강한 나르시시스트나 독단적 성격의 소유자도 타인을 잘 배려하지 않는다.

대인감수성의 코칭 주안점

대인감수성은 상대방의 행동이나 내면을 내가 아니라 상대방의 관점에서 이해하려는 성향이다. 리더가 자신의 심리적 성향을 올바로 이해하지 못하면 타인의 처지를 고려하기란 쉽지 않다. 대인감수성 역량을 개발하기 위해 다음과 같은 노력이 필요하다.

자기중심성에서 탈피하기

우리는 다른 사람들과 사회적 관계를 유지하면서 상당히 합리적으로 사고하고 판단하는 것 같지만, 여러 측면에서 자기중심성을 벗어나지 못한다.

자기중심성은 유아기와 아동기의 주요 특성인데 성인이 되어서도 대인관계에서 자기중심성을 벗어나지 못한 사람이 많다. 흔히 '유치하다' 는 평가를 듣는 사람들이다. 자기중심적인 사람은 세상이 자기 중심으로 돌아가야 하고 타인의 사고와 행동조차 자기 뜻대로 되어야 직성이 풀린다. 그러니 타인의 감정을 객관적으로 파악하기 어렵고 더구나 배려하기는 더 어렵다.

문제의 원인을 외부에서 찾기

문제의 원인을 어디에서 찾느냐는 대인관계에서 아주 중요하다. 상대방의 문제를 규정할 때 흔히 그 사람 외부의 원인보다는 그 사람 자체를 탓하기 쉽다. 상대방의 성격, 태도, 신념 같은 내적 요소에 책임을 돌리기 쉽다는 얘기다. 이런 성향은 리더가 대인감수성을 발휘하는 데 걸림돌로 작용한다.

대인감수성을 높이려면 문제의 원인을 외부에서 찾는 자세가 필요하다. 그럴 때 상대방을 객관적으로 바라보는 문이 열린다. 가령, 구성원이 아침에 지각했을 경우 단순히 부주의나 게으름 탓으로만 돌려 야단을 치면 진짜 어떤 사정이 있는지 알지 못하게 될뿐더러 마음의 상처를 입은 구성원은 리더를 신뢰하지 않게 된다.

첫인상의 함정에서 벗어나기

우리는 다른 사람에게 어떻게 인상을 형성할까? 사회심리학자 솔로몬 애쉬(Solomon Asch)는 두 집단의 사람들에게 한 인물에 대한 정보를 주고 인상을 형성하도록 했다. 한 집단에게는 그 사람을 '지적이고, 재능 있고, 성실하고, 따뜻하고, 결단력 있고, 현실적이며, 조심성 있는' 사람으로 소개했다. 다른 집단에게는 '따뜻하다'를 '차갑다'로 바꾸기만 하고 나머지는 그대로 소개했다. 그리고 실험 참가자들에게 어떤 인상을 형성했는지 알아보았다. 두 집단은 같은 사람에 대해 전혀 다른 인상을 형성했다. '따뜻하다'라는 정보를 받은 집단은 대상 인물을 '인간적이며, 사귀기 쉽고, 품성 좋고, 인자한' 인물로 평가했다. 그에 반해 '차갑다'라는 정보를 받은 집단은 '잔인하고, 사교성 없고, 인색한' 사람으로 평가했다.

사람들은 '따뜻하다' 아니면 '차갑다'라는 특질로 인상을 형성하는 경향이 강했다. 애쉬는 이를 중심 특질(central trait)이라 하고, 나머지 특질을 주변 특질(peripheral trait)이라고 했다. 사람들은 특정한 특질 중심으로 인상을 형성한다는 사실을 알 수 있다. 이러한 첫인상은 단기적인 영향뿐만 아니라 상대방의 다른 행동이나 미래에 대한 기대 등에도 폭넓게 영향을 미치는 것으로 나타났다. 만일 리더가 구성원에 대해 왜곡된 정보를 가졌다면 그에 대해 잘못된 첫인상을 갖게 될 것이고 그의 행동에 대한 해석도 달라질 것이다.

다른 정보에도 귀 기울이기

사람들은 타인이 전달한 정보에만 의존해서 인상을 형성하지는 않는다. 각자의 경험, 가치관, 선호도에 따라 타인에 대한 인상은 다르게 형성된다. 흥미로운 사실은 사람들이 타인에게 정보를 선택적으로 취하게 하여 인상을 형성하고 대인관계를 유지한다는 것이다.

사회심리학자 마크 스나이더(Mark Snyder)와 윌리엄 스완(William Swann)은 두 집단의 사람들에게 앞으로 만나볼 사람이 어떤 사람인지를 면담을 통해 알아보도록 지시했다. 그리고 한 집단에게는 앞으로 만날 사람이 '외향적인 인물'이라고 소개하고, 다른 집단에게는 '내향적인 인물'이라고만 소개했다. 그리고 26개 면접 문항을 주고 면접에 사용할 12개 문항을 선택하도록 했다.

전체 문항에서 11개는 사전에 성격이 외향적인지를 알아보는 데 적합하도록 개발한 것이고, 다른 11개는 내향적인지를 알아보는 데 적합하도록 개발한 것이다. 그리고 나머지는 중성적인 문항이었다. 연구자는 각 집단의 사람들이 어느 문항을 선택하는지를 보았다. 연구 결과, 외향적인 인물을 만날 것으로 기대한 사람은 내향적인 특성을 묻기보다 외향적인 특성을 더 물었다.

사람들은 상대방이 어떤 사람일 것이라는 선입관을 지닌 채 이를 검증이라도 하듯 그에 가까운 항목을 선택하기 쉽다. 이를 '자기확증적 전략'이라고 한다. 이렇듯 리더는 자신의 관점에서만 타인을 바라보아서는 안 된다. 상대방을 배려하려면 자기 생각이 틀렸을 수 있다는 점을 인정하고 상대방의 의견을 경청하는 노력이 필요하다.

대인감수성은 어떻게 계발할까

타인을 만날 때 마음속으로 질문해보기

만나고 나서 각 질문에 대한 당신의 답이 맞는지 확인해본다. 대인감수성을 계발하려면 상대방의 감정과 처지를 배려하고, 편안하게 대해주는 기술을 습득해야 한다.

- 지금 저 사람은 어떤 기분일까?
- 이 만남을 통해 내가 얻고자 하는 바는 무엇인가?
- 내가 이런 말을 했을 때 상대방의 기분은 어떨까?
- 나의 제안에 대해서 상대방은 거절할까, 수용할까?
- 상대방은 어느 정도까지 양보하려고 할까?

타인의 입장을 먼저 고려하는 습관 기르기

상대방의 성향을 파악하고 상대방이 업무협조 요청을 하거나 불만을 토로할 때 곧바로 감정적으로 대응하지 말고 상대방이 처한 현실이 어떤지 먼저 생각해보는 노력을 한다.

"아니 이 사람 왜 이래?"라고 적대적으로 생각하며 말하기보다 "그래, 당신이 지금 가장 힘들어하는 게 뭐지? 내가 도와줄 것이 무엇인가?"라고 상대방을 배려하며 생각하고 말해보자.

상대방의 말을 먼저 듣고 이해하기

상대방이 드러내는 표현을 통해 상대방의 기분과 감정을 읽어낸다. 내가 상대방에 대해 어떤 인상을 지녔는지에 따라 나의 대응도 달라지기 때문이다.

3가지 대화 주제를 미리 준비

예를 들면 구성원의 취미, 구성원의 생일, 자녀의 수와 이름, 이전 만남에서 나누었던 중요한 대화, 최근의 사회적 이슈 등을 처음 대화의 소재로 삼는다. 이러한 주제는 주로 상대방과 밀접한 관련이 있는 것이기에 상대방은 편안히 느껴 자연스럽게 서로의 마음을 열게 된다. 이러한 분위기는 상대방을 더 이해할 수 있는 여건을 조성해준다.

편견으로 인한 호불호 갖지 않기

'내 사람, 나와 호흡이 맞는 사람, 나를 지지해주는 사람' 등과 같이 인간관계에 대한 울타리를 만들면 그만큼 상대방에 대한 편견이 생긴다. 이런 편견은 업무 평가, 구성원에 대한 평가, 직무 배치 등을 포함하는 많은 조직 행동에 영향을 미친다.

03

열린 마음으로 대화하며 신뢰 쌓기

● ● ●

리더와 구성원들 간의 대화에서 중요한 점은 상호 이해다. 상호 이해를 넓히려면 대화 내용을 공유해야 한다. 그래야 서로를 이해하고 신뢰를 쌓을 수 있다. 그리고 대화에서 상대방의 말에 귀를 기울이고, 적절한 피드백을 주기 위해서는 기술이 필요하다. 대화 기술이 부족한 사람은 상대방의 말에 주의를 기울이지 않는다.

의사소통 능력을 키우는 3가지 요소

사람의 몸이 건강 하려면 혈액 순환이 원활해야 하듯이 조직에서는 의사소통이 원활해야 한다. 의사소통은 최고경영자의 경영 철학과 비전을 임직원이 수용하고, 실천하게 하는 핵심 수단이다. 리더의 주된 역할은 최고경영자의 의지를 구성원에게 전달하고, 구성원의 활동 결과를 최고경영자에게 전달하는 중개자다. 정보 유통의 중개자 역할을 성공적으로 수행하기 위해서는 리더가 의사소통 과정에서 다음 3가지 요소를 반드시 포함해야 한다.

활발한 정보 공유

정보 공유는 비전 달성을 위한 수직적 의사소통과 수평적 의사소통이 원활하게 일어나도록 하는 대표적인 활동이다. 정보 공유가 일어나지 않는 조직은 고혈압 환자와 같다. 막힌 의사소통의 통로가 언제 터질지 모른다. 구성원으로서는 정보가 공유되지 않기 때문에 자신들이 무슨 일을 하는지 명확히 알기 어렵다. 정보를 독점하는 리더는 경영 환경 변화, 경영 방침, 경영 목표를 구성원에게 명확히 전달하지 않는다. 구성원들에게 특정 과제를 지시할 때 그 과제가 수행됨으로써 팀 성과에 어떤 기여를 하고 조직 목표를 달성하는 데 어떤 영향을 미치는지 설명하지 않는다. 팀의 업무가 과다한 경우, 팀원들은 자신들이 하는 일이 팀이나 조직을 위하기보다는 상사 개인의 성장을 위해 일하는 것으로 해석할 가능성이 높다. 다시 말해 리더가 정보를 독점할 때 상하 간의 신뢰는 급격히 무너지기 시작한다.

개방적인 의사소통

같은 사람의 말을 듣더라도 그 말을 듣는 사람에 따라서 받아들이는 내용은 서로 다를 수 있다. 상대방의 말을 들을 때 듣는 사람의 고정관념, 개인적 경험, 말하는 사람과의 관계 등이 영향을 미치기 때문이다. 일상에서 다른 사람과 대화를 할 때 타인의 말을 정확히 이해하기 위해 취할 수 있는 가장 간단한 방법은 관찰자의 관점에 서보는 것이다. 이를 위해서는 상대방이 말을 할 때 마음속으로 한 발짝 뒤로 물러서서 말하는 사람을 관찰하기 위한 충분한 시간을 갖는 것이다. 이렇게 관찰 시간을 두는 이유는 대화에 깊이 개입되는 것을 순간적으로 차단하여, 자신의 고정관념이나 편견 등의 작용을 억제하는 효과가 있기 때문이다. 이 방법은 상대방과 대화를 나눌 때 주관의 개입을 최소화하는 데 효과적이다.

상호 이해를 지향하는 의사소통

의사소통은 상호 이해의 과정이다. 효과적인 의사소통은 대화 당사자들이 서로 전달하려는 내용에 대한 이해를 공유할 때 가능하다. 상호 이해를 하기 위해서는 경청과 피드백이 중요하다.

"아니, 지금 무슨 이야기를 하는 거요. 내가 말하는 건 그게 아닙니다."

이러한 말은 일방향적인 대화를 할 때 흔히 관찰된다. 경청은 상대방의 말에 주의를 기울이고, 상대방의 입장에서 이해하려고 노력하는 것이다. 피드백은 상대방의 말을 자신이 어떻게 이해하고 있는지를 알려준다. 대화 당사자 간에 경청과 피드백이 이루어질 때 서로를 이해할 가능성이 높아진다. 상호 이해를 동반하지 않는 의사소통은 대인관계뿐 아니라 조직 관리, 성과 관리에도 많은 문제를 일으킨다.

흔히 의사소통 과정에 문제가 있을 때 조직 갈등이 야기된다.

의사소통 능력이 낮은 리더의 특징

의사소통은 삶에서 가장 중요한 기술이다. 조직에서 정보 기술을 활용한 의사소통과 정보 공유 등은 지식 노동자의 생산성을 20~25퍼센트(%)까지 향상한다(Chui et al., 2012). 리더와 구성원 간의 비효율적인 의사소통은 협동을 이끌거나 조정을 유도하기에 어렵고, 생산성을 저하하거나 긴장감을 고조하고 소문과 험담이 느는 원인이 된다. 개인 차원으로는 자신의 신뢰성을 떨어뜨리고 영향력을 잃게 만든다.

리더의 리더십을 360도 진단한 결과를 보면 의사소통 능력이 부족한 리더는 대인관계 역량 가운데 정서 관리와 대인감수성 역량이 모두 낮은 것으로 나타난다. 이 결과가 시사하는 바는 임직원 간에 의사소통이 효과적으로 이루어지려면 자신의 감정 관리를 잘해야 하고 더불어 상대방도 배려할 줄 알아야 한다는 것이다. 자신의 감정 관리와 상대방에 대한 배려가 잘 이루어질 때 개방적인 의사소통이 가능하다. 의사소통 능력이 낮은 리더의 10가지 대표적인 특징은 다음과 같다.

- 조직 내에서 특정 계층의 사람만 상대로 대화한다.
- 상대방을 격려하기보다는 질책하고, 자존심을 떨어트리는 피드백을 준다.
- 자기 생각을 분명하고 설득력 있게 표현하지 못한다.

- "바쁘니까, 요점만 이야기합시다"라는 식으로 대화를 시작할 때가 많다.
- 상대방의 능력을 과소평가하고, 자신의 직무 전문성에 대한 자신감이 강하다.
- 해야 할 말과 하지 말아야 할 말을 지나치게 구분하고 스스로 통제한다.
- 의사표현 방식이 단조롭고 대화 내용이 건조하다.
- 대화 내용보다는 감정을 먼저 앞세운다.
- 상대방이 무슨 말을 할지 미리 짐작하면서 대화한다.
- 자신이 싫어하는 대화 유형이 분명히 있다.

의사소통의 코칭 주안점

원활한 의사소통을 위해서는 상대방의 말을 경청하여 정확히 듣고, 모호한 내용은 질문을 통해 명확히 알아야 한다. 또 상대방이 대화에 참여하도록 유도하는 노력이 필요하다.

감정이입하여 경청하기

타인을 이해하기 위한 적극적인 의사소통 방법은 바로 잘 듣는 것, 경청이다. 랠프 니콜스(Ralph Nichols)에 따르면 사람들은 대화 내용의 약 50%를 기억하지만, 48시간이 지나면 약 25%만을 기억한다. 대화 과정에서 타인의 생각을 정확히 파악하려면 경청 기술이 필요하다.
원만한 대인관계를 위해서는 감정이입을 통한 경청이 필요하다. 상대방의 감정을 고려하여 상대방이 당면한 문제의 해결책을 줄 때 감정이입 경청이 이루어졌다고 본다. 경청하는 사람이 취해야 할 기본 자세와 기술은 다음과 같다.

- 대화할 때 상대방의 관점을 존중한다. 상대방이 생각하고 느끼는 것에 관심을 기울이고 적극적으로 들으려는 마음 자세를 갖는다.
- 상대방의 말뿐 아니라 그 말에 담긴 감정에 공감한다. 그러나 상대방의 마음을 지나치게 읽으려고 하면 경청하기 어렵다.
- 상대방이 한 말을 완전히 이해하고 있다고 확신이 들 때 상대방에게 응대한다. 상대방의 말을 올바르게 이해하지 못한 상태에서 응대하면 의견의 차이가 생길 수 있다.
- "저는 ~라고 말씀하신 것으로 이해합니다.", "그러니까 ~라고 생각하시는 것이군요"와 같이 상대방의 말을 잘 이해하고 있는지를 확인하기 위해 부연해본다. 그러나 상대방의 말을 단순히 반복하는 것은 의미가 없다.
- 부연할 때는 상대방 말에 담긴 행간의 의미를 어떻게 받아들였는지 명확히 말한다. 대화 중에 적절한 부연을 사용하면 상대방은 전하고자 하는 말뜻과 감정을 직설적으로 표현하게 된다.

올바른 질문 사용하기

질문은 대화를 역동적으로 만드는 가장 적극적인 방법이다. 질문은 좋지만, 상대방의 인신에 관한 사적인 질문은 피해야 한다. 주제에 대한 질문도 핵심을 짚되 간결하고 중복되지 않아야 한다. 질문이 대답보다 장황하게 되면 그건 이미 질문이 아니다. 질문의 목적은 대화 참여를 끌어내고 나에 대한 호감도를 높이는 것이다. 질문 유형은 상대방에게 어떤 응답을 끌어내는지에 따라 개방형 질문, 폐쇄형 질문, 촉진형 질문, 탐구형 질문 등으로 구분한다.

[개방형 질문]

질문에 대한 해설을 요구하는 뜻을 담는다. 개방형 질문은 상대방의 생각이나 의도 등을 추가로 파악할 때 유용하다. 개방형 질문의 예는 다음과 같다.

- 이번 프로젝트가 끝나고 추가로 계획하고 있는 것은 무엇입니까?
- 새로운 직무를 수행하면서 가장 힘든 점은 무엇입니까?
- 우리 부서에서 개선할 사항이 있다면 무엇이라고 생각하십니까?

[폐쇄형 질문]

개방형 질문과는 반대로 '예', '아니오' 라는 답을 끌어내는 질문이다. 이는 상대방에게 사실 확인을 위한 목적으로 흔히 사용한다.

- 지난번에 지시한 일은 마쳤습니까?
- 고객사에서 우리의 최종 제안을 수용했습니까?
- 이번 달 영업 목표는 달성했습니까?

[촉진형 질문]

상대방이 생각이나 느낌, 의도, 계획 등을 분명하게 말하도록 하는 질문이다. 이런 질문은 상대방이 스스로 더 몰입하고 행동을 드러내게끔 하는 효과가 있다.

- 당신도 금주 매출이 최고가 되도록 영업을 해야 한다고 생각하지요, 그렇지요?
- 당신도 내 생각이 실현 가능하다는 데 동의하지요, 그렇지요?
- 시급히 해결할 문제는 고객의 관심을 끄는 것이라고 주장하시는 것이죠, 그렇지요?

[탐구형 질문]

상대방의 말을 더 구체화하여 진의를 정확히 파악하려는 질문이다. 이런 질문은 모호한 상황을 명료하게 하여 상대방에게 합리적으로 대응할 정보를 얻고자 할 때 유용하다.

- 지금 하신 말씀이 뜻하는 바가 무엇이지요?
- 만일 이 문제가 해결된다면 다음에 추진하려는 계획은 무엇입니까?
- 다음 주 수요일까지 계약이 성사되도록 제안하시는 것이지요?

의사소통의 영향력 키우기

팀워크 형성을 위해서는 팀원 간의 상호 신뢰와 존경, 지원이 필요하다. 이러한 관계 형성을 위해서는 팀원 간에 개방적인 의사소통이 가능해야 한다. 데이비드 베이커(David Baker) 등에 따르면, 효과적인 팀워크 형성을 위한 핵심 요소는 집단적 의사결정 방식을 채택하고 철저한 계획을 수립하는 것, 구성원의 적응성과 유연성을 높이는 것, 원만한 대인관계를 유지하도록 하는 것이다. 그리고 이 3가지 핵심 기술이 효과적으로 발휘될 수 있도록 지원하고 서로를 연결해주는 것이 의사소통 기술이다. 가장 효과적으로 의사소통하는 팀원의 행동을 분석해보면 다음과 같은 행동을 자주 보이는 것으로 나타났다.

- 팀원에게 명확하고 정확한 정보를 제공한다.
- 효과적으로 경청한다.
- 질문을 자주 한다.
- 타인의 정보 요청을 인정하고 수용한다.
- 팀원과 아이디어를 공개적으로 공유한다.
- 자신과 팀원의 비언어적 행동에도 주의를 기울인다.

효과적인 업무지시 방법 활용

리더가 구성원에게 보고서를 작성하도록 지시하고 그 결과를 확인하는 상황을 상상해보자. 리더는 담당 구성원이 작성한 보고서를 보고 화를 내거나 실망하곤 한다.

보고서가 잘못 작성된 근본 원인이 어디에 있을까? 대체로 리더의 업무지시 방법이 잘못된 경우가 많다. 구성원에게 업무지시를 할 때 그 업무를 책임질 구성원과 실무를 담당할 구성원을 모두 참석시키는 것이 좋다. 두 구성원은 역할이 다르므로 각자의 역할 관점에서 지시를 듣는다. 지시하고 난 후에는 구성원들이 지시 사항을 어떻게 이해했는지 반드시 확인한다.

의사소통 역량은 어떻게 개발할까?

타인에 대한 선입관을 갖고 대화하지 않기

싫어하는 사람과 대화할 때는 예기치 않게 문제가 생길 수 있다. 대개 겉치레로 대화하기 때문이다. 상대방을 차별하고 있는 것은 아닌가? 만일 차별하고 있다면 이 생각을 고치지 않으면 열린 마음으로 대화하기 어렵다. 다음과 같은 방법으로 대화하기 싫어하게 된 근본 원인을 찾아보자.

- 먼저 평소 대화하기 싫은 사람을 떠올린다.
- 상대방과 대화하기 싫은 이유를 한 가지 떠올려 본다.

- 마음속에 떠오른 그 이유보다 더 부정적인 이유를 생각해본다.
- 이와 같은 방법으로 계속해서 상대방과 대화하기 싫은 이유를 찾아본다.
- 마지막에 생각나는 것이 가장 근본적인 원인일 수 있다. 이 생각은 바꿀 수 없는 것인가?
- 바꿀 수 없는 생각이나 자신의 문제라면 그 문제를 해결하지 않는 한 대화가 어려울 수 있다.

상대방이 말한 내용을 요약해서 호응하기

이런 호응은 번거롭긴 하지만 상대방에게 신뢰감을 주고 편안한 느낌을 준다. 상대방이 더 진지하게 대화에 임하는 효과가 있고, 나 자신도 상대방의 말에 더 주의를 기울이게 된다. 상대방에게 다음과 같이 말해 본다.

- 상대방의 이야기를 다 듣고 나서 제대로 들었는지 확인한다.
  "아, 그렇군요. 그러니까 ~라고 말씀하신 것으로 이해합니다. 맞습니까?"
- 상대방이 어떤 논리에서 한 말인지 확인한다.
  "정말 재미있는 생각입니다. 그렇게 생각하시는 특별한 이유라도 있습니까?"
- 상대방이 부연하도록 요청한다.
  "좀 전에 ~라고 하셨는데, 무슨 뜻인지 좀 더 설명해 주겠습니까?"

성급하게 상대방의 말에 끼어들지 않기

"아, 그 이야기 나도 들었지", "그 내용은 더 말하지 않아도 됩니다. 이미 다들 알고 있습니다"와 같이 끼어들지 않는다. 상대방의 말이 끝날 때까지 기다리며 들어주는 게 훌륭한 대화법이다. 다만, 지나치게 말이 길어지면 기분 나빠하지 않은 선에서 요약해서 말하도록 힌트를 준다.

내가 듣고 싶은 것만 듣는 습관 고치기

이러한 습관은 대개 대화하기 싫은 사람과 말할 때나 이미 알고 있는 내용을 들을 때 튀어나온다. 상대방과 상대방의 말을 구분해보자. 상대방의 역할 때문에 그렇게 말하는 것은 아닌지 확인해본다. 부모가 자식을 야단치는 것은 자식이 미워서가 아니라 부모의 역할 때문이다. 직장 상사도 상사로서 역할을 하는 과정에서 구성원이 듣기 싫은 말을 할 수 있다. 리더로서 다음의 지식과 기술을 갖춘다.

- 의사소통이 일어나는 맥락과 문화에 대해 이해한다.
- 고정관념, 태도, 역할 등을 이해함으로써 정보 왜곡을 줄인다.
- 상대방이 전달하는 정보를 원래 의도대로 이해하려고 한다.
- 상대방의 말에 집중하고, 쓸만한 단서를 활용하는 등 경청하는 기술을 익힌다.
- 상대방과 대화에 공감하기 위해 피드백을 주고 질문을 하는 기술을 키운다.
- 타인에게 전달하려는 정보(또는 메시지)를 명확히 한다.

관찰자 관점에서 대화하기

대화 내용을 주의 깊게 경청하면서 쌍방이 잘못 이해하고 있는 것은 무엇인지, 왜 그러한 오해가 생겼는지 찾아본다. 그것을 상대방에게 조심스럽게 말해 보고 상대방이 오해를 푸는 데 도움이 되었는지 확인한다. 다음의 관찰 포인트를 고려한다.

- 상대방의 말에 관심을 기울이는가?
- 상대방의 대화를 자주 끊지는 않는가?
- 자기중심적으로 상대방의 말을 해석하지는 않는가?
- 목적과 상황에 맞는 대화를 하는가?
- 지나치게 말을 많이 하지 않나?
- 감정이입으로 경청하는가?
- 당신이 생각하는 더 효과적인 의사전달 방법은 무엇인가?

04

갈등을 회피하지 않고
정면으로 해결하기

● ● ● ●

에드 콜드웰(Ed Caldwell)에 따르면 "세 명이 모이면 거기에는 반드시 갈등이 있다." 이처럼 갈등은 대인관계에서 흔한 일인데, 반드시 부정적인 것만은 아니다. 갈등은 관계를 개선하는 기회가 되기도 한다. 따라서 무조건 갈등을 회피하는 것은 올바른 접근이 아니다. 조직에서 리더는 상하 간의 관계, 동료와의 관계에서 많은 갈등을 겪는다. 리더가 갈등을 효과적으로 관리하려면 갈등의 원인을 찾고 해결할 수 있는 기술이 필요하다.

갈등은 왜 생길까

심리학자 도넬슨 퍼시스(Donelson Forsyth)는 어떤 주제를 바라보는 개인 간의 시각 차이에서 갈등이 발생한다고 보았다. 리더는 자기 시간의 약 20%를 갈등 해결과 수습에 보낸다고 한다. 갈등 해결을 위해서는 갈등 발생의 심리적 기제를 이해하는 게 중요하다. 조직에서 발생하는 갈등의 원인은 다음과 같다.

문제에 대한 시각 차이

시각 차이는 상황 인식이 서로 달라서 생긴다. 또 조직 내의 역할이 달라도 생길 수 있다. 역할에 따라 보는 관점도 다르기 때문이다. 인사 평가에서 구성원은 평가 결과의 공정성을 강조하지만, 상사는 평가 절차의 공정성을 강조한다. 또 정보의 비대칭성으로 인해 갈등이 빚어지기도 한다.

추구하는 목표의 차이

서로 다른 목표에 가치를 두면 해결 방안도 달라지고 갈등도 피하기 어렵다. 가령, 마케팅부서는 전략적으로 핵심 고객을 확보하려 하고 영업부서는 매출을 높이려고 할 때 갈등이 생긴다. 리더는 팀 목표 달성을 위해 구성원의 필요한 역량을 강화하여 육성하려고 하는데, 만일 구성원이 자신의 개인적 성장과 경력 계발에 관심을 둔다면 갈등이 생긴다.

문제해결 방식의 차이

문제해결 방식의 차이로 갈등을 빚을 수 있다. 이는 협상 상황에서 흔히 발생한다. 또 어떤 문제에 대한 책임이 누구에게 있는지 명확하지 않을 때도 갈등이 생기기 쉽다.

다루기 어려운 사람과의 갈등 관리

사회생활에서 가장 어려운 문제는 타인과 원만한 사회적 관계를 유지하는 일이다. 당신은 누구와 가장 많은 갈등을 겪고 있는가? 인간관계에서 갈등의 원인은 대개 쌍방에 있지 어느 한쪽에만 있지는 않다. 갈등은 상황이나 주제에 따라 달리 나타난다. 다루기 어려운 상대와 갈등을 겪는다면 어떻게 할 것인가?

- 상대방이 소극적이고 수동적이라면 갈등을 대화를 통해 해결하기는 쉽지 않다. 이럴 때는 상대방을 대화에 참여시켜야 한다. 적절한 방법은 개방형 질문을 사용하는 것이다. 상대방이 단답형으로 대화하도록 이끌기보다는 질문에 대해 논리적, 구성적으로 응답하도록 한다.
- 상대방이 공격적이라면 상대방의 적대적인 감정을 누그러뜨릴 방안을 찾는다. 한 가지 방법은 상대방의 말을 어떻게 받아들였는지 부연하거나 반복해서 말하는 것이다. 이 같은 방법은 상대방에게 관심이 있고, 말하는 내용을 경청하고 있다는 인상을 주는 데 효과적이다.

갈등 관리의 코칭 주안점

갈등을 해결하기 위해서는 먼저 서로의 시각 차이를 규명해야 한다. 서로의 차이점이 밝혀져야 불필요한 갈등을 최소화할 수 있고, 어디서부터 풀어야 할지를 알게 된다. 상대방과의 시각 차이를 규명하는 작업은 4단계를 거친다. 단계마다 해당 측면들을 효과적으로 고려하고 있는지 알아보기 위한 몇 가지 질문을 한다. 갈등이 발생하면 단계별로 제시한 질문을 활용하여 초기에 갈등 상황을 해결해볼 수 있다.

갈등 상황을 명확히 이해하기

갈등을 효과적으로 해결하려면 자신이 갈등 상황을 어떻게 이해하고 있으며, 어떤 대처 방법을 사용하고 있는지 파악하는 게 중요하다. 다음과 같은 질문을 해보자. 만일 명확하게 응답할 수 없다면 갈등 상황을 충분히 파악하고 있다고 볼 수 없다.

[갈등 원인 이해하기]

- 최근에 경험했던 갈등의 사건이나 상황은 무엇이었나?
- 이때 나는 어떤 감정을 느꼈고 무슨 생각을 했나?
- 갈등의 원인을 무엇이라고 생각하는가?

[대처 방안 분석하기]

- 나는 갈등 상황에서 흔히 어떤 방식으로 대처하는가?
- 갈등 상황을 회피하려고 했나 아니면 갈등만 증폭시켰나?
- 갈등을 경험할 때 상대방에게 처음 보이는 대응은 무엇인가?

타인의 관점 이해하기

상대방에 대한 이해는 갈등 해결에 중요한 요소다. 다음과 같은 질문을 해보자. 만일 명확한 답을 내리지 못한다면 당신은 아직 상대방의 관점을 충분히 이해하고 있다고 볼 수 없다.

[성급한 판단 유보하기]

- 상대방은 어떤 생각을 하고 있을까?
- 내가 너무 성급하게 판단한 것은 아닌가?
- 갈등이 생긴 근본 원인이 무엇인가?

[상대방에게 감정이입하기]

- 내가 만일 상대방이었다면 어떤 생각을 하고 어떤 기분이었을까?
- 상대방에게 제대로 전달하지 못했거나 상대방을 이해하지 못한 점이 있는 것은 아닐까?

[상대방의 생각 검증하기]

- 내가 상대방에 대해서 미처 생각하지 못했던 점이 있는 것은 아닌가?
- 상대방의 모든 이야기를 주의 깊게 들었는가?
- 상대방의 주장이 정말 옳은가?

갈등해결을 위한 실행 계획 수립하기

자신과 타인이 갈등상황을 어떻게 이해하고 있는지 명확히 파악했다면 시각 차이가 무엇인지 도출해본다. 같은 문제를 서로 다르게 보고 있다면 그 차이를 해소하는 것이 해결 방안이다. 이를 효과적으로 진행하려면 다음의 4가지 관점에 대해 질문을 해본다. 명확한 답이 없다면 원만한 해결을 이루기 어렵다.

[공통 관심사에 집중하기]

- 상대방과 미팅을 통해 얻고자 하는 바가 무엇인가?
- 쌍방 모두에게 이득이 되는 것은 무엇일까?
- 서로 잃게 되는 것은 무엇일까?

[단계적으로 해결점 발견하기]

• 현재 상대방의 동의와 지지를 받을 만한 토의를 하고 있는가?

• 처음에 경험한 갈등이 풀리지 않고 계속 나타나는 원인은 무엇일까?

• 갈등이 있을 때 상대방의 두드러진 대응 행동은 무엇인가?

[구체적인 갈등 해결책 준비하기]

• 상대방과 미팅을 통해 얻을 것과 포기할 것은 무엇인가?

• 갈등이 미치는 영향을 고려할 때 갈등은 언제쯤 종료되어야 하는가?

• 어떤 방법으로 해결책을 전달할 것인가?

[상대방의 피드백 받아보기]

• 갈등해결 과정에서 내가 한 말에 대해 상대방이 느낀 점은 무엇일까?

• 내 관점에 대해 상대방이 특히 강조하는 말은 무엇인가?

• 내 의견에 대해 상대방이 일관되게 드러내는 행동이 있는가?

실행 결과 평가하기

갈등해결에 대한 평가는 원래 의도한 대로 갈등 상황이 마무리되었는지를 평가하는 것이다. 만일 결과가 불만족스럽다면 성공적으로 갈등이 해결되었다고 볼 수 없다.

[실행 초기의 의도에 비추어 성공 여부 점검하기]

- 돌이켜 볼 때 내가 원래 의도했던 대로 갈등이 해결되었나?
- 결과에 대해 어느 정도나 만족하는가?
- 나의 갈등관리 스타일은 효과적이었나?

[향후 갈등 상황에 대응할 방안 확인하기]

- 이번 갈등 관계를 해결하면서 얻은 교훈은 무엇인가?
- 가장 효과적으로 활용할 수 있는 갈등 관리 스타일은 무엇인가?

갈등 관리 역량을 어떻게 개발할까?

갈등 상황 시나리오 풀어보기

먼저 갈등의 소지가 많은 다음 상황에 처했다고 가정해 본다. 그리고 이 상황에서 어떻게 갈등을 해결해야 할지 토론해 본다.

[공유 목초지의 비극]

> 한 공유 목초지에 여러 명의 양치기가 양을 방목하고 있다. 방목하는 양의 수가 늘면 추가로 이득이 생긴다. 처음에 양치기들은 별문제 없이 서로 협동하면서 공동생활을 했다. 그러나 일부 양치기들이 의도적으로 양떼를 늘리기 시작하자 너도나도 양떼를 늘리면서 제한된 공유 목초지는 빠른 속도로 고갈되어 갔다. 양치기 A는 양떼를 늘리는 데 반대했고, 양치기 B는 양떼를 늘리는 데 찬성했다. 앞으로 공유 목초지는 어떻게 관리해야 할 것인가?

토론에는 세 명이 한 조가 되도록 구성한다. 각 조에서 한 명은 양치기 A, 다른 한 명은 양치기 B, 나머지 한 명은 관찰자의 역할을 맡는다. A와 B는 이 갈등을 어떻게 해결할 것인가? 서로 자신의 주장을 펴고 갈등 해결을 시도해본다. 본문에서 소개한 갈등해결 방법을 적용해 본다. 관찰자는 두 양치기의 토론을 관찰하고 토의가 끝난 뒤에 어떤 갈등 방식을 사용했는지, 갈등 해결 방법을 효과적으로 사용했는지에 대해 피드백을 준다. 당신은 가능한 한 모든 역할을 맡아본다.

이러한 갈등 상황에서는 무엇보다 불만을 직접 제기하기보다는 함께 해결책을 찾으려는 노력이 필요하다. 그리고 자신이 모두 이기겠다는 생각보다 서로가 이익을 얻을 방안을 찾아야 한다. 서로의 생각과 입장을 존중하는 분위기를 조성하고, 가능한 한 갈등을 최소화하기 위해 노력한다.

갈등 상황에 신중하게 대응하기

갈등 상황에 즉각 반응하기 전에 상대방이 그 갈등 상황을 어떻게 생각하고 있는지, 왜 갈등이 생겼다고 생각하는지를 파악한다. 이런 과정에서 상대방의 감정을 가라앉히고 당신은 상대방을 이해시킬 방안을 찾을 수 있다. 잘하면 대화하는 중에 갈등이 해소될 수도 있다.

갈등의 원인과 상대방을 분리해서 생각하기

갈등상황이 되면 대개 원인이 어떤 상황에 있기보다는 상대방에게 있다고 여기기 쉽다. 갈등의 원인을 상대방 탓으로만 돌리면 인신공격까지 더해져 갈등이 더 깊어질 수 있다.

갈등의 원인과 대상 그리고 상황의 공통점 찾아보기

갈등 상황에 공통으로 반복해서 개입되는 것이 무엇인지 알아본다. 반복적으로 개입되는 요소가 있다면 그것에 대한 편견이 있을 수 있기 때문이다. 이러한 편견이 무엇인지 파악한 뒤에는 또다시 갈등이 생기지 않도록 하는 방안을 모색한다. 구성원과 갈등이 생기는 다음과 같은 상황에서 자신을 관찰하고 편견을 최소화하기 위해 노력한다.

- 직무 수행의 문제점을 여러 번 지적했는데도 개선이 안 되는 구성원과의 관계
- 자기계발의 욕구가 강한 구성원의 교육과 훈련 요구를 충족해 주어야 하는 상황
- 직무 수행 경험이 부족한 팀을 맡아서 관리 감독해야 하는 역할 수행
- 매사에 반항적인 구성원을 대상으로 코칭해야 하는 경우

통제지향의 리더와 구성원의 갈등 예방하기

권한을 위임하지 않으면서 구성원이 하는 일을 모두 알려고 하는 리더가 있다면 통제지향 리더다. 이런 상사와 갈등 없이 지내려면 어떻게 해야 할까?

[구성원의 입장]

- 상사의 지시사항을 항상 메모하고, 메모한 내용이 어떻게 이행되었는지 먼저 확인한다.
- 상사와 약속한 것은 반드시 지켜 상사가 나를 먼저 찾지 않도록 한다.
- 상사의 일하는 방식대로 하고 나서 배울 점을 찾아본다.
- 상사의 지시를 잘 따르고 있으며, 별다른 저항감이 없음을 보여준다.
- 수시로 업무 보고를 하여 나에 대한 관심도를 낮게 만든다.

[리더의 입장]

- 내 말과 행동이 구성원에게 어떤 영향을 주었는지 생각해본다.

  그리고 나의 통제지향 원인이 무엇인지 생각해 본다.

- 성격 때문이라면 인성진단을 받아보고 변화 가능한 해결책을 찾아본다.

- 습관 때문이라면 업무지시 방식을 확인하고 미팅시간을 철저히 관리한다.

- 구성원의 능력을 신뢰하지 않기 때문이라면 구성원의 부족한 역량을

  진단하고, 육성 포인트에 적합한 프로그램을 제공한다.

- 구성원의 사고와 행동이 문제라면 당신이 코치 역할을 맡아 본다.

05

고객 중심으로 생각하고 대하기

• • •

현대 경영학의 구루 피터 드러커의 말이 아니라도 "고객 없이는 사업도 없다." 고객지향성은 항상 고객을 생각하고 거기에 따라 행동하는 것이다. 고객지향성이 부족하면 고객의 요구와 불평에 대해 방어적으로 대처하고, 고객이 요구하기 전에 미리 대응하는 적극성을 보이지 않는다. 또 고객과 갈등 상황이 발생하면 이를 해결하지 못하고 곤란한 상황을 초래한다.

한편 지나치게 고객의 입장을 고려하다 보면 정해진 업무 절차를 벗어나기 쉽다. 고객의 다양한 요구에 대응하려면 많은 예외가 발생하게 되는데, 이는 종합적인 관리를 어렵게 만든다. 이처럼 고객이 중요하다는 것은 알고 있지만, 막상 어느 수준으로 고객서비스를 제공해야 하는지는 판단하기 어려울 때가 많다.

나의 고객은 누군가

효과적 리더십 진단(ELA) 자료를 분석했을 때 리더가 18가지 핵심 역량 중에 가장 잘 발휘하는 역량은 고객지향성이다. 고객지향성은 고객의 요구를 조직의 요구에 앞서 최우선으로 생각하는 접근 방식이다. 판매만을 추구하기보다는 고객의 요구와 기대를 이해하고 이를 충족하는 제품과 서비스를 제공하는 데 집중한다. 치열한 글로벌 경쟁에서 고객 중심으로 사업을 하지 않으면 성공할 수 없고, 기업은 지속적인 성장을 유지하기 어렵다. 따라서 기업이 제공하는 제품과 서비스 등을 고객 만족에 둔다. 리더는 다음과 같은 질문에서 답을 찾아보자.

- 나의 고객은 누군가?
- 고객이 원하는 것은 무엇인가?
- 고객은 나에게 어떤 피드백을 하고 있는가?
- 내가 고객 경험을 개선하기 위해 할 수 있는 것은 무엇인가?

고객지향의 리더십

고객 중심 경영 철학은 구성원의 직무 행동에 직접적인 영향을 미친다. 리더는 경영 철학을 구성원에게 체계적으로 전달하여 실행하도록 하고, 그 효과성을 평가해야 한다. 고객 중심의 리더십을 보여준 사례를 찾아보자.

아마존의 고객 맞춤 서비스

아마존의 미션은 '지구상에서 가장 고객 중심인 회사' 다. 아마존의 웹 기반 고객 중심 서비스와 고객만족도 중시는 성공의 원동력이다. 고객 경험을 향상하기 위해 혁신적인 기술과 프로세스에 지속하여 투자하고 개선한다. 'Day 1' 원칙이 대표적이다. 아마존은 항상 일을 시작한 첫날처럼, 스타트업처럼 일한다. 아마존이 하는 모든 일의 중심에 고객을 둔다. 이러한 철학과 태도를 토대로 개인화된 제품의 추천부터 원클릭 주문까지 실시간으로 신속히 처리한다.

웨그먼스 푸드마켓의 고객 존중

웨그먼스 푸드마켓은 1년에 2개 정도만 신설 점포를 낸다. 고객을 맞이할 준비가 완벽하게 이루어지기 전에는 함부로 점포를 열지 않는다는 회사 방침 때문이다. 회사 지명도를 생각하면 문어발식으로 점포를 확장하는 게 전략일 수 있으나 이 회사는 고객을 왕으로 생각한다. 그래서 '한번 매장을 방문한 고객은 절대 불만족스러운 상태로 보내지 않는다' 는 것을 좌우명으로 삼고 있다.

루프트한자의 고객지향 리더십

독일 항공사 루프트한자(Lufthansa)는 '브랜드 앰배서더'를 통해 고객에게 고품질의 서비스를 제공하면서 고객의 마음을 사로잡았다. 브랜드 앰배서더는 매일 고객에게 서비스를 제공하면서 상표 충성도를 창출하는 능력과 인성을 지닌 헌신적인 구성원을 뜻한다. 전체 서비스 구성원 중에 20%가 선발되어 활동하고 있다.

고객지향성의 코칭 주안점

리더의 고객지향 역량이 기업경쟁력의 중요 요소가 되고 있다. 기업의 모든 활동이 고객중심으로 진행되며, 고객 서비스 품질을 높이는 인프라를 구축에 기업의 사활을 걸고 있다.

고객의 의미를 분명히 인식하기

기업들은 하나같이 '고객 중심 경영'을 표방하지만, 고객 중심 경영이 어떤 의미인지를 정확히 정의하는 예는 드물다. 피터 드러커는 고객과 고객가치에 대해 다음과 같은 5가지 질문을 했다.

- 왜, 그리고 무엇을 위해 존재하는가? (미션)

- 반드시 만족시켜야 할 대상은 누구인가? (고객)

- 그들은 무엇을 가치 있게 생각하는가? (고객 가치)

- 어떤 결과가 필요하며, 그것은 무엇을 의미하는가? (결과)

- 앞으로 무엇을 어떻게 할 것인가? (계획)

고객을 과학적으로 조사하기

고객이 무엇을 원하는지 어떻게 파악할 것인가? 이전에는 설문, 인터뷰, 콜센터 자료 분석, 각종 가맹점 카드의 사용 실태 분석 등을 활용했다. 최근에는 비디오카메라, 위성, 산업 동향 자료 등의 여러 정보를 복합적으로 활용하여 고객 특성을 파악하는 데 활용한다.

가장 대표적인 사례는 쇼퍼트랙(Shoppertrak) 서비스다. 쇼퍼트랙은 상가를 방문하는 고객의 이동량을 비디오로 측정하여 판매량을 예측하는 서비스다. 고객의 이동을 쉽게 관찰할 수 있는 소매점이나 몰(mall)과 같은 곳에서 주로 활용한다.

고객의 잠재욕구 파악하기

앞으로 고객지향적 사고는 더욱 적극적으로 고객의 잠재욕구를 찾는 데 초점을 맞춰야 한다. 이를 위해서는 기술, 사회, 문화의 변화에 따른 고객의 욕구 변화를 파악할 수 있어야 한다.

고객 관점에서 생각하는 서비스 제공하기

그동안 많은 기업이 고객중심 서비스를 시도했지만, 지속하지 못하고 용두사미가 되곤 했다. 이는 그들의 서비스가 진정한 고객 중심의 철학에서 비롯된 것이 아니라 일시적인 이벤트에 지나지 않았기 때문이다.

고객 서비스 품질 향상을 위한 인프라 구축하기

얀 칼슨(Jan Carlson) 회장은 적자였던 스칸디나비아항공사를 CEO 취임 1년 만에 흑자로 돌려놓았다. 그는 고객과 회사의 접점에서 리더와 구성원이 고객의 처우를 정확히 인식한다면 고객 행동을 통해 고객이 전하는 내용을 이해할 수 있고, 이로써 마침내 고객 중심 서비스를 제공할 수 있다고 판단했다.

칼슨은 현장구성원에게 고객서비스의 중요성을 직접 교육하기 위해 현장을 방문했다. 그는 회사와 고객이 만나는 시간을 '진실의 순간 (moments of truth)'이라 불렀다. 현장 방문 뒤에 그는 단거리 비즈니스맨을 위한 '유로 클래스 서비스'와 '항공기 정시출발 서비스'를 개발했다.

고객지향성을 어떻게 개발할까?

자신의 생각이나 행동이 고객중심적인지 점검하기

먼저 다음 [지시문]을 참가자에게 읽힌 다음 당신을 포함해 팀원들이 [생각 정리]에 대화 상황과 사고한 내용에 대해 각자 경험한 것을 기록하도록 한다.

[지시문]

최근 당신이 중요한 고객의 관심을 이끌어내야 했던 상황을 생각해 보십시오. 이 상황에서 당신이 고객의 관심을 끌기 위해 한 말은 무엇이었습니까? 해당 상황을 간략히 서술하고, 당신이 한 말을 '사고 깊이 1'에 기록하십시오. 이 말을 더욱더 고객지향적인 관점에서 말한다면 어떻게 표현하겠습니까? 고객의 입장을 충분히 고려한 말이 될 때까지 반복하여 기록하십시오.

[생각 정리]

• 대화 상황 :

• 사고 깊이 1 :
• 사고 깊이 2 :
• 사고 깊이 3 :

사고 깊이의 마지막에 적은 말이 앞으로 고객과의 만남에서 사용할 표현이다. 팀원들이 경험한 사례를 수집하고, 워크숍을 통해 공유하고 피드백을 주고받는다. 우수 사례가 많다면 사례집을 발간해본다.

고객의 피드백을 메모하는 습관 들이기

고객의 피드백은 사소한 불평, 상품전달 지연에 대한 불평, 가격에 대한 불만, 낮은 수준의 서비스에 대한 불만, 약속 불이행에 대한 불만, 부족한 상품정보에 대한 불만, 구매 상품에 대한 서비스를 제공하는 부서의 전화번호 부재 등과 같이 매우 다양하다. 이러한 불만을 가진 사람은 고객군에서 이탈한다. 고객의 부정적인 피드백의 공통점을 찾아 해결하는 것이 우수 고객 확보의 지름길이다. 다음 사항들을 점검해본다.

- 고객 요구를 파악할 수 있는 접근화법이 부적절한가?
- 고객 요구나 고객사에 대한 기초 정보를 충분히 파악했는가?
- 고객이 호의적인 반응을 보일 수 있도록 동기 부여를 했는가?
- 고객을 설득하지 못한 부분이 무엇인가?
- 고객에 대한 후속 조치를 체계적으로 못한 것은 아닌가?
- 고객과 긴밀한 대인관계 형성, 유지하고 있는가?

고객만족도 조사하기

　고객이 불평하는 것은 고객의 관점에서 보면 당연한 권리와 같다. 어떤 일을 할 때는 다음과 같은 기준에서 생각하고 판단해보도록 한다. 어떻게 하면 고객 요구를 충족하는 데 도움이 될까? 내가 하고자 하는 일이 고객 관점에서 고객에게 어떤 가치를 주는 일인가? 이런 가치 판단을 더욱 구체적으로 적용하기 위해 다음과 같이 해보도록 한다.

- 지금 가장 중요한 고객이 누구인지 생각해본다.
- 당신이 생각하는 고객요구의 목록을 작성해본다.
- 고객과 대화를 통해 고객이 원하는 요구가 무엇인지를 물어본다.
- 당신이 생각한 고객 요구와 고객이 직접 이야기한 요구를 비교해본다.
- 고객은 원하지만, 당신이 미처 생각하지 못한 것을 체크한다.
- 다른 고객에 대해서도 당신이 놓치고 있는 고객 요구를 확인한다.
- 고객을 제한된 시각에서 보고 있는 것은 아닌지 분석해본다.
- 미처 생각하지 못한 고객 요구에 대해 대응방안을 마련한다.

고객 서비스 수준을 경쟁사와 비교하기

　이러한 분석은 불만족 고객과 만족 고객의 관점을 모두 고려한다. 고객만족이 회사에 어떤 이득을 주는지 분석한다. 고객만족도를 주기적으로 조사해 만족도의 변화 추세를 체계적으로 관리하는 것이 중요하다. 고객만족도가 급격히 높아지거나 낮아지는 변곡점을 중심으로 왜 그와 같은 변화가 나타났는지 심층 원인 분석이 필요하다.

영업점, 콜센터 등을 방문하기

이는 '진실의 순간'을 체험하기 위한 것이다. 고객과 만나 개선이 필요한 점이 무엇인지를 면밀히 파악해 기록한다. 고객에게 감동을 줄 수 있는 아이디어는 책상에 앉아서는 나오지 않는다. 고객을 만나며 암시를 얻고, 필요하다면 고객이나 관련 구성원들과 충분한 토의를 통해 개선 방안을 찾아보도록 한다.

06

서로 만족하는 해법 찾기

● ● ●

효과적인 협상으로 인한 기업의 이득은 상상을 초월한다. 반면 협상력의 부재는 기업의 핵심정보 유출, 조직의 내부 갈등 등 커다란 손실을 수반한다. 다만, 필요 이상으로 협상력을 발휘하면 의사결정이 지연되거나 원하는 것을 전혀 얻지 못할 수도 있다.

리더는 왜 협상가여야 할까

기업은 지속적인 성장을 위해 경쟁력을 높일 핵심 사업을 찾으려 노력한다. GE, 얼라이드시그널, 모토로라 등은 식스 시그마를 도입하여 생산 공정과 품질을 관리하고 제품 경쟁력을 높여 많은 이윤을 창출했다. 회사 차원에서 마른 수건에서 물을 짜듯, 모든 부문에 걸쳐 생산단가를 낮추고자 전력하고 있다.

협상은 변화와 혁신의 영역인가? 협상은 분명히 회사의 지속적인 성장을 견인하는 중요한 영역이며, 리더십을 발휘해야 하는 영역이

05 타인의 마음을 얻는 대인관계 역량 271

다. 인적, 물적, 재무적인 활동에 협상이 개입되지 않는 곳은 없다. 조직 활동의 거의 모든 영역에서 협상이 일어난다. 그러나 기업들이 자사의 경쟁력을 찾는 데 있어 협상력을 핵심 역량으로 보는 경우는 드물다. 협상을 조직적으로 구조화해 자사의 경쟁력 요소로 통합하려는 인식이 부족하기 때문이다.

리더는 협상력을 회사 차원의 경쟁력 요소로 전환해야 한다. 리더십의 발휘가 곧 협상의 과정이다. 리더가 영향력을 발휘하려면 구성원들의 요구가 무엇인지 잘 알아야 한다. 리더라면 누구나 협상가로서 높은 수준의 역량을 지녀야 한다.

효과적인 협상 지침

어떻게 해야 협상을 효과적으로 할 수 있을까? 내가 원하는 것을 전부 얻으려고 하면 협상은 결렬되기 쉽다. 결국, 협상은 자기 자신과의 밀당이다. 내가 과연 어느 정도를 얻을 것인지를 결정하고, 이를 내면적으로 수용하는 과정이 필요하다. 그렇지 않으면 협상 과정에서 중심이 계속 흔들리고, 결국 얻는 것보다는 잃는 것이 더 많을 수 있다. 성공적인 협상은 협상을 바라보는 관점이 잘 정리되어 있어야 한다.

성공적인 협상을 위해 다음의 지침을 활용해 보기를 권한다.

[협상 시작 전의 지침]

- 구체적인 협상 전략을 준비한다. 어떤 협상 방법과 기술을 구사하는지에 따라 원하는 협상안이 채택될 수도, 무산될 수도 있다.
- 협상 상황과 맥락을 잘 파악한다. 특히 상대방에 대한 정보, 상대방이 현실적으로 원하는 것과 목표로 삼는 것, 전략 등을 사전에 파악하는 것이 유리하다.
- 자신의 인적, 물적 자원이 곧바로 협상력을 뜻하는 것이 아님을 인지한다. 어떤 자원이 협상에서 영향력을 발휘할 수 있을 것인가는 협상 주제나 상황에 따라 달라진다.
- 협상 전에 협상에서 사용할 다양한 협상 카드를 체계적으로 준비한다. 핵심 카드와 이를 대체할 대체 카드를 준비한다.
- 협상에서 어느 편이 더 우세한지를 미리 저울질하지 않는다. 자신이 우세하다고 생각하면 방심할 수 있고, 상대편이 우세하다고 생각하면 의기소침할 수 있다.

[협상 진행 중의 지침]

- 협상 시작부터 양보하지 않는다. 양보는 상대방의 기댓값을 높인다. 양보할 때는 반드시 무언가 보상을 받도록 하고, 양보하는 이유와 그 가치를 상대방에 알린다.
- 협상 초반에 상대방에게 작은 것을 양보하여 좋은 관계를 형성한다. 협상에서 '상호성의 규범(norm of reciprocity)'이 작용하면 합의에 이를 가능성이

높아진다.

- 상대방이 처음 제안한 조건에 연연하지 않는다. 처음 제안한 것은 그야말로 처음의 것이고, 이제 협상의 시작이라고 생각하며 협상한다.
- 협상 중에 투자한 비용 또는 이미 투자한 비용을 지나치게 고려하지 않는다. 이 점에 얽매이면 합리적인 결정을 내리기 어렵다.
- 협상 과정에서 갈등이 생기더라도 갈등문제와 상대방의 인격을 연관 짓지 않는다. 상대방의 인격과 연결하게 되면 감정이 개입돼 이성적으로 협상할 기회를 잃게 된다.

협상력의 코칭 주안점

심리학자에게 협상은 인지적, 감성적 차원에서 이루어지는 일종의 심리 게임이다. 협상 대상자와의 관계를 일관된 전략에 따라 관리할 때 효과적인 협상 결과를 얻어낼 수 있다. 심리학에서 보는 성공적인 협상 전략은 다음과 같다.

성공지향의 협상 전략

첫째, 내 편이 이기고 상대편은 지는 방법(win-lose)보다는 서로 실익을 얻는 방법(win-win)을 사용할 때 협상에서 얻을 수 있는 이익은 더 커진다.

둘째, 논리적 대응뿐만 아니라 감성적 대응 방식도 사용한다. 상대방의 요구에 대해 논리적인 것과 감성적인 것을 병행할 때 협상이 성공할 가능성이 높다. 감성적 설득은 논리를 정당화한다. 감성은 비논리적이지만, 협상에서는 논리를 압도할 수도 있다. 그래서 상품 광고도 대개 소비자의 이성이 아니라 감성을 자극한다.

셋째, 협상 상황이나 맥락과 관련한 규범을 따른다. 자기만의 이익보다는 서로의 이익을 극대화하는 상호성의 규범을 따를 때 협상의 성공확률은 높아진다.

넷째, 서로에 대한 신뢰는 상호이익을 극대화하는 데 매우 중요하다. 서로에 대해 신뢰를 기반으로 협상에 임하면 쌍방은 개방적인 대화를 나눌 수 있고 이는 경쟁보다는 협동 관계를 조성한다. 협상이 경쟁 관계일 때보다는 협동 관계일 때 얻는 이익이 더 크다.

갈등 해결을 위한 협상 전략

이해관계자들 간의 갈등을 해결하는데도 협상 전략이 필요하다. 사회심리학자 딘 프루이트(Dean Pruitt)는 갈등해결의 4가지 기본적인 협상 전략으로 문제해결, 논쟁, 양보, 무활동(inaction)을 제안한다. 이들 전략의 주요 내용은 다음과 같다.

① 문제 해결

문제해결은 쌍방이 기대하는 바를 얻을 방안을 모색하는 것이다. 쓸 수 있는 자원을 더 찾아보거나 중요하지 않은 이슈는 서로 양보하고, 양보에서는 비용을 최소화하고 서로에게 이익이 되는 매력적인 방안을 찾는다.

② 논쟁

협상에 참여하는 한쪽이 상대편의 양보나 포기를 얻기 위해 상대편을 설득하거나 위협하는 것이다. 대표적인 전략은 위협, 처벌, 선제적 행동이다. 협상 중에 자신에게는 중요하지 않지만, 상대방에게는 중요한 것에 대한 요구를 받아들인다. 이때 상대방의 이익을 심각하게 고려하는 것은 아니다. 기본적으로 논쟁은 쌍방 간의 갈등을 증폭한다. 결국, 논쟁으로 일관된 협상을 통해 얻는 것은 최악일 수 있다.

③ 양보

협상에서 각자의 기대나 희망의 수준을 낮추는 것이다. 이 전략은 협상의 이슈가 중요한 것이 아니거나 시간적인 제약이 있을 때 사용한다. 이 전략은 문제해결의 전략으로는 유용하지만, 쌍방이 양보한다면 협상 결과는 미온적이기 쉽다.

④ 무활동

협상에서 가장 수동적이고 방어적인 전략으로, 상대방을 시간상 압박하는 효과가 있다. 그러나 후속으로 다른 전략을 사용하지 않는다면 협상 자체가 무산될 수 있다.

협상력을 어떻게 개발할까?

협상 전에 성패를 가정한 시나리오 작성하기

협상에서 중요하게 다룰 각각의 이슈에 대해서 발생 가능한 시나리오를 그려보고, 특히 만족과 불만족 상황 모두에 대한 대책을 미리 마련하는 것은 아주 중요하다. 협상 과정에서 두 가지 기대 수준의 중간을 타협 방안으로 생각할 수 있다.

구분	기대와 일치하는 사항	협상 안	기대와 불일치하는 사항

윈윈하도록 서로의 입장 조율하기

가능한 한 상대방에게 많은 질문을 한다. 상대방의 말을 확인하는 질문을 하고(질문) → 왜 그러한 말을 했는지를 묻고(검증) → 어떤 결론이나 입장이 정해진 배경(동기)을 묻는다. 이런 과정을 통해 서로 조율할 수 있는 부분을 찾아낸다.

협상 주제를 작은 주제로 나누기

쌍방이 우선 동의할 수 있는 작은 주제가 있는지 확인한다. 양보할 수 있는 부분과 그렇지 않은 부분에 대해 분석하고, 자신이 양보하면 상대방은 무엇을 양보할 수 있는지 확인한다.

양보할 수 없는 것	양보할 수 있는 것	
	협상 초기 양보	단계적으로 양보

상대방의 체면을 위해 작은 부분 양보하기

협상 대상자도 회사의 CEO나 상사에게 협상 진행 과정과 결과를 보고해야 한다. 상대방이 얻는 것이 없다면 상대방의 체면은 떨어지고 회사에서 협상력이 없는 것으로 평가받고 교체될 수도 있다. 작은 양보는 나중에 큰 득이 되어 돌아올 수도 있다.

협상 전에 어떤 가정을 하는지 확인하기

협상 대상자를 알아가는 과정에서 두 가지 가정을 하기 쉽다.

첫째, 자신과 상대방의 관심이 전적으로 타협할 수 없는 것이라고 가정한다. 이 실수는 쌍방이 취할 수 있는 이득의 크기가 이미 정해져 있고, 결국 어느 한쪽이 이익을 최대로 만들어야 한다고 상황을 단정할 때 생긴다.

둘째, 쌍방이 중요하게 다루는 문제의 우선순위가 같다고 가정한다. 이렇게 생각하면 협상 과정에서 자신에게 중요하지 않은 것을 단계적으로 양보하여 타협을 이루는 전략을 사용할 수 없다. 따라서 자신과 상대방의 관심을 정확히 아는 것이 협상을 유리하게 전개하는 데 중요하다. 이러한 지각 오류를 최소화하려면 다음과 같은 노력을 한다.

- 자신의 가정적 판단이나 고정관념을 버리고, 상대방에게서 유용한 정보를 찾아내 상황판단을 한다.
- 협상 전에 상대편의 관심사항을 파악한다.
  "제가 어떻게 해드리면 도움이 되겠습니까?" 와 같이 질문한다.
- 협상을 통해 상대편이 얻으려는 결과를 파악한다.
  "제가 부탁하는 것을 받아 주시면 혹시 문제되는 것이 있습니까?" 와 같이 질문한다.
- 협상 초기에 상황을 잘못 지각하는 오류와 그 영향을 학습한다.

생각 파트너의 심리 코칭

다음 질문에 대한 생각을 정리해 보십시오.

생각(Think) : 리더십 진단 결과와 본인의 현실 인식을 토대로 계발이 시급히 필요하다고 생각하는 대인관계역량은 무엇입니까? 현실에서 개발이 필요하다고 확신하는 본인의 현장 사례는 무엇입니까?

대인관계 역량 :
_____

현장 사례 :
_____

선택(Choose) : 구체적으로 계발이 필요한 점의 핵심 내용은 무엇입니까? 어떤 내용인지 요약해 정리해보십시오.

_____

_____

실행(Act) : 삶의 현장에서 실행력을 높이기 위한 실천 행동(결정적 행동)은 무엇입니까? 그 행동을 실천하는 데 방해 요인과 극복 방법은 무엇입니까?

실천 행동 :
_____

방해 요인 :
_____

극복 방법 :
_____

오늘날 리더의 리더십은 경영 전략 차원에서 접근해야 한다. 리더는 조직의 비전을 제시하고, 그것을 달성하기 위한 전략을 수립하고 실행해야 한다. 또 리더는 구성원의 잠재성을 계발하고 끌어내어 조직의 성과 향상을 촉진하는 역할을 명확하게 인식해야 한다.

성과를 높이는
전략적 관리 역량

"승리하길 원한다면 전략에
관한 한 생각은 적게 하고
실행을 많이 하라."

_잭 웰치(Jack Welch)

01

목표를 향해 나아가는 힘 갖기

• • •

목표 달성에 대한 자기 확신이 부족하거나 큰 위험 부담을 느끼는 경우, 지나치게 완벽주의를 추구하는 경우에는 과감하게 일을 추진하지 못하기 쉽다. 비슷한 실패 경험이나 실패의 반복으로 인한 무력감, 부서나 조직의 미래에 대한 불안감, 성취 동기가 부족한 경우에도 추진력이 약해진다. 반면 추진력이 지나치게 강하면 과제의 타당성이나 여건을 충분히 검토하지 않고 무모하게 밀어붙이기 쉽다.

추진력이 뛰어난 리더의 행동

훌륭한 비전과 계획을 수립했더라도 추진력이 없다면 어떤 성과도 기대하기 어렵다. 추진력이 뛰어난 리더의 대표적인 특성은 다음과 같다.

- 자신이 중시하는 가치를 추구하고 성취를 확신하며 전진한다.

- 당면한 문제를 회피하지 않고 정면으로 돌파한다.

- 단호하게 행동한다. 필요한 경우 '아니오' 라고 분명히 말한다.

- 종합적으로 판단하여 결정하고 과감하게 실행한다.

- 일을 통해 재미를 느끼고, 동기 부여를 받는다.

- 매사 긍정적이고 적극적인 태도로 미래를 확신한다.

추진력을 촉진하는 요인

성공하는 리더는 추진력에 영향을 미치는 요인을 잘 통제한다. 추진력을 향상하려면 다음과 같은 요인을 강화하는 리더십 발휘가 필요하다.

도전적인 목표

추진력은 리더의 성취 동기에서 비롯되는데, 성취 동기를 유발하는 자극제는 목표다. 리더는 도전적인 목표일수록 강한 성취 동기를 느끼고 성과도 높았다. 조지 도란(George Dran)은 목표를 세울 때 SMART 원칙을 따르는 것이 효과적이라고 말했다.

- 구체성(Specific) : 개선과 진전을 보일 구체적 영역을 목표로 정한다.
- 측정 가능성(Measurable) : 진전을 알 수 있게 양적 지표를 설정한다.
- 배정 가능성(Assignable) : 목표를 수행할 인물을 구체적으로 정한다.
- 현실성(Realistic) : 현실적으로 달성할 수 있는 결과를 진술한다.
- 시간 제약성(Timed) : 목표달성 기한을 명시한다.

일에 대한 열정

도전적인 목표 달성에 필요한 것은 강한 열정이다. 열정은 내적 동기에서 비롯한다. 높은 성과를 내는 사람은 자기 자신에게 동기부여를 한다. 무엇인가를 하고 싶은 열정이 느껴지지 않을 때 어떻게 할 것인가? 아예렛 피쉬바크(Ayelet Fishbach)는 다음과 같은 동기 부여 전략을 제시했다.

- 보람 있는 목표를 매우 구체적으로 설정한다.
- 실행에 불만족이면 만족하는 점에 집중하거나 즐거운 활동과 결합한다.
- 일을 완수한 것에 대해 자기 자신에게 보상한다.
- 슬럼프를 피하려면 큰 목표를 작은 하위 목표로 나눈다.
- 중간에 도달할 때까지 얼마나 많은 일을 성취했는지 살펴본다.
- 작은 성취를 경험한 다음 남은 일을 헤아려 본다.
- 주위 사람들의 조언과 같이 사회적 지지를 활용한다.

결단력 있는 행동

리더들은 종종 타인의 평가에 대한 지나친 우려, 실패에 대한 두려움, 자신감 부족 때문에 결정을 내리지 못하고 주저한다. 하지만 결정을 미루면 결과도 없다. 리더라면 타인의 지지가 없더라도 자기 확신에 따라 결정을 내릴 수 있어야 하고, 그 결과에 책임을 져야 한다.

완벽주의

리더가 결정을 주저하는 이유 가운데 하나는 아직 준비가 덜 되었다는 생각 때문이다. 하지만 일에는 타이밍이 있다. 준비하느라 너무 지체하면 타이밍을 놓치기 쉽다. 추진력을 높이려면 완벽하게 준비하는 것 이상으로 타이밍을 맞추는 것이 필요하다.

일하기 좋은 일터

일하기 좋은 일터는 조직 문화다. 성공하는 기업의 공통점은 직원이 행복하다는 것이다. 사스인스티튜트, 구글 같은 세계적인 기업의 역동성은 일의 재미를 추구하는 즐거운 직장 문화에 있다. 일본 호리바제작소의 사훈은 '재미있고 즐겁게'이다. 조직의 리더부터 재미있고 즐겁게 일하는 조직 분위기를 만들 필요가 있다.

추진력의 코칭 주안점

추진력을 강화하려면 자신의 동기나 의지, 열정에 대한 자기 관리가 필수적이다. 자기관리의 효과적인 방법이 셀프 코칭(self-coaching)이다. 추진력을 강화하기 위한 셀프 코칭의 주요 활동은 다음과 같다.

성취 동기 분명히 하기

추진력은 분명한 목표의식을 필요로 한다. 성취 동기가 분명하고 강할수록 목표의식도 강해진다. 자신에게 물어보자.

"나는 왜 이 일을 하는가?

이 일이 나에게 중요한 이유가 무엇인가?"

이에 대한 답이 자신에게 가치 있는 것일수록 추진력은 더 강하게 발휘된다.

부정적인 생각 버리기

생각은 행동에 영향을 미친다. 스스로 능력이 없다거나 운이 없다는 등의 부정적인 생각은 두려움을 유발하고 추진력을 약화한다. 강한 추진력은 강한 자신감에서 나온다.

스스로 부여한 자기 한계에서 벗어나기

추진력에는 자기 확신이 필요하다. 어떤 장애를 만났을 때 스스로 그것을 극복할 능력이 없다고 자기 한계를 부여하면 어떤 일에도 추진력을 발휘하기 어렵다. 아무리 어려운 문제에 직면하더라도 새로운 각도에서 문제를 정의하고 대안을 통해 극복할 수 있다는 자기확신이 필요하다.

치밀하게 계획 세우기

추진력은 의욕이나 열정만큼 치밀한 계획과 관련이 있다. 목표는 단지 의지만으로 달성되지 않는다. 따라서 목표를 달성하는 치밀한 계획과 준비가 추진력의 필수 조건이다.

추진력은 어떻게 개발할까?

대규모 과제라면 시행 초기에 성공 경험 갖기

과제 수행에는 단계적인 접근이 중요하다. 어려운 과제는 수행하기 쉽게 세분화하고, 각 과제 해결을 위한 계획을 먼저 수립하고 단계적으로 실천하면 어려운 과제도 쉽게 해낼 수 있다. 계획을 세우지 않고 일하면 시작 자체가 지연되고 추진력을 잃게 된다. 따라서 언제까지 세분화한 일을 성공적으로 마칠 것인지 기한을 정한다. 마감 기한이 없으면 지연되거나 중단되기 쉽다.

기대이론에 기초한 동기 자극하기

사람들이 추구하는 가치는 매우 다양하고, 그 가치를 추구하는 동기와 밀접한 관련이 있다. 기대이론(expectancy theory)에 따르면, 개인의 동기 수준은 행동을 통해 얻으려는 결과가 갖는 가치와 그것을 얻을 수 있다는 기대에 따라 결정된다. 즉, M = f(V×E)의 공식이 성립한다. 리더는 권력을 토대로 밀어붙이는 전략보다 기대이론을 토대로(영향력을 기반으로) 상대방을 끌어들이는 전략을 채택하는 것이 바람직하다. 리더는 상대방의 요구와 기대를 충족시키면서 조직의 비전을 구체화하는 행동방침을 제시한다.

서로 추구하는 가치를 비교 분석하기

자신이 추구하는 가치가 상대방이 추구하는 가치와 대립한 상황을 적어보고, 그런 상황에서 각자 추구한 가치가 무엇이었는지 구체적으로 적는다. 서로 대립한 정도가 첨예한 순서대로 적는다. 이어서 대립하는 가치의 차이를 해소하는 방법을 적는다. 이를 통해 상대방에게 동기 부여를 하는 방법을 알게 된다.

누구나 직무 수행을 통해 자신이 추구하는 가치를 실현할 수 있을 때 적극적으로 직무를 수행한다.

"당신은 어떤 일을 하고 싶지요? 그 일은 당신에게 어떤 의미이고, 중요한 이유는 무엇입니까?"라고 물어보면 상대방이 무엇을 가치 있게 여기는지를 알 수 있다.

상대방이 추구하는 가치 극대화하기

상대방의 추진력을 끌어내려면, 먼저 그가 행동을 통해 실현하고자 하는 가치를 파악한다. 리더십을 효과적으로 발휘하는 리더는 다음과 같은 질문을 통해 명확한 답을 찾는다.

- 그들이 얻고자 하는 것은 무엇인가?
- 그것의 가치는 무엇인가?
- 그들이 추구하는 가치를 어떻게 직무와 연결할 것인가?
- 그것을 얻는 데 방해 요인은 무엇인가?
- 어떤 여건을 조성하면 그들이 더 동기화되는가?

추진력의 동력으로 낙관적 사고 활용하기

문제에 대한 낙관적인 해석과 비관적인 해석이 각각 행동에 미치는 영향을 30년 이상 연구해온 마틴 셀리그만(Martin Seligman)에 따르면, 낙관적인 사람은 비관적인 사람보다 다양한 목표 행동에서 더 뛰어난 성과를 보였다. 일이 성공적으로 이루어졌을 때 자신의 능력을 인정하고, 실패하더라도 자신을 무능력하다고 여기지 않는 낙관적 사고가 목표를 이루도록 돕는다.

02

시작했으면 끝을 본다는 마음 갖기

● ● ●

지속적인 성과를 내지 못하는 리더는 결과지향 행동을 하지 않는다. 또 일의 우선순위가 명확하지 않고 자원을 효과적으로 관리하지 못한다.

한편 지나친 결과 지향성은 비용을 간과하거나 다른 사람의 의견을 무시하기 쉽다. 또 계획한 결과를 얻기 위해 수단을 가리지 않을 수 있다. 이 과정에서 구성원들과 갈등이 일으킬 수 있으며, 결과가 성공적이라 해도 구성원들의 기여도를 낮게 평가하기 쉽다.

결과지향 리더의 특성

추진력이 강한 리더라 해도 에너지를 목표에 집중하지 못하면 계획한 목표를 이루기 어렵다. 결과를 중시하는 리더는 어떤 일이 가장 중요한지 파악하고 집중력을 발휘한다. 현실적인 장애물이나 업무 추진을 제약하는 여러 요인 앞에서 좌절하기보다는 앞으로 결과를 성취했을 때 얻는 가치를 생각하며 스스로 동기를 부여한다. 당신이 리더라면 어떤 부분이 부족한지 찾아보자.

- 수동적이거나 관망하는 자세를 가진 구성원을 목표 달성에 강하게 관여하도록 하고 구체적으로 취할 행동 방향을 알려 준다.
- 자신이 가장 중요하게 생각하는 일을 확정한다. 중요한 일을 목록화하여 참고하고, 그 일에 시간과 에너지를 투자한다.
- 과정보다는 결과를 중시한다. 목표 달성을 위해 어떤 일을 할 것인지도 중요하지만, 높은 수준의 목표 달성 기준을 정해 놓고 현재의 진척도를 관리한다.
- 목표 달성을 위해 필요하다면 긴장감과 긴박감을 조성한다.
- 결과를 얻는 데 방해 요인을 정면 돌파하고, 성공하면 구성원들을 칭찬하고 보상한다.
- 업무 시간과 에너지 등을 효과적으로 관리하여 직무 행동의 생산성을 극대화한다.
- 직무 성과를 증진하는 사항에 대해 구성원들을 코칭하고, 리더 자신도 코칭을 받는다.
- 일을 습관적으로 지연하지 말고, 계획한 일정에 따라 추진한다.

결과지향성이 부족한 리더의 특징

결과지향성이 부족한 리더는 일의 추진 방식, 자원의 활용 능력, 목표에 대한 집중력 등에서 한계를 보인다. 결과지향성을 발휘하지 못하는 주된 원인은 다음과 같다.

- 달성 목표를 명확히 설정하는 데 어려움이 있다.
- 결과를 내는 데 필요한 자원을 조직화하지 못한다.
- 결과를 얻기 위해 체계적인 접근을 시도해 본 경험이 부족하다.
- 최근 새로운 직무를 담당해서 업무를 파악하지 못했다.
- 결과를 얻고자 하는 일에 온전히 집중하지 못한다.
- 추진하는 일에 집중하지 못하고, 자원을 낭비한다.
- 지나친 완벽주의 때문에 과감히 시도하지 못한다.
- 일을 주도적으로 리드하지 못하고 습관적으로 일을 지연한다.
- 대범하고 혁신적으로 일을 추진하지 못한다.
- 자신 이외의 팀이나 부서의 도움을 받아 일을 성취하는 기술이 부족하다.

결과지향성의 코칭 주안점

조직에서 계속 높은 성과를 내는 것은 리더의 성공을 결정짓는 요인이다. 그렇다면 리더는 무엇으로 높을 성과를 낼 것인가? 리더 스스로가 뛰어난 역량을 갖추는 일도 중요하지만, 일의 우선순위를 정하고 구성원이나 팀의 동기를 잘 관리하여 이를 성과와 연계하는 지도 기술을 갖추는 것도 중요하다.

목표 관점에서 일의 우선순위 정하기

업무를 효율적으로 추진하지 못하는 주된 이유는, 자신이 맡은 일의 우선순위를 파악하지 못하기 때문이다. 가령, 목표와 직접 관련된 긴급한 일을 하기보다는 그다지 중요하지 않은 일을 할 때가 있다. 업무의 우선순위를 알아보는 더 구체적인 방법은 다음과 같이 분석해보는 것이다. 먼저 자신이 맡은 일을 성공적으로 수행하기 위해 고려해야 할 사항은 어떤 것들이 있는지 생각해본다. 어느 정도 생각이 정리되었다면 다음과 같은 질문을 하면서 떠오르는 답변들을 〈표 6-1〉에 기록한다. 답변 내용을 보고 긍정적인 것과 부정적인 것을 구분한다.

- 지금 하는 일의 목표가 무엇인가?
- 이 일이 나에게 중요한 일인가?
- 우리 부서의 다른 구성원들은 내가 하는 일을 어떻게 생각하는가?
- 주위에서 내가 필요로 하는 지원을 잘 받고 있는가?
- 일하면서 예상할 수 있는 난관은 무엇인가?

〈표 6-1〉 **일의 수행과 관련한 긍정적 · 부정적 요소 분석표**

긍정적 요소	점수	부정적 요소	점수

위의 질문에 대한 답변으로 정리한 것을 보면서, "이것이 없으면 일하기 정말 어렵다"고 생각되면 3점, "이것도 중요하긴 하다"고 생각되면 2점, "이것은 별로 중요한 것이 아니다"라고 생각되면 1점을 주고, 점수란에 기록한다. 답변 내용이 많으면 각 답변의 첫머리에 해당 점수를 적는다. 모두 마쳤으면 3점을 받은 답변을 추려본다. 그리고 위와 같은 방법으로 다시 생각해 보고, 최종적으로 2~3개를 선정한다. 이 과정을 통해 남은 답변의 내용이 업무를 성공적으로 수행하는 데 가장 많은 영향을 미치는 긍정적, 부정적 요인이다. 따라서 담당한 일을 성공적으로 마치려면 이들 요인을 효과적으로 관리하는 것이 중요하다.

결과를 최우선으로 생각하기

리더는 팀 목표를 명확히 설정하고, 구성원들이 그들의 사고와 행동을 목표에 집중하도록 유도한다. 과정보다는 결과를 기준으로 구성원들의 업무 성과를 평가하고 목표 달성을 구체적인 성과지표로 관리해야 한다. 또 구성원들의 노력이 성과로 이어지도록 적절한 코칭을 해야 한다.

구성원들의 감정과 태도 강화하기

가장 일하고 싶은 기업으로 이름난 사우스웨스트 항공사의 성공 요인은 좋은 직장 분위기, 구성원 간의 상호 격려, 리더의 유머 경영 등을 통해 구성원들이 긍정적인 감정과 태도로 일에 임하게 한 것이다. 이러한 즐거운 직장 분위기는 구성원들의 긍정적인 감정과 태도를 강화하고 결국 높은 직무 성과로 나타났다.

구성원들에 대한 직무 코칭 강화하기

리더는 구성원들이 자신의 직무에서 능력을 최대한 발휘하고 성과를 극대화하도록, 다음 사항을 코칭하고 지원한다.

- 구성원들이 소수의 핵심 사항에 집중할 수 있게 한다. 구성원들이 목표를 달성하기 위해 해야 할 과제를 두세 개로 한정한다.
- 새로운 직무 목표 달성을 위해서 구성원들은 준비 과정이 필요할 수 있다. 리더는 지원 요구사항을 파악해 목표 달성을 위한 여건을 조성한다.
- 업무 수행에 개선이 필요한 점은 없는지 파악해 조치를 취한다.
- 바람직한 행동은 칭찬과 보상을 통해 강화하고, 부정적인 행동은 처벌하기보다는 바른 방향으로 수정해 준다.
- 코칭 과정에서 구성원의 의견을 경청하고, 성과를 향상하기 위해 개선이 필요하다고 판단한 사항은 곧바로 피드백을 준다.
- 구성원들이 스스로 변화의 필요성을 인정하고 실천하도록 코칭한다.

결과지향성은 어떻게 개발할까?

업무 우선순위 목록 작성하기

각각의 일에 대해 10점 만점으로 중요도를 매긴다. 숫자가 클수록 중요도가 높다. 8점 이상인 일이나 상위 2~3개의 일을 먼저 추진한다. 그보다 낮은 점수를 받은 일을 먼저 추진하면 좋은 성과를 창출할 수 없다.

계획적인 시간 관리

개인 성격에 따라 새로운 일을 맡은 경우, 그 일을 끝내는 기한이 가까워져야 서둘러서 일하는 예가 있다. 특히 중요한 일을 미루면 감정적으로 처리할 가능성이 있으므로 유의한다. 일을 효과적으로 해내려면 세 부분으로 나누어 보고, 마무리하는 데 걸리는 시간을 계산해본다. 전체 기간의 마지막 10~20% 시간은 예비 시간으로 비워 둔다.

어려운 일일수록 작은 단위로 쪼개어 처리하기

복잡하고 난도가 높은 과제는 좌절하기 쉽다. 성공 경험이 적을수록 큰 단위의 과제를 맡으면 의기소침해지게 마련이다. 비슷한 경험이나 전임자의 의견을 들어보는 것도 좋다. 커다란 바위도 단번에 쪼개려고 하기보다 작은 단위로 쪼개어 가면 어렵잖게 깰 수 있다.

일단 일을 시도해보기

처음부터 완벽한 결정을 내리고 일을 추진하기는 어렵다. 연구에 따르면 성공하는 리더가 올바른 결정을 하는 비율은 65%라고 한다. 점진적 · 단계적으로 의사결정의 문제점을 분석해 고쳐나간다.

업무과정 설계와 관리 학습하기

방법론을 학습하여 기존 업무 과정에서 고칠 점을 찾아본다. 업무 과정 분석에서 문제점이 발견되지 않았다면 조직 진단을 실시해 성과달성에 부정적으로 작용한 요인이 무엇이었는지 더 찾아본다.

- TQM(Total Quality Management), 업무과정 재설계(BPR) 등을 소개하는 책을 통해 업무 과정 관리방법론을 학습한다.
- 업무 처리 과정에서 이해관계자나 의사결정자가 업무 내용을 이해하고, 필요한 지원을 제공할 수 있을지 충분히 생각하고 확인한다.
- 업무 추진 과정에서 자원을 효율적으로 배분하고 활용하는지 평가한다.

구성원들의 헌신 유도하기

리더가 비전과 목표를 실행에 옮기기 위해서는, 구성원들이 일에 헌신하도록 해야 한다. 구성원에게 과제를 맡길 때 그들이 더 열심히 일하도록 독려하는 효과적인 방법은 무엇일까? 직무 현장에서 다음의 방법들을 사용해보자.

[효율적인 방법]

- 추진 과제의 계획 수립, 의사결정에 구성원을 참여하도록 한다.
- 객관적인 자료를 주고 왜 주어진 과제를 수행해야 하는지 논리적으로 설득한다.
- 일의 가치나 이상적인 모습 등을 구성원에게 제시하며 감성적으로 호소한다.
- 구성원들에게 좋은 분위기를 만들어주고, 정서적으로 공감을 불러일으킨다.
- 헌신하는 만큼의 보상을 하겠다고 약속한다.

[비효율적인 방법]

- 타인을 도움을 받아서 구성원을 설득한다.
- 구성원들에게 위협, 강압적인 지시를 한다.
- 권위와 영향력이 있는 타인의 지원을 받아서 참여를 유도한다.

03

타인의 역량을 끌어내 성과 만들기

● ● ●

경영자 코치인 윈스턴 코너(Winston Conner)에 따르면 "코치는 코칭 면담에 답을 가져가지 않는다. 고객이 스스로 문제를 발견하도록 도움을 주는 시스템과 과정을 제공할 뿐이다." 코치의 역할을 명확히 정의하는 말이다. 이에 반해 코칭 기술이 부족한 리더는 조언이나 지원을 통한 육성보다는 지시나 강요에 의한 육성을 시도한다. 한편 코칭 리더십을 효과적으로 발휘하려면 성과 향상에 필요한 구성원의 육성 포인트를 명확히 도출하고 직무 중심으로 코칭을 해야 한다.

■ 코칭을 위한 마음가짐

효과적 리더십 진단(ELA)의 결과를 보면 기업 규모와 관계없이 리더의 코칭은 여러 역량 가운데 가장 낮게 나타난다. 리더들 대부분은 목표 설정, 업무 지시, 실적 관리 등에 뛰어난 대신 구성원의 직무 활동에 대한 코칭에서는 매우 취약하다.

조직에서 코칭을 통한 인재육성은 성과로 나타난다. 하지만 코칭을 도입한다고 해서 자동으로 구성원들의 직무성과가 향상되는 것은 아니다. 리더는 다음과 같은 마음가짐(coaching mind-set)을 갖추어야 한다.

코칭 주제 이해

리더는 코칭 주제를 깊게 탐구하고 아해한다. 대표적인 주제는 다음과 같다.

- **당면한 일보다 사람 먼저** : 변화 부적응자, 성과가 낮은 구성원, 소외되고 문제 직원을 대상으로 그들이 당면한 일과 문제를 어떻게 바라보는지에 대해 이해한다.
- **결과보다 과정 먼저** : 리더가 자신의 관심보다 구성원의 관심을 먼저 다룬다.
- **평가가 아니라 성장** : 일의 성과는 과거에 일어난 것의 결과이다. 미래지향적으로 구성원의 성장을 먼저 다룬다.

코칭 방법 변화

리더는 효과적인 코칭 방법에 변화를 시도한다. 대표적인 방법은 다음과 같다.

- **문제해결보다 해법 발견을 돕기** : 문제에 대한 답을 주기보다 구성원 스스로 자신의 잠재성을 끌어내 답을 찾도록 돕는다.
- **완성이 아니라 변화를 피드백하기** : 구성원의 작은 성장, 개선, 향상이라도 긍정적으로 보고 피드백한다.
- **질책이 아니라 인정하기** : 리더는 자신의 관점을 일 중심에서 사람 중심으로 전환한다. 그래야 일에 대한 평가를 멈추고 결과를 만드는 구성원을 인정할 수 있다.

코칭 태도 변화

리더는 새롭게 필요한 태도 변화를 인식한다. 대표적인 태도 변화는 다음과 같다.

- **수직 관계가 아니라 수평 관계 만들기** : 리더와 구성원이 상호신뢰할 수 있다. 신뢰를 기반으로 리더는 직원의 마음을 얻으려고 노력한다.
- **조급하기보다 기다리기** : 리더가 인내하면 구성원과 당면한 상황을 다르게 볼 여유를 갖게 된다. 또 부정적 감정을 조절할 가능성이 높다.
- **자기중심이 아니라 타인 존중하기** : 타인의 감정을 읽고 존중하면 신뢰를 쌓는 관계 개선뿐만 아니라 긍정적인 조직 문화를 만들 수 있다.

리더 유형별 코칭 방법

　조직의 고위급 리더로서 부서 안팎의 다양한 리더를 코칭할 경우 어떤 내용을 중심으로 할 것인지 막막할 수 있다. 폴 라슨(Paul Larson)과 매슈 리치버그(Matthew Richburg)는 리더가 사업에 미치는 영향 정도와 리더십 수준을 크게 3가지 유형으로 분류하고, 각각 코칭할 내용을 제안했다(〈표 6-2〉참조). 코칭 대상인 이들 리더는 향후 조직의 핵심 인재로서, 승계 계획에 따라 핵심직책을 맡을 가능성이 크다.

〈표 6-2〉 **리더 유형별 코칭 중점 사항**

유형	특성	코칭 중점 사항
중단기 육성 리더	장차 핵심 포지션에 들어갈 잠재력이 있는 후보	• 피드백을 통한 자기 이해, 통찰 기회 제공 • 새로운 행동 변화, 더 넓은 시각에서 조직 이해 제공 • 최고경영층의 경영 마인드, 실무 이해 제고 • 변화에 대한 적응력 제고 • 주위의 관심에 대처하는 기술
조기 육성 리더	경영 성과에 영향을 미칠 수 있는 역량을 보유한 전문가형 리더, 구성원 육성이나 경영진과의 원만한 관계 유지가 중요	• 자기이해, 통찰력 증진 • 리더로 성공하기 위해 걸림돌이 되는 요인들과 관련된 행동 변화 유도 • 조직의 현 이슈에 대한 관심 유도 • 조직 내 구성원과의 원만한 관계 형성 촉진 • 성공과 좌절, 도전 기회 제공
전략적 리더	경영진에 포함될 수 있는 역량을 가진 인재형 리더	• 전략적 사고 향상 • 갈등 관리 기술 제고 • 리더십 기술 함양 • 경영층, 회사 이해관계자와 원만한 관계 유지

출처: Larson & Richburg(2004), P. 314-317 요약

조직의 최우수 인재는 어떤 방식으로 코칭할 것인가? 카롤 와실리신(Karol Wasylyshyn)은 일반 구성원을 대상으로 한 코칭과는 차별적인 방법을 적용할 것을 강조했다. 그리고 다음 요소를 고려하라고 제안했다.

- 개인의 리더십 수준뿐 아니라 성격 등 대상자의 모든 것을 파악한다. 그리하여 대상자가 자기 자신을 충분히 총체적으로 이해할 수 있도록 하고 코치도 이런 종합적인 정보를 활용해 코칭을 한다.
- 최우수 인재는 새로운 것을 학습해야 할 필요성을 느끼지 못한다. 코치는 고객을 과학적으로 진단하고, 관련 자료를 활용해 대상자의 내면으로 들어가서 문제가 되는 행동의 근본 원인을 분석한다. 그리고 대상자가 이를 자각하도록 도와준다.
- 최고경영자가 코칭에 참여한다. 최우수 인재가 현재 담당하고 있는 직무뿐 아니라 미래의 직무에 대한 기여 가능성을 인식하고 확신하도록 도와준다. 거래 차원의 관계 형성이 아닌 신뢰를 바탕으로 한 중장기적인 경력 계발을 지원하는 관계를 형성한다.

역량을 끌어내는 코칭 주안점

코칭은 구성원들이 각자의 역량을 효과적으로 발휘하도록 돕는 것이다. 뛰어난 코칭 리더들은 구성원의 직무 행동을 주의 깊게 관찰하고, 적절한 육성 포인트를 찾아내 코칭한다. 구성원을 코칭하고자 할 때 다음 방법을 활용해 보자.

행동을 관찰해 역량 수준 추론하기

구성원의 역량 수준은 직접 측정할 수 없으므로 리더는 구성원의 직무 행동을 관찰하고 역량 수준을 추론해야 한다. 관찰한 행동을 통해 역량을 추론하려면 행동 방향, 행동 강도, 행동의 일관성에 주목해야 한다. 특히 행동의 일관성은 대상 인물의 내적 특성을 추론하는 데 가장 설득력이 높은 단서다. 행동 관찰로 역량 수준을 추론하는 예는 다음과 같다.

- **창의성이 부족한 구성원** : 직무를 수행하면서 당면 문제를 해결하기 위해 새로운 아이디어나 제안을 제출하는 일이 거의 없다.
- **창의성이 보통인 구성원** : 자신의 직무 범위에 속하는 문제에 대해서는 더 나은 해결책을 찾으려고 노력하는 모습을 보인다.
- **창의성이 뛰어난 구성원** : 직무를 수행하면서 자신의 직무 범위를 넘어서는 문제에 대해서도 독창적인 해결책을 제시한다.

코칭을 위한 주요 업무 요소 설정하기

리더들이 현장에서 코칭을 하면서 어려워하는 부분이 무엇을 코칭

할 것인지가 분명치 않다는 점이다. 코칭에 앞서 '주요 업무 요소'를 설정해놓는다면 좀 더 쉽게 코칭을 시도할 수 있다. 주요 업무 요소는 직무기술서에 근거해 도출한다.

현장 코칭하기

코칭은 직무 수행 과정에서 지속하여 개선사항과 방향을 제시하는 현장 코칭 방식으로 이루어져야 한다. 코칭을 할 때 리더는 구성원이 개선해야 할 직무 행동의 방향과 내용을 구체적으로 제시해야 한다. 직무와 관련된 행동의 변화를 유도하기 위해 리더는 코칭 시 다음과 같은 기술을 사용해 본다.

- 구성원의 의견을 경청한 뒤 개선점을 정의하고 공유한다.
- 구성원의 성과 향상을 위해 필요한 지식이나 기술을 알려 준다.
- 구성원의 실수를 질책하기보다는 학습 기회로 삼도록 코칭한다.
- 성과 향상 방법을 알려 주어 직무에 만족감을 갖도록 한다.
- 구성원의 문제 행동에 대한 지적은 잠시 유보하고, 개선된 모습에 대해 피드백해 준다.

구성원의 행동 변화에 중점 두기

코칭의 궁극적인 목적은 행동 변화다. 직무 성과를 내지 못하는 행동을 찾아내 그 원인을 분석해야 한다. 이를 위해서는 구성원의 행동을 관찰하고, 타인의 피드백을 수집하는 노력이 필요하다. 진단도구를 사용한다면 360도 진단을 한다. 진단 결과에 대해 다음의 질문을 하면서 변화시킬 행동을 찾아본다.

- 타인들이 문제가 있다고 공통으로 지적하는 행동은 무엇인가?
- 진단 결과에서 타인과 시각 차이를 많이 보이는 행동은 어떤 것인가?
- 반복된 지적에도 개선되지 않는 행동은 무엇인가?
- 담당 직무를 수행하는 데 방해가 되는 행동이 무엇인가?

목적에 맞는 피드백하기

리더가 구성원의 성과 향상을 위해 피드백을 할 때 가장 망설이는 때가 부정적인 피드백을 줘야 할 때다. 더구나 직무 경험이 별로 없고 성과가 낮은 구성원에게 부정적인 피드백을 주는 것은 특히 주의해야 한다. 다음 사항을 참고해 어떤 방법으로 피드백을 할지 결정한다.

- 간단하게 피드백을 한다.
- 시의적절한 피드백을 한다.
- 객관적인 자료를 근거로 구체적인 행동을 지적하고 개선 방향을 알려 준다.
- 상대방의 인격이 아닌, 업무 목표와 관련된 행동에 집중한다.
- 중립적으로 하고 비판하지 않는다.
- 부정적인 피드백을 할 때는 상대방이 이를 통제할 수 있는지 고려한다.
- 피드백으로 인해 상대방의 잠재성이나 주도성이 손상되지 않도록 주의한다.

코칭 기술은 어떻게 개발할까?

구성원들의 요구와 개인적인 계획 경청하기

구성원들의 강점과 약점을 파악하고, 부족한 역량을 육성하는 것은 리더의 몫이다. 구성원 육성에 자신이 어느 정도 역할을 하고 있는지 알아본다. 구성원을 포함해 타인에게 이에 대한 의견을 물어본다.

구성원과 면담할 때 다음 질문들 사용하기

면담을 진행하면서 체크 포인트별로 점검할 질문들을 빠짐없이 하고 있는지 확인한다. 구성원에게 인재 개발 담당자로부터 어떤 지원을 받을 수 있는지를 명확히 알려준다.

〈표 6-3〉 **구성원 면담을 위한 점검 항목**

점검 포인트	면담 점검 항목
코칭 방향	• 성과가 강조되었는가? 아니면 특성을 강조했는가? • 특성을 강조했다면 그 특성들은 성과와 관련이 있는가? • 비판은 업무에 관한 것이었나, 아니면 개인적인 것이었나?
수집 사례의 구체성	• 구체적인 사례에 집중했나? • 의견에 대한 이유를 얼마나 구체적으로 제시했는가? • 구체적인 사건을 잘 활용했는가? • 얼마나 솔직했는가?
원인 파악 여부	• 원인을 파악했는가? • 원인을 찾으려고 노력했는가? • 성과에 부정적인 영향을 주는 원인을 발견했는가? • 구성원이 역량을 발휘하는 데 저해 요인을 제거하는 방법을 찾았는가?

면담 방법	• 쌍방향으로 면담을 진행했는가? 아니면 혼자서 면담을 주도했나? • 서로 의견을 주고받는 바람직한 토론이었나? • 구성원의 생각과 발언을 유도하기 위한 질문을 했나? • 쌍방 간의 견해 차이를 확인하고 해소했는가?
목표 수립 여부	• 성과 개선을 위해 상사, 인사, 본인이 담당할 내용을 계획에 반영했는가? • 구성원의 변화를 평가할 기준을 반영하여 목표를 수립했는가? • 목표는 구체적이었나, 일반적이었는가? • 목표를 일방적으로 정했나, 함께 수립했는가?
동기 부여 여부	• 구성원이 앞으로 행동을 개선하려는 의욕을 보였는가? • 성과해결을 위한 구성원의 노력과 의지에 관심을 표명했는가? • 긍정적인 동기를 부여해 주었는가? • 쌍방의 참여와 협조가 중요하다는 점을 주지시켰는가?

출처: 이석재(2006)

구성원의 성장을 위한 육성 계획 함께 만들기

조직이 성장하려는 것처럼 개인도 성장하기를 원한다. 성장은 새로운 것에 대한 학습과 인지적, 행동적 변화를 포함하는 것으로 70%는 현장직무에서, 20%는 타인에게 조언이나 코칭, 멘토링을 통해서, 나머지 10%는 집합 교육이나 독서에서 온다. 리더는 구성원의 성장 방향과 적절한 학습 방법을 제시해야 할 책무가 있다는 점을 명심한다.

리더와 구성원의 행동을 분석하고 코칭 주안점 찾기

리더와 구성원의 문제 행동에 대한 체계적인 분석을 근거로 해결책을 마련할 때 구성원이 높은 성과를 이룰 가능성이 커진다. 리더와 구성원의 문제 행동을 분석하기 위해 필자가 개발한 ABC 분석법은 다음의 순서를 따른다.

① 문제 행동(behavior)을 찾는다. 리더는 평소 구성원의 직무 행동을 관찰하고 개선이 필요한 문제행동을 기록한다. 평가 면담에서 무엇이 문제행동인지를 명확히 한다.

② 문제 행동의 결과(consequence)가 무엇인지를 객관적, 구체적으로 서술한다. 리더와 구성원은 결과에 대해 서로 의견이 일치해야 한다.

③ 원인(antecedent)이 어디에 있는지 도출한다. 모든 행동에는 원인이 있다. 문제 행동과 결과는 객관적으로 관찰할 수 있지만, 원인은 추론해야 한다. 구성원의 문제 행동이 무엇 때문에 생겼는지 면담을 통해 도출한다.

④ 위의 분석을 모두 마쳤으면 문제 행동을 구체적으로 어떻게 바꿀 것인지 토의하고, 행동 변화의 방향과 구체적인 육성 프로그램을 제시한다. 이 내용을 구성원의 계발계획서에 포함한다.

〈표 6-4〉 **ABC 행동 분석**

원인	문제 행동	결과

출처: 이석재(2014)

구성원들이 넓은 시야를 갖도록 도와주기

구성원들이 담당하는 직무 이외에 새로운 직무를 체험하고, 자신과 다른 직무 경험을 가진 구성원들과 공동 프로젝트를 추진할 수 있도록 기회를 준다.

- 사내에서 조직 혁신, 경영혁신, 신사업 발굴, 국내외 시장개척 등을 위한 추진 팀을 구성하여 운영할 때 구성원을 참여하게 한다.
- 국내외에서 열리는 세미나, 학술대회, 토론회 등에 참여시켜 새로운 지식을 습득하도록 기회를 제공한다.
- 사내에 학습 동아리를 구성하여 구성원들이 참여하도록 권유하고 지원한다.
- 사외봉사 활동 등에 참여하도록 하여 팀워크를 형성하거나 활동 목표를 달성하는 데 리더십을 발휘하도록 기회를 준다.

04

원팀 정신 만들기

• • •

팀워크 형성은 개인의 잠재력을 집단 차원에서 발휘할 수 있도록 하는 관리방법이다. 팀워크 마인드가 부족한 리더는 집단의 시너지 효과를 믿지 않으며, 팀 성과에 개개인이 기여하는 방식을 잘못 이해하는 경향이 있다. 집단을 단순히 개인들의 합이라고 생각하기 때문에 집단의 힘을 활용해 목표를 이루려는 노력에 관심이 없다.

그러나 팀워크를 지나치게 강조하다 보면 개인의 희생을 강요해 저마다의 개성을 무시할 수 있다. 개인의 요구, 의견, 불평불만 등에 귀를 기울이지 않게 되고, 개인 사이의 갈등을 효과적으로 해결하지 못할 수도 있다. 따라서 조직 목표 달성을 위해 팀워크를 조성하는 리더는 팀과 팀원의 관계를 잘 조율해야 한다.

팀워크 형성을 방해하는 요인

팀워크는 구성원 간에 상호 존중과 신뢰, 협동, 상호의존성 등을 바탕으로 형성되는 분위기 또는 조직 문화다. 팀을 만들기는 쉬워도 팀워크 형성은 쉽지 않다. 따라서 리더는 팀 구성도 중요하지만, 팀워크를 형성하는 데 역량을 발휘해야 한다. 먼저 팀워크의 걸림돌을 살펴보면 다음과 같다.

공동 목표의 부재

팀에 공동 목표가 없을 때보다 있을 때 팀원들은 서로 더 많이 소통하며 협력한다. 공동의 목표가 없다면 팀원들의 역량을 결집하지 못한다. 목표가 없거나 명확하지 않으면 팀의 우선 과제가 불분명해지고 팀원의 역할을 정의하기 어려워진다. 따라서 그만큼 팀의 효과성은 낮아진다.

개인 플레이

개인 플레이를 강조하고 이를 보상하는 문화가 형성되어 있다면 팀원 각자의 역량, 독특성, 다양성이 강조되고, 경쟁지향의 문화가 형성되어 팀워크를 형성하기 어렵다. 팀 성과를 만드는 개인 기여자는 존중받지만, 팀 기여자는 간과되기 쉽다.

폐쇄적 문화

팀원들 간에 자유로운 의사소통이 어렵고 실험정신, 도전과 혁신 활동 등에 대해 둔감한 조직은 팀워크가 형성되기 어렵다. 이러한 조직에서는 팀원의 다양한 사고와 창의적인 아이디어를 인정하지 않고, 정형화된 업무 처리를 강조한다. 따라서 신바람 나게 일할 수 있는 조직 분위기가 형성되지 않는다.

통제형 리더십

통제형 리더는 팀워크의 중요성을 인지하지 못하고, 팀워크 형성에 필요한 여건을 조성하지 않는다. 또 팀원의 잠재 능력을 충분히 끌어내지 못한다. 이러한 리더는 팀원의 역량과 성취를 인정해주고 그들에게 동기를 부여하는 기술이 부족하다.

팀워크 형성을 촉진하는 요인

팀워크가 형성되면 구성원들 간에 상호의존성이 높아지고 협동과 지원이 활발해진다. 이러한 팀원들 간의 역동성이 높은 성과로 나타나려면 무엇보다 팀장의 역할이 중요하다. 팀이 팀워크를 형성하고 팀 효과성을 높이려면 여러 가지가 함께 갖추어져야 한다. 팀장은 이런 요인을 미리 파악해 구조화하고, 목표지향적으로 팀원을 관리해야 팀 효과성이 높아진다.

명확한 비전과 목표

팀의 비전과 목표는 팀원들의 관심과 역량을 한 방향으로 결집한다. 팀 효과가 나타나려면 팀원이 팀의 활동 결과에 대해 동의하고, 팀 목표를 위한 구체적인 과제를 이해하고 책임감을 갖고 수행해야 한다. 이처럼 팀이 한 방향으로 정렬되면 팀 효과성이 높아진다.

운영 시스템의 조직화

팀원이 같은 방향으로 움직이고 각자의 역량을 최대한 발휘해 목표를 달성하려면 누가 어떤 일을 할 것인지 명확히 정해야 한다. 팀 목표 달성을 위한 세부 전략과 실행 계획을 추진할 인력을 정하고 역할에 맞는 적임자를 배치해야 한다. 팀원은 각자 맡은 책임을 분명히 이해해야 한다. 필요에 따라 팀 목표는 여러 개의 작은 목표로 나누어 관리할 수 있다.

효과적 업무 수행

팀이 효과적으로 기능하려면 업무 추진을 위한 여러 여건이 마련되어야 한다. 문서 작성 방법, 의사결정 과정, 일의 보고와 지시 및 명령 체계, 회의 방법 등이 표준화되어야 한다. 필요하다면 팀장이 팀원의 직무적합도를 평가해 인력을 재배치한다. 팀장은 업무 수행 과정에서 나타나는 문제점을 파악하고 분석해 문제가 재발하지 않도록 적절한 대응책을 마련해야 한다.

성과 관리와 인재 육성 지원

팀 목표 달성을 위해서 팀 운영과 관련한 정책과 원칙이 제대로 작동되어야 한다. 팀 목표 달성을 위한 일정과 추진 실적을 관리하고 이에 따른 평가와 보상이 필요하다. 또 팀원의 능력을 극대화할 수 있도록 육성 프로그램을 운영하여 팀원의 잠재 역량이 성과로 나타나도록 지원한다. 팀장의 성과지향 리더십과 코치 역할이 팀 효과성을 높이는 데 매우 중요하다.

상호의존성과 신뢰

팀원들 간의 상호의존성과 신뢰가 형성되려면 개방적인 의사소통 분위기가 형성되어야 한다. 팀원의 활동 방향이 공동 목표 달성을 위해 적절한지, 필요한 정보를 공유하고 적시에 원하는 정보를 획득하고 있는지 등을 관리해야 한다. 팀원 간의 상호 신뢰는 팀워크 활성에 매우 중요한 가치다. 상호 신뢰는 공동 목표 달성을 위해 팀원이 개방적으로 의사소통을 하고, 개인의 이익보다 팀의 이익을 더 소중하게 여길 때 형성된다.

팀워크 형성의 코칭 주안점

팀이 더 높은 수준의 효율성과 효과성을 이루려면 팀워크가 필요하다. 리더는 팀원들이 서로 신뢰하고 협력하게 만들고 목표 달성에 집중하도록 이끌어야 한다. 또 팀원들이 공동의 목표를 이루겠다는 확고한 의지를 갖도록 리더십을 발휘해야 한다. 팀워크를 향상하기 위해 관자는 다음과 같은 방법을 사용할 수 있다.

명확한 팀 목표 제시하기

성공하는 리더는 팀원들에게 명확한 목표를 제시한다. 그러나 목표를 제시했다고 해서 팀워크가 형성되는 것은 아니다. 팀원이 팀 목표를 수용하게 하려면 팀원이 헌신하도록 하는 계기를 마련해야 한다. 팀 목표를 설정할 때 개인 요구와 팀 요구가 서로 연계되도록 하면 팀 효과성을 향상할 수 있다.

상호신뢰 형성하기

신뢰가 형성되지 않으면 팀원들이 문제를 해결해가는 과정에서 다양한 의견으로 대립하거나 갈등하기 쉽다. 팀원들이 서로 신뢰를 형성하려면 무엇보다 서로의 의견을 존중해야 하고, 활발한 의사소통 시스템을 만들어야 한다. 팀장은 팀원들이 타인의 의견을 경청하고 질문하는 과정을 통해서 각자의 관점과 의견이 수정되고, 팀 차원에서 의견이 합의되도록 이끌어야 한다. 자신의 관점을 수정하고 타인의 의견을 수용하는 과정에서 팀원들은 서로에 대한 신뢰를 형성할 수 있다.

권한 위임하기

팀원들에게 권한을 위임해야 그들은 자신감과 책임감을 갖는다. 권한 위임은 자신의 직무 활동을 통제하는 권한을 갖게 하는 것을 의미한다. 팀원들이 권한을 가진 만큼 성과에 책임을 지게 하는 것이다. 이는 팀원들이 팀 활동과 성과에 관심과 책임을 느껴 주인의식을 갖는 계기가 된다.

높은 성과 창출하기

"무엇이 어떻게 높은 성과를 만드는가?"라는 질문에 답해본다. 팀이 외부의 인정과 지지를 받을 때 팀원들은 자신의 정체성을 팀의 정체성과 동일시한다. 그들은 팀에 강한 소속감을 느끼며, 주인의식을 갖고 팀을 위해 헌신한다. 팀이 높은 성과를 창출할수록 응집력이 높아지고 갈등은 줄어든다.

편 가르기 멈추기

고정관념은 오랜 기간을 걸쳐 사회·문화적으로 생성되지만, 한 집단의 성원을 두 집단으로 구분하는 것만으로도 형성된다. 사회심리학자 헨리 타지펠(Henri Tajfel)은 한 집단의 사람들을 임의로 청군과 백군으로 구분했다. 두 팀이 게임을 하도록 했을 때 사용한 말과 행동을 비교한 결과, 같은 집단에 소속된 팀원에게는 우호적인 발언과 친근감을 느꼈지만, 다른 팀원에 대해서는 공격적인 발언을 하고 심리적 거리감을 느꼈다.

단순히 두 집단을 의미 없이 범주화를 했을 뿐인데, 두 집단의 팀원들은 상대 팀원들에 대해 고정관념을 쉽게 형성했다. 리더는 구성원을 대할 때 편 가르기를 하지 말아야 한다. 리더는 의미 없는 말 한마디로 구성원들 간에 고정관념을 심어줄 수 있다. 이런 고정관념이 팀워크를 무너뜨리는 지름길이다.

팀워크는 어떻게 개발할까?

팀에 대한 각자의 기여도를 객관적으로 파악하기

팀원에게 아래와 같은 양식을 나누어 주고, 팀이 100이라는 성과를 내는 데 각자 어느 정도 기여했다고 생각하는지 적어보게 한다. 각자 생각하는 자기 자신의 기여도만을 비율로 적도록 한다. 가령, 100중에서 15를 기여했다면 15%라고 적으면 된다. 각 팀원이 작성한 것을 모아 기여도를 합해본다. 기여도의 합은 100이 되어야 하지만, 그 이상이 되기 쉽다. 총합이 100을 넘는 이유에 대해 리더와 팀원이 모여서 함께 토의한다. 분기별로 조사한다면 다음 분기에 어느 정도 100%에 가까워졌는지 확인해본다. 100%에 가까울수록 팀워크가 뛰어난 것이다.

팀 성과에 대한 나의 기여도

우리 팀의 상반기 성과를 100으로 볼 때

_____ % 는 내가 기여했다고 생각한다.

대화 시 '나' 보다는 '우리' 라는 표현 사용하기

이는 공동체 의식을 높이는 방법 가운데 하나다. '우리' 를 대표할 수 있는 로고, 구호, 노래, 상징물 등을 만드는 것도 '우리' 의식을 높이는 좋은 방법이다. 사이먼 사이넥(Simon Sinek)은 『리더는 마지막에 먹는다』에서 리더들에게 자신보다 팀을 먼저 생각하라고 제안한다. 그는 군부대에서 팀원이 먼저 식사하고 리더가 마지막에 식사하는 전통에서 이런 제안을 생각했다.

동기 부여의 결정적 요소 목록 작성하기

팀원에게 동기 부여가 되는 요소는 사업의 특성이나 조직 문화에 따라 차이가 있다. 조직 문화 조사나 구성원들의 직무만족도 조사 등을 실시해 동기를 저해하는 요인과 촉진하는 요인을 파악한다. 적합한 조사지가 없는 경우 결정적인 동기 부여 요인을 찾는 워크숍을 진행한다.

높은 성과를 내는 팀의 특성 파악하기

성공한 기업들의 공통점은 유능한 팀을 유치하고, 팀에 영감을 주고 유지하는 것이다. 세계적인 아웃도어 브랜드 노스페이스도 그런 기업이다. 높은 성과를 내는 팀은 서로 같은 마음으로 서로를 신뢰하며, 함께 뭉쳐 일을 해내는 능력이 있고, 어떻게 일하는 게 효율적이고 효과적인지를 알고 있다.

05

도전하고 싶은 비전 제시하기

● ● ●

짐 콜린스(Jim Collins)와 제리 포라스(Jerry Porras)는 『성공하는 기업들의 8가지 습관』에서 비전 있는 기업은 BHAG(big hairy audacious goals)가 있다고 했다. 비전은 조직의 존재 이유이며, 조직의 방향을 제시한다. 비전을 제시하지 못하는 리더는 미래에 대한 꿈과 열정, 성취 동기를 구성원들에게 불어넣지 못한다. 또 현실에 안주하고 능동적으로 미래를 준비하지 못한다.

한편 비전을 지나치게 강조하다 보면 현실보다는 미래 중심으로 사고하기 쉽다. 따라서 리더가 현재의 업무에 관심을 기울이지 않을 수 있다. 또 비전을 공유하고 함께 가기보다는 독단적으로 행동할 수 있다.

비전 있는 리더가 성공하는 이유

"당신이 꿈을 꿀 수 있다면 당신은 그것을 할 수 있다."

월트 디즈니의 사훈이다. 케네디 대통령은 인간이 달에 착륙하고, 그가 지구로 무사히 돌아오게 할 것이라는 비전을 제시했다. 비전이 있는 리더는 그렇지 않은 리더보다 조직에서 더 큰 성공을 거둔다. 리더의 비전이 리더의 성공을 가져오는 것은 다음 두 가지 효과 때문이다.

자성예언 효과

자성예언 효과는 사람들에게 특정한 기대를 갖게 하면 사람들은 그 기대의 정확성과는 무관하게 그 기대와 일치하는 행동을 하게 된다는 것이다.

미국의 자동차 회사 포드가 '세계 최고 수준의 자동차 품질을 가진 회사로 성장하겠다'는 비전을 제시했을 때 구성원들은 세계 최고의 품질을 가진 자동차 회사가 무엇을 뜻하는지 쉽게 이미지를 형성했다. 구성원들은 과학적 관리기법을 도입해 고품질의 자동차를 만들고자 노력했고, 생산된 자동차에 대한 자부심이 대단했다. 그 결과 포드는 실제로 세계 최고 수준의 자동차 회사로 성장했다.

조직의 리더가 명확한 비전을 제시하면 그 비전은 구성원의 사고와 직무 행동에 직접적인 영향을 미친다. 리더는 비전을 통해 사람들의 마음을 움직이고 그것을 현실화한다.

피그말리온 효과

그리스 신화에 보면 키프로스의 조각가 피그말리온(Pygmalion)은 아름다운 여인상을 조각했다. 그는 조각상을 너무나 사랑한 나머지 생명을 불어넣어 달라고 신들에게 기도하여 그 꿈을 이룬다. 피그말리온 효과는 리더가 구성원의 성과뿐 아니라 비전 실현에 영향을 미치는 도구로 사용할 수 있다.

비전을 공유하지 못하는 이유

리더가 비전을 제시한다고 해도 구성원들은 정작 비전이 있는지 없는지도 모르는 경우가 있다. 리더가 비전을 제시한다고 해서 저절로 구성원들이 그것을 이해하거나 받아들이는 것도 아니다. 많은 조직에서 비전이 겉돌거나 공유되지 못하는 이유는 무엇일까?

구성원의 꿈과 열정을 자극하지 못하기 때문

비전이 분명히 있긴 하지만 제 기능을 발휘하지 못하는 예가 흔하다. 그 주된 이유는 비전이 혁신적이지 못하거나 야망이 없고, 미래 지향적인 목표를 제시하지 못하기 때문이다. 이러한 비전은 구성원들의 꿈과 열정을 끌어내지 못한다.

로버트 린치(Robert Lynch)와 토머스 워너(Thomas Werner)는 비전을 표현할 때는 다음의 요소를 고려해야 한다고 말한다.

- 간결하고 기억하기 쉬워야 한다.
- 구성원에게 상상을 불어넣고 도전적이어야 한다.
- 이상적인 상태에 대한 묘사여야 한다.
- 회사의 모든 이해관계자에게 호소력이 있어야 한다.
- 미래의 사업을 서술하고 있어야 한다.

공감을 끌어내지 못하기 때문

구성원들이 비전에 대해 공감하려면 적어도 세 가지가 충족되어야 한다.

첫째, 구성원들이 비전에 대한 주인의식을 가져야 한다.

둘째, 비전은 구성원들에게 강력한 조직의 미래를 보여줌으로써 집단 정체성을 형성할 수 있어야 한다.

셋째, 구성원들은 회사의 비전을 통해 성장하는 자신의 모습을 상상할 수 있어야 한다.

인식 차이를 해소하지 못하기 때문

리더가 전문성과 정보, 조직의 나아갈 바에 대한 큰 그림을 가지고 있다고 구성원들이 생각하면 비전에 대한 자기 생각을 폄훼하거나 비전 수립은 경영층이나 리더의 역할이라고 간주해버린다. 이로 인해 비전 작업에 소극적이고 주인의식이 낮다. 일부 리더는 구성원들의 참여에 회의적이기도 하다. 이러한 인식 차이로 비전을 제시하더라도 리더를 중심으로 겉돌기 쉽다.

비전 제시의 코칭 주안점

제임스 쿠제스(James Kouzes)와 배리 포스너(Barry Posner)는 리더란 구성원들이 그들의 앞에 어떤 미래가 있는지를 보도록 도와주는 역할을 하는 사람이라고 정의한다. 이러한 관점에서 보면 비전은 경영자가 제시하는 것이다. 하지만 비전은 경영자 혼자만 만드는 것이 아니다. 가장 바람직한 비전은 구성원들의 의견이 반영되고, 구성원들과 공유하는 비전이어야 한다.

토론 활용하기

토론은 비전을 공유하는 효과적인 방법이다. 토의 과정에서 "앞으로 10년 후 회사는 구체적으로 어떤 모습일까?", "주력 사업 분야의 지속적인 성장 가능성을 어떻게 보는가?", "리더에게 어떤 역할 변화가 예상되는가?", "앞으로 얻는 것은 무엇이고, 잃는 것은 무엇일까?", "리더로서 가장 중요하게 해야 할 일이 무엇인가?" 등의 질문을 주고받아 보자. 이러한 토의 과정은 구성원들이 개념적으로만 접하는 비전을 더 많이 체감할 수 있도록 도와준다. 또 자신들의 역할에 어떠한 변화가 있을지, 무엇을 준비해야 하는지, 앞으로 구체적으로 어떤 행동을 해야 할지를 자각하는 기회가 된다는 점에서 매우 중요하다.

반복적으로 알리기

비전이 있더라도 비전을 전파하지 않으면 없는 것이나 마찬가지다. 리더는 기회가 있을 때마다 구성원들에게 반복적으로 비전을 설명하고 또 설명해야 한다. 그리고 구성원들이 항상 비전을 상기하는 분위기를 들어야 한다. 그래서 비전을 구성원들의 무의식에까지 침투하도록 해야 한다.

목표를 비전과 연계하기

비전이 제시되면 이를 달성하기 위한 전략과 부서와 팀의 목표가 도출된다. 이 목표를 비전과 연계해야 한다. 비전과 팀 목표가 정렬되면 구성원들이 팀 목표를 왜 달성해야 하는지 이해한다.

비전과 직무의 연계성을 인식시키기

조직에는 으레 비전이 있지만, 구성원의 직무 행동에 직접 영향을 미치지 못하는 이유는 비전이 구성원들 각자의 일에 어떤 의미가 있는지를 분명히 인식하는 데 도움이 되지 못하기 때문이다. 따라서 리더는 비전과 구성원들에게 주어진 임무와의 관계를 분명하게 정의하고 이해시켜야 한다.

비전 제시 역량은 어떻게 개발할까?

변화 포인트를 구성원들과 토론하기

비전은 과거나 현재로부터 조직이 어떤 모습으로 바뀐다는 변화의 의미를 담는다. 따라서 회사가 변화할 때 개인 차원에서 변해야 할 것이 무엇인지 구체화하고 이미지화하는 것이 필요하다. 변화 영역별로 개인 차원의 변화 내용을 적었으면 현재의 모습과 비교해본다. 만일 차이가 있다면 그 차이를 해결해야 할 과제로 표현해본다.

〈표 6-5〉 **개인 차원의 변화 포인트**

변화 영역	리더	구성원	해결해야 할 과제
역할			
역량			
자세			

출처: 이석재(2006)

비전 달성을 위한 행동의 모범 보이기

비전 달성을 위해 리더가 솔선수범하는 노력이 필요하다. 리더의 영향력은 구성원의 확고한 신뢰와 원만한 의사소통에서 나온다. 당신이 모범을 보여야 하는 사항을 목록으로 작성해보자. 목록이 다 완성되었으면 가장 중요하고 시급한 것부터 순위를 매긴다. 먼저 1순위로 나타난 것에 대해 구체적인 실천 방안을 마련한다. 같은 요령으로 다른 것들도 해보자.

비전에 따라 구체적으로 과제 설정하기

비전은 매우 추상적일 수 있고 "어디로 가야 하나?"에 대해서는 말해 주지만, "어떻게 해야 하나?", "내가 무엇을 해야 하나?"에 대해서는 알려 주지 않는다. 또 직급이 낮을수록 무엇을 어떻게 해야 할지에 대한 이해가 부족하다. 자신의 역할과 책무 관점에서 비전이 제시하는 시사점을 찾아본다. 그리고 자신이 담당해야 할 과제를 정의해 보자.

〈표 6-6〉 **비전과 실행 과제 분석**

비전	영역	시사점	추진과제
	역할		
	책무		

출처: 이석재(2006)

비전에 대한 비판적 문제 제기와 답안 준비하기

비전 제시는 미래의 모습을 제시한다는 면에서 긍정적이기도 하지만, 과거 여러 차례 비전을 제시하고도 실천되지 않았다면 구성원들이 공감하기 어려울 것이다. 따라서 비전을 설정할 때는 구성원들의 참여를 통해 그들의 견해와 반대되는 의견을 검토하고 반영하는 노력이 필요하다. 이런 노력은 비전이 구성원 모두의 의견을 반영한 결과라는 인식을 통해 비전의 당위성을 확보한다는 의미가 있다.

조직과 개인의 비전을 명확하게 연결하기

구성원은 회사를 통해 자신이 어떻게 성장할지에 대해 관심을 갖고, 과연 내가 얻는 것은 무엇이며 이를 위해 어떻게 노력하고 변해야 할지 생각한다. 비전의 의미를 구체화하기 위해 다음과 같이 해본다.

- 조직의 비전이 달성되면 나에게 어떠한 변화가 올지 써본다.
- 적은 내용이 이루어진다는 것이 무얼 의미하는지 상상해본다.
- 상상한 내용이 실현되면 어떤 모습일지를 마음속으로 그려본다.
- 마음속으로 그려본 내용을 종이 위에 그림으로 표현해본다.

비전 리더십 5계명 따르기

조직의 비전을 제시하는 것은 리더의 책무다. 비전 리더십이 있는 리더는 구성원들이 미래의 기회를 볼 수 있게 하고, 조직을 미래지향적으로 이끌어간다. 리더에게는 다음과 같이 리더십이 요구된다.

- 구성원들에게 조직의 미래를 제시한다.
- 조직의 비전에 팀 목표와 개인 목표를 연결한다.
- 구성원들이 자율성과 창의성을 발휘해 비전을 현실화할 수 있게 한다.
- 구성원들이 지속적인 자기계발을 통해 조직의 비전에 기여하게 한다.
- 조직이 실질적으로 비전을 중심으로 운영되게 한다.

성과를 만드는 전략 실행하기

• • •

전략 실행력은 리더의 심리적 요인과 관련이 깊다. 실행력이 떨어지는 리더는 실패에 대한 두려움을 느끼며, 실행 과정에서 장애에 부딪히면 거부감을 나타낸다. 이 때문에 지나치게 신중해서 과감하게 실행하지 못한다. 또 조직의 여건이나 지원 등과 같은 외부 요인이 열악하다고 판단되면 실행을 주저한다.

한편 지나치게 실행에 집중하다 보면 반드시 고려해야 할 다양한 요소들을 간과할 수 있다. 특히 자기 주관이 강하고 지시형인 리더는 다른 사람의 의견에 귀 기울이지 않고, 상황을 객관적으로 진단하지 못한다. 그래서 종종 잠재적인 실패 요인을 인지하지 못해 대응 시기를 놓친다.

전략 실행력의 본질

비전을 세우고 이를 달성하기 위한 구체적인 목표와 추진 전략이 수립되고 나면 리더가 해결해야 할 다음 문제는 전략을 성공적으로 실행에 옮기는 것이다. 즉 기업의 전략을 구체적인 성과로 전환하는 일이며, 이때 필요한 리더십이 바로 전략 실행력이다.

IBM은 컴팩과 같은 경쟁사의 성장으로 시장을 잃어가고 있었다. 루 거스너(Lou Gerstner)가 취임하던 1993년에 매출 627억 달러에 순손실 81억 달러라는 참담한 실적을 올렸다. 기업 분할을 통해 변신을 꾀하지 않으면 시장에서 살아남기 어렵다는 시각이 지배적이었다.

그러나 거스너는 취임사에서 비전이나 전략을 제시하지 않았다. 오히려 그는 "IBM이 가장 필요로 하지 않는 것이 비전이다. IBM에 있어 최우선 전략은 우리가 수년 동안 알던 것을 실행하는 것"이라고 말했다. 그동안 숱한 비전이 수립되고 제시되었지만, 실행되지 않는 비전은 무용지물이라는 것이다. IBM의 재건을 위해서는 새로운 비전보다 그동안 '해야겠다'라고 제시한 많은 일을 실행에 옮기는 것이 더 중요했다.

거스너는 조직의 단순화를 통해 대응력을 높이고 고객에게 세심한 주의를 기울였다. 그 결과 퇴임 전해인 2001년에 순이익이 77억 달러에 이르렀다. 8년 만에 158억 달러의 반전을 이룬 것이다. 이러한 IBM의 부활은 실행력의 중요성을 보여주는 대표적인 사례로 꼽힌다.

창업은 아이디어를 실행으로 옮기는 대표적인 활동이다. 매장을 중심으로 컴퓨터 판매가 이루어지던 시기에 고객으로부터 주문을 받아 온라인으로 판매하는 아이디어를 실행에 옮긴 마이클 델(Michael Dell), 베트남전쟁에서 전략 물품이 적시에 수송되어야 한다는 현장 경험을 토대로 익일배송 서비스를 사업으로 실행한 프레드 스미스 (Fred Smith), 그 이외에도 휴렛팩커드, 월마트, 질레트, 마이크로소프트, 애플, 아마존, 테슬라 등의 창업자들은 모두 아이디어를 구체적으로 실행에 옮긴 대표적인 인물이다.

이러한 전략 실행력은 최고경영자뿐만 아니라 사업 목표를 달성하기 위해 사업 계획을 수립하고, 실행에 옮기는 모든 리더에게도 요구된다. 또 전략을 결과로 전환하는 모든 활동에 필요하다.

실행에 대한 리더의 통념

사람들은 흔히 계획과 실행을 별개의 독립된 활동으로 간주한다. 이렇다 보니 실행에 대한 평가가 처음의 계획을 수정하는 데 유용한 피드백 정보로 활용되지 못한다. 또 실행은 낮은 직급 인력의 책무이고, 큰 그림을 그리는 전략이 리더의 일이라고 착각하기 쉽다.

실행이 갖는 근본적인 특성

실행은 정형화된 논리나 틀에 의해 이루어지기보다 다양한 요인들에 의해 영향을 받으면서 이루어진다. 예를 들면 고객의 요구 변화, 경쟁자의 전략 변화, 시장 환경의 변화, 핵심 인력의 이탈, 내부 인력의 헌신 부족, 조직 문화 등과 같이 통제하기 어려운 요인들이 실행에 영향을 미치기 때문에 관리하기 어렵다. 또 실행은 프로세스로,

따로 노는 개별적 직무 활동이 아니므로 어떻게 하는 것이 최선인지 사례도 드물다. 벤치마킹하기도 어렵다. 따라서 실행을 성공적으로 하기 위한 결정 요인을 도출하기 쉽지 않고, 실행을 위한 방법론을 구성하기 어렵다.

전략 실행을 향상하는 프로그램의 부족

리더가 계획을 수립하는 방법에 대한 학습은 많이 받았지만, 전략 실행을 어떻게 하면 되는지에 대해서는 학습 기회가 거의 없었다. 리더의 역량을 향상하기 위한 교육 과정을 보면 재무 전략, 마케팅 전략, 영업 전략, 경영 전략 등과 같이 전략 수립에 대한 방법과 지식을 학습하는 것은 많지만, 이를 어떻게 실행에 옮겨야 하는지에 대한 육성 프로그램은 드물다.

전략 실행의 성과를 높이는 방안

전략이 좋다고 해서 반드시 그 성과가 좋은 것은 아니다. 그러면 왜 전략과 성과 간에 격차가 발생하는 것일까? 이러한 차이는 과연 어느 정도인가? 마이클 맨킨스(Michael Mankins)와 리차드 스틸(Richard Steele)는 2004년 하반기에 전 세계 197개 글로벌 기업의 경영자와 임원을 대상으로 전략 실행이 어느 정도 효과가 있었는지, 효과적으로 전략을 실행하는 데 장애 요인은 무엇인지, 이러한 장애 요인을 제거하기 위해 어떤 노력을 했는지를 조사했다. 이 조사 연구의 결과는 매우 놀랍고 많은 시사점을 준다. 여기서는 이들의 연구를 중점적으로 검토해본다.

전략이 성과로 나타나지 않는 이유

조사에 응답한 기업들은 전략의 63% 정도가 성과로 나타난다고 보고했다. 무려 37%가 성과로 나타나지 못한 것이다. 조사 대상 기업의 1/3은 달성률이 50%에도 못 미치는 것으로 나타났다. 그리고 전략이 성과로 연결되는 비율이 낮은 기업들은 다음과 같은 특징을 가졌다.

- 전략 실행의 장애 요인이 최고경영자에게 정확히 보고되지 않는다.
- 전략 계획을 계속 점검하지 않는다. 따라서 환경 변화가 있어도 계획이 수정되지 않는다.
- 실제 성과와 전망치가 일치하지 않는다. 사업 계획 상의 재무 전망이 부정확하므로 경영진이 투자를 결정하기 어렵다.
- 전략과 성과의 격차가 커짐에 따라 조직 문화의 성과지향성이 점차 약해진다.

그러면 전략과 성과 간의 차이를 초래하는 전략 실행의 장애 요인은 무엇인가? 조사에 의하면 장애 요인은 '필요한 자원이 적시에 제공되지 못하는 것(7.5%)', '전략이 일선 구성원에게 효과적으로 전달되지 못한 것(5.2%)', '리더십이나 관련 역량이 부족하거나 적절히 발휘되지 못한 것(5.2%)' 순으로 나타났다.

전략과 성과 간의 차이를 줄이는 방법

매킨스와 스틸의 조사 결과는 '전략과 성과와의 연계성을 어떻게 높일 것인가'라는 과제를 던져주었다. 아울러 그들은 대안으로서, 전략과 성과의 격차를 최소화하기 위한 6가지 방안을 제안했다. 이들 방안은 전략적인 잠재력은 있으면서도 성과로 연결하지 못하는 것을 최소화하기 위한 것이다.

- 전략을 실행하기 위한 계획을 수립할 때 시장의 실제 상황과 회사의 과거 실적에 근거를 둔다.
- 사업 성과를 꾸준히 분석하여 현실성 있는 성과를 목표로 잡고, 사업 계획을 시장의 변화에 맞춰 수정한다.
- 전략의 잠재력을 현실화하기 위해 계획의 우선순위를 조정한다.
- 계획 대비 성과를 계속 모니터링하고, 경영진이 성과를 극대화하는 방향으로 의사결정을 할 수 있도록 지원한다.
- 실행하는 데 장애가 되는 요소를 최소화한다.
- 전략 실행력을 향상하기 위한 교육을 꾸준히 실시한다.

조직의 성과 잠재성 규명과 활용

성공하는 리더는 조직 전략에 따라 설정한 성과 목표를 달성하기 위해 구조적 요소를 만든다. 예를 들면, 공급망 중심의 구조적 요소는 회사 내부 및 공급망 파트너와의 조직 관계에 반영된다. 로버트 오버스트리트(Robert Overstreet)등은 '전략-구조-성과' 프레임을 바탕으로 리더십 스타일을 통해 조직적 헌신을 구축하는 것이 성과에 미치는 영향을 연구했다. 그 결과, 공급망 구조적 요소와 조직 성과달성에서 서번트 리더십을 통한 조직 헌신이 전략과 성과를 매개하는 것으로 나타났다.

■ 전략 실행력의 코칭 주안점

래리 보시디(Larry Bossidy)와 램 차란(Ram Charan)은 『실행에 집중하라』에서 오늘날 기업이 당면하고 있는 가장 중요한 문제로 리더의 실행력을 강조했다. 그들은 리더의 가장 중요한 책무이자 덕목인 실행력이 무엇인지에 대해 명확하게 설명하는 사람은 없다고 비판한다. 오히려 실행은 구성원들이 하는 것이지 리더가 하는 것이 아니라고 생각하는 그릇된 통념이 더 큰 문제라고 지적했다. 실행력은 단순히 계획한 것을 추진하는 행동 수준의 개념이 아니라 경영의 핵심 활동으로 보았다.

실행력은 곧 조직의 경쟁력으로 조직의 성공과 실패를 결정한다. 실행력을 효과적으로 발휘하기 위해서는 리더가 실행에 적합한 사고와 행동을 하고, 실행을 지원하는 시스템을 갖출 필요가 있다.

전략 실행을 위해 조직 문화 바꾸기

로렌스 레비니악(Lawrence Hrebiniak)은 가트너 그룹과 현장에서 전략 실행을 담당하는 1,000명의 리더를 대상으로 '전략 실행의 장애 요인'에 대해 조사했다. 조사 결과, 전략 실행이 안 되는 주된 원인은 조직 문화에 있었다.

- 변화 저항을 극복하지 못하거나 변화를 효과적으로 관리하지 못함
- 전략 실행이 기존의 권력집단과 갈등을 일으킴
- 구성원들 간의 정보 공유나 전략 실행을 책임지고 있는 단위 사업부와의 정보 공유 미흡
- 전략 실행에 대한 의사결정이나 실행에 대한 책임이나 책무에 대한 의사소통 부족
- 전략 자체가 부실하고 모호한 경우

통념에서 벗어나기

리더의 신념 체계는 구성원의 사고와 행동에 직접적인 영향을 미친

다. 리더의 전략 실행에 대한 그릇된 통념 바람직한 방향으로 변화시켜야 전략을 성공적으로 실행할 수 있다. 전략 실행에 부정적 영향을 미치는 리더의 통념을 요약하면 다음과 같다.

- 비전과 전략이 좋으면 대부분 그 결과도 좋다.
- 전략 실행은 리더의 책무가 아니라 구성원들이 할 일이다.
- 인력을 선발하고 배치하는 일은 리더가 아니라 인사부가 할 일이다.
- 성과가 낮다고 구성원을 퇴출하는 것은 우리 정서에 맞지 않는다.
- 실적에 따른 보상을 하는 것은 옳지만 현실적으로 쉽지 않다.
- 인사 평가는 사실상 요식 행위에 불과하다.
- 구성원들은 리더의 지시에 잘 따르면 된다.

리더들 대부분은 리더로서 갖추어야 할 다양한 역량과 기술을 체계적으로 학습하지 못했다. 변화하는 역할에 맞는 교육을 받지 못한 리더는 자기만의 독특한 관리 기법과 스타일을 개발한다. 그리고 이러한 관리 기법은 일종의 통념으로 굳어져 조직과 개인의 성장을 가로막는다. 위의 통념들은 다음과 같이 바뀌어야 한다.

- 비전과 전략은 실행 방법에 따라서 결과가 달라진다.
- 전략 실행은 모든 조직 단위 리더의 중요한 책무이다.
- 우수한 인재를 선발하고 확보하는 것은 리더의 몫이다.
- 교육과 자기계발, 코칭을 해도 성과가 낮다면 퇴출은 불가피하다.

- 철저히 실적에 근거해 차별적 보상을 해야 한다.
- 인사 평가는 자료에 근거해 객관적이고 공정해야 한다.
- 부서원들이 리더가 보지 못한 것을 볼 수 있다.

뛰어난 구성원 육성하기

좋은 기업이 위대한 기업으로 성장하려면 그 변화에 적합한 인재를 찾아야 한다. 아무리 좋은 전략도 이를 실행할 수 있는 인력이 없으면 아무 소용이 없다. 제아무리 직무 전문성이 뛰어난 리더라도 혼자 일할 수 없다.

인재를 구하라면 흔히 외부 영입부터 생각하는데, 인재는 외부에 있고 내부에는 인재가 없을까? 여기 영업본부를 맡은 두 유형의 리더를 예로 들어보자.

[A형 리더]

한 달에 1~2회의 해외 출장을 간다. 해외 출장의 목적은 외국의 신규 고객을 확보하고, 중요한 거래를 최종적으로 성사하는 것이다. 그는 항상 동분서주한다. 해외 출장을 거의 혼자서 간다. 부서원을 데려갈 생각도 해보았지만, 그들의 능력을 신뢰할 수 없다. 출장비도 적은 돈이 아니다. 해외 출장을 몇 번 보냈지만, 해외 시장의 흐름을 제대로 아는 구성원이 별로 없다.

[B형 리더]

한 달에 1~2회의 해외 출장을 간다. 해외 출장의 목적은 외국의 신규 고객을 확보하고, 중요한 거래를 최종적으로 성사하는 것이다. 해외 출장을 갈 때면 항상 2~3명의 구성원과 동행한다. 구성원을 데려가 그들이 해외 영업을 현장에서 학습하고, 고객의 특성과 거래선을 확보하는 노하우를 터득하도록 한다.

A형 리더는 대개 부서원을 육성하는 일이 자신의 책무라고 생각하지 않는다. 그러면서도 일을 맡기기엔 그들이 무능하다고 생각한다. 그러면 구성원의 능력 부족은 누가 만든 것인가?

A형 리더는 자신의 책임을 인지해야 한다. 리더십을 효과적으로 발휘하는 리더는 우수한 인재를 확보하는 데 뛰어나기도 하지만, 구성원의 능력을 향상하고 이를 직무 성과와 연계되도록 지도하고 훈련하는 데에도 뛰어나다.

권한 위임을 통해 전략 실행하기

일반적인 통념과는 달리 구성원에게 더 많은 권한을 위임할수록 리더가 더 많은 영향력을 갖게 된다. 리더의 역할은 다른 사람들을 통해 자신이 맡은 일을 성취하는 것이다. 리더가 혼자서 일을 완수하는 것이 아니다. 이런 관점에서 보면 권한 위임은 전략 실행의 유용한 도구이자 구성원의 역량을 육성하는 강력한 방법이다.

권한을 위임했으면 구성원이 위임받은 일을 어떻게 수행하고 있는지 계속 확인하고 필요한 지원을 제공해야 한다. 리더는 구성원과 허물없이 의사소통하면서 구성원의 요구 수준을 파악하고, 구성원이 위임을 받은 직무를 성공적으로 수행하도록 현장 코칭을 통해 돕는다. 리더가 권한을 효과적으로 위임하려면 다음과 같은 노력이 필요하다.

- 자신의 업무를 분석하여 구성원도 수행할 수 있는 일이면 위임한다.
- 위임받은 일을 성공적으로 완수할 수 있는 구성원을 사전에 잘 파악해둔다.
- 구성원에게 권한을 위임하고 업무 수행 과정을 모니터링한다.
- 구성원이 더 큰 잠재력을 발휘할 수 있는 과제를 부여한다.
- 구성원들이 직무를 수행하는 데 도움이 되도록 코칭 기술을 기른다.
- 구성원들이 맡은 임무에 대한 주인의식을 갖도록 돕는다.

사회적 소프트웨어 구축하기

새로운 기업 문화를 조성하기 위해 변화와 혁신 프로그램을 운영해도 이렇다 할 변화가 일어나지 않는 경우가 있다. 실행을 위한 사회적 소프트웨어가 결여한 때문이다. 사회적 소프트웨어란 조직 차원에서 작동하는 개방적이고 투명한 의사소통 시스템을 말한다.

리더는 변화 전략의 실행에 앞서 이러한 사회적 소프트웨어가 구축되어 있는지를 먼저 파악한다. 사회적 소프트웨어는 조직 상하 간의 의사소통을 활성화한다. 그리고 전략을 실행하는 방향에 대한 조직 내 합의를 통해 성공적 변화의 토대를 제공한다.

전략 실행력은 어떻게 계발할까

전략 실행의 권한 위임하기

리더가 구성원에게 권한을 위임하는 것은 실행력을 높일 뿐만 아니라 구성원의 역량을 육성할 수 있다. 권한을 위임할 때는 다음과 같은 절차를 따른다.

- 자신의 담당 업무를 분석하여, 다음 표의 업무란 기록한다.
- 담당하고 있는 업무를 세분화한 후에 업무별로 위임이 가능한지를 위임 불가, 분담, 위임으로 구분하여 판단한다.
- 위임이 가능한 업무에 대해서는 어느 정도까지 위임하는 것이 적절한지를 결정한다.
- 위임을 받을 구성원이 있는지를 확인한다. 위임을 받을 구성원이 없는 경우 임의로 위임하는 것은 매우 위험하다.
  위임은 구성원의 육성과도 관련이 있음을 상기해야 한다.
- 위임하게 될 경우를 생각하여 위임 사항을 어떻게 점검할 것인지를 정한다. 위임 사항의 관리에는 주요 확인 사항, 점검 기간, 개선 요구 사항에 대한 조치 방법, 구성원의 육성을 위한 지도 방법 등이 포함된다.

<표 6-7> **권한 실행의 위임 분석표**

업무	위임 결정			위임 범위	위임 대상	점검 사항
	위임 불가	분담	위임			

출처: 이석재(2006)

권한 위임에 대한 거부감 관리하기

권한 위임에 대한 리더의 거부감은 전략을 효과적으로 실행하는 데 결정적인 장애 요인으로 작용할 수 있다. 이러한 리더는 구성원의 역량을 효과적으로 활용하지 못하고, 그들의 역량을 육성하기 위한 노력을 소홀히 하는 경향이 있다.

<표 6-8> **권한 위임의 심리 분석과 대응 방안**

리더의 거부감	해결 방안
구성원에게 위임할 과제를 설명하고, 지도할 시간이 부족하다.	구성원을 육성하는 일이 장기적으로 직무 수행의 효율성을 높인다는 생각을 해본다.
내가 맡은 일은 완벽하게 마무리되어야 한다.	맡은 일을 쪼개어 위임하고, 업무 진행을 모니터링하고 필요한 코칭을 실시한다.
나만이 할 수 있는 일을 위임하는 것은 적절하지 않다.	일보다는 코칭과 같이 리더의 역할을 통해 만족을 얻는 가능성을 탐색해본다.

나만이 할 수 있는 일을 위임하는 것은 적절하지 않다.	일보다는 코칭과 같이 리더의 역할을 통해 만족을 얻는 가능성을 탐색해본다.
구성원의 직무 수행 능력을 확신할 수 없다.	위임이 가능한 직무를 찾아 시도해보고, 업무 수행 과정에서 필요한 코칭을 한다.
구성원이 위임을 받은 일을 완벽하게 수행할 수 있을지 불안하다.	일을 수행하는 데 장애가 될 만한 요인을 찾아 관리하고, 구성원을 육성하는 차원에서 위임을 시도한다.
구성원에게 권한을 위임해본 적이 없다.	권한을 위임하는 기술을 학습한다.
권한을 위임하면 타인이 나의 능력을 의심할지 모른다.	권한 위임은 부하 육성과 성과 관리를 위한 효과적인 도구임을 인식한다.

출처: Gebelein, S. H. 등(2010)

전략 실행력을 높이기 위해 조직 활성화하기

조직 환경의 변화에 맞게 구성원의 사고방식이나 행동 방식을 바꾸는 의식개혁을 추진하여 과거의 관습으로부터 탈피하는 노력이 필요하다. 이러한 노력을 통하여 팀을 전략적 조직으로 만든다. 무엇을 바꿀 것인가? 개선점은 무엇인가? 변화를 주도하는 구성원을 중심으로 브레인스토밍을 실시하여 개선점과 개선 방안을 찾아본다.

리더와 구성원의 생각을 서로 일치시키기

구성원들에게 새로운 사업의 구체적인 실행 계획을 소개했다고 가정해보자. 구성원들에게 백지 위에 계획 실행에 필요한 리더의 리더십, 구성원들의 육성 요구, 예상 문제점, 해결 방안, 기타 희망 사항을 적게 한다. 그 다음은 리더가 역시 같은 5가지 내용을 적어본다. 모두 작성했으면 리더의 생각과 구성원들의 생각을 비교해본다. 같은 의견과 차이를 보이는 의견은 무엇인가를 찾아본다. 그리고 왜 그런 차이가 나타났으며, 어떻게 하면 차이를 해소할 수 있는지 토의한다.

전략 실행을 촉진하는 회의 열기

리더는 회의에서 구성원들의 참여를 유도하기 위해 어떤 식으로 발언할지 생각해보라. 발언 내용의 큰 골격을 중심으로 주제의 흐름을 정리해보자.

- 인사말을 한다. 되도록 자신을 낮추고 겸손하게 인사말을 시작한다.
- 구성원의 노력과 헌신에 대해 칭찬한다. 특정인을 지명하면서 수고를 치하할 수도 있으나, 모든 구성원의 노력을 더 강조한다.
- 전략 목표가 무엇인지를 명확하게 전달한다. 단순히 전달하는 것이 아니라 구성원들이 이해할 수 있는 언어로 설명한다.
- 전략 목표를 달성하는 과정에서 자신이 가장 중요하게 생각하는 '핵심 가치'가 무엇인지를 제시한다. 가치는 구성원들을 정신적으로 결속하며 직무 행동의 기준이 된다.
- 구성원의 적극적인 참여와 헌신, 지원을 요청한다. 구성원의 참여와 헌신, 그들의 열정이 계획을 성공적으로 이루는 데 열쇠라는 점을 강조한다.
- 질문과 응답의 시간을 갖는다.
- 마무리 인사를 한다.

생각 파트너의 심리 코칭

생각(Think) : 리더십 진단 결과와 본인의 현실 인식을 토대로 개발이 시급히 필요하다고 생각하는 전략적 관리 역량은 무엇입니까? 현실에서 개발이 필요하다고 확신하는 본인의 현장 사례는 무엇입니까?

전략적 관리 역량 :

현장 사례 :

선택(Choose) : 구체적으로 개발이 필요한 점의 핵심 내용은 무엇입니까? 어떤 내용인지 요약해 정리해보십시오.

실행(Act) : 삶의 현장에서 실행력을 높이기 위한 실천 행동(결정적 행동)은 무엇입니까? 그 행동을 실천하는 데 방해 요인과 극복 방법은 무엇입니까?

실천 행동 :

방해 요인 :

극복 방법 :

탐구하고 성찰하는 리더

> "성찰을 통해 자신이 지금
> 얼마나 성숙한 사람인지 알아야 한다."
> _토니 험프리스(Tony Humphreys)

리더십 개발의 본질은 행동을 변화시키는 것이다. 지금까지 한국형 리더십을 구성하는 총 18개 역량이 갖는 기능성과 리더십 행동에 내재한 다양한 심리학적 원리를 소개했다. 리더십 행동에 내재하는 심리 기제를 더 탐구하고, 이를 기초로 자신의 리더십 행동을 바꾸는 것은 이제 독자의 몫이다.

리더십 개발은 지속적인 활동이다. 자기 진단을 통해 부족한 것으로 드러난 리더십 역량을 효과적으로 발휘하기 위해서는 리더십 행동을 변화시키겠다는 의지와 실행이 필요하다.

나는 기업의 리더를 대상으로 리더십을 진단하고, 그 결과를 토대로 개인 코칭이나 그룹 코칭을 하면서 다양한 특성을 가진 리더들을 만났다. 코칭을 하는 과정에서 개인별로 ELA 결과보고서를 전달해주고 자신의 진단결과에 대해 어떠한 반응을 보이는지를 관찰해보면 대개 3개 유형이 있다.

첫째는 탐구형이다.

이 유형에 속하는 리더들은 자신의 리더십에 대해서 과연 타인들(상사, 동료, 구성원)은 어떠한 의견을 주었는지를 적극적으로 살펴본다. 자기 자신에 대해 스스로 생각했던 것과 타인이 생각하고 있는 것을 비교하고 차이가 어디에 있는지를 탐구한다. 시각 차이가 나타난 원인이 어디에 있는지를 이해하려고 한다. 자신을 객관적으로 관찰할 좋은 기회로 생각하며, 변화 포인트가 무엇인지 찾으려고 노력하는 모습이 인상적이다.

둘째는 거부형이다.

이 집단에 속하는 리더들은 진단 결과를 이해하려고 하기보다 결과 자체를 부정하고 수용하지 않으려고 한다. 심지어는 진단 과정을 비난한다.

셋째는 점진적 수용형이다.

이 유형에 속하는 리더들은 대개 처음에는 거부형 리더가 보이는 행동처럼 진단 결과를 부정하다가 나중에는 이를 받아들인다. 이 집단에 속하는 리더들이 진단 결과를 받아들이는 논리는 "그래도 다른 사람들이 나를 어떻게 보고 이해하고 있는지, 그들의 의견이 무엇인지를 아는 것도 사실 중요하다"는 것이다.

당신은 어느 유형에 속하는가? 경쟁력이 있는 리더로 성장하기 위해서는 탐구형이 바람직하다. 탐구형은 다른 유형의 리더와 달리 자신의 리더십 행동을 변화시키겠다는 강한 신념을 가지고 있다. 행동은 신념의 표현이다. 자신의 행동 변화에 대해 긍정적인 신념을 지닌 리더는 그 결과에 대해서도 낙관적으로 생각한다. 그러나 부정적인 신념을 갖는 리더는 행동 변화 그 자체를 회피하거나 방어적인 태도를 취한다.

행동 변화를 다루는 심리학자들의 연구에 따르면, 행동 변화에는 일정한 주기가 있다. 행동 변화가 필요하다는 것을 부정하는 단계에서 변화에 대한 자기 이해가 있을 때 변화의 필요성을 수용하는 단계로 나아간다. 즉, 자신의 역량이 부족하다는 것을 스스로 인정할 때 변화의 필요성을 받아들인다. 리더십 개발의 주체로서 자기 자신을 성찰한 결과다.

김주환(2011). 회복탄력성: 시련을 행운으로 바꾸는 유쾌한 비밀. 서울: 위즈덤하우스.
이석재(2006). 18가지 리더십 핵심 역량을 개발하라. 서울: 김앤김북스.
이석재(2014). 경영심리학자의 효과성 코칭. 서울: 김앤김북스.
이석재(2015). 효과성 코칭 워크숍: 워크북. 서울: 코치올.
이석재(2016). 효과성 코칭 방법론을 적용한 비즈니스 코칭 사례. ICF Seoul Chapter. 제94차 월
례모임(2016. 9. 12) 발표자료.
이석재(2020). 떠도는 마음 사용법. 서울: 플랜비 디자인.
이석재(2021). 증거기반코칭 워크북. 서울: 코치올.
이석재(2023). 현장중심 코칭심리학. 서울: 학지사.
이석재(2024). 실행력을 높이는 코칭심리학 수업. 서울: 학지사.

Ache, P. (2000). Vision and creativity-challenge for city regions. *Futures*, 32, 435–449.

Albrecht, K., & Zemke, R. (2001). *Service America in the New Economy*. 장정빈 역
(2003). 서비스 아메리카. 서울: 물푸레.

Anderson, J. V. (1992). Weirder than Fiction: The Reality and Myths of Creativity.
Academy of Management Executive, *6*(4), 40–47.

Asch, S. E. (1940). Studies in the principles of judgments and attitudes: II.
Determination of judgments by group and by ego standards. *Journal of Social
Psychology*, *12*, 433–465.

Ashkanasy, N. M., & Daus, C. (2001). Emotion in the Workplace: The New Challenge
for Managers. *Academy of Management Executive*, *16*(1), 76–86.

Badawy, R. L., Gazdag, B. A., Bentley, J. R., Brouer, R. L. (2018). Are all impostors
created equal? Exploring gender differences in the impostor phenomenon–performance
link. *Personality and Individual Differences*, *131*, 156–163.

Baker, D. P., Day., R., & Salas, E. (2006). Teamwork as an Essential Component of
High–Reliability Organizations. *Health Services Research*, *41*, 1576–1598.

Benabou, R., & Tirole, J. (2002). Self–Confidence and Personal Motivation. *The
Quarterly Journal of Economics*, *117*(3), 871–915.

Bennis, W. (1989). On *becoming a leader*. MA: Addison–Wesley.

Beisser, A. (1970). The Paradoxical Theory of Change. In J. Fagan & I. L., Shepherd
(Eds.), *Gestalt Therapy Now* (pp. 77–80). NY: Harper & Row.

Bossidy, L., & Charan, R (2002). *Execution: The discipline of getting things done*. 김광
수 역(2004). 실행에 집중하라. 서울: 21세기 북스.

Bungay, S. (2019). 5 Myths about Strategy. *Harvard Business Review, April*, 1–6.

Burger, J. M., Sanchez, J. S., Imberi, J. E., & Grande, L. R. (2009). The norm of
reciprocity as an internalized social norm: Returning favors even when no on finds out.
Social Influence, *4*(1), 11–17.

Bushman, B. J., & Baumeister, R. F. (1998). Threatened egotism, narcissism, self-esteem, and direct and displaced aggression: Does self-love or self-hate lead to violence? *Journal of Personality and Social Psychology, 75*(1), 219-211;229.

Campbell, W. K., & Sedikides, C. (1999). Self-threat magnifies the self-serving bias: A meta-analytic integration. *Review of General Psychology. 3*(1). 23-43.

Carley, K. M. (2010). An Approach to Relating Social Structure to Cognitive Structure. *Journal of Mathematical Sociology, 12*(2). 137-189.

Carlzon, J. (1989). *Moments of Truth.* NY: Harper Business.

Cerasoli, C. P., Nicklin, J. M., & Ford, M. T. (2014). Intrinsic motivation and extrinsic incentives jointly predict performance: A 40-year meta-analysis. *Psychological Bulletin, 140*(4), 980-1008.

Chui, M., Manyika, J., Bughin, J., Dobbs, R., Roxburgh, C., Sarrazin, H., Sands, G., & Westergren, M. (2012). *The social economy: Unlocking value and productivity through social technologies.* McKinsey Global Institute. McKinsey & Company.

Cohen, G. L., & Sherman, D. K. (2014). The psychology of change: Self-affirmation and social psychological intervention. *Annual Review of Psychology, 65*, 333-371.

Collins, J. (2001). *Good to Great: Why Some Companies make the leap & Others Don't.* 이무열 역(2021). 좋은 기업을 넘어 위대한 기업으로. 서울: 김영사.

Collins, J., & Porras, J. I. (2002). *Built to last: Successful habits of visionary companies.* NY: Harper-Collins Publishers Inc.

Covey, S. R. (2004). *The 7 Habits of Highly Effective People: Powerful Lessons in Personal Change.* 김경섭 역(2017). 서울: 김영사.

Dasborough, M. T. (2006). Cognitive asymmetry in employee emotional reactions to leadership behaviors. *The Leadership Quarterly, 17*(2), 163-178.

de Bono, E. (1985). *Six Thinking Hats: An Essential Approach to Business Management.* Little, Brown, & Company.

de Bono, E. (1995). Serious Creativity. *The Journal for Quality and Participation, 18,* 12-18.

Deci, E., & Ryan, R. (1985). *Intrinsic Motivation and Self-Determination in Human Behavior.* NY: Plenum Press.

de Haan, E., Molyn, J., & Nilsson, V. O. (2020). New findings on the effectiveness of the coaching relationship: Time to think differently about active ingredients? *Consulting Psychology Journal: Practice and Research, 72*(3), 155-167.

Dinwoodie, D. L., Quinn, L., & McGuire, J. B. (2014). *Bridging the Strategy/Performance Gap: How Leadership Strategy Drives Business Result.* White Paper, Center for Creative Leadership.

Doran, G. T. (1981). There's a S.M.A.R.T. way to write management's goals and objectives. *Management Review (AMA Forum), 70*(11), 35-36.

Deweck, C. S. (2007). *Mindset: The New Psychology of Success.* NY: Ballantine Books.

Drucker, P. D., Hesselbein, F., & Kuhl, J. S. (2015). *Peter Drucker's Five Most Important Questions You Will Ever Ask About Your Organization: Enduring Wisdom for Young Leaders.* 유정식 역(2017). 세계 최고 리더들의 인생을 바꾼 피터 드러커의 최고의 질문. 서울: 다산북스.

Emerson, M. S. (2022). *7 Reasons Why Change Management Strategies Fail and How to Avoid Them. Profession & Executive Development,* Harvard Division of Continuing Education. https://professional.dce.harvard.edu/blog/7-reasons-why-change-management-strategies-fail-and-how-to-avoid-them/

Emrich, C. (1999). Context Effects in Leadership Perception. *Personality and Social Psychology Bulletin, 25*(8), 991-1006.

Eurich, T. (2018). What Self-Awareness Really Is (and How to Cultivate It). *Harvard Business Review, 8,* 1-9.
https://hbr.org/2018/01/what-self-awareness-really-is-and-how-to-cultivate-it

Feldman, S. (2003). Enforcing Social Conformity: A Theory of Authoritarianism. *Political Psychology, 24*(1), 41-74.

Finkelstein, S. (2019). Don't be Blinded by Your Own Expertise. *Harvard Business Review, 97*(3), 153-158.

Fishbach, A. (2022). *Get It Done: Surprising Lessons from the Science of Motivation. NY: Little,* Brown Spark.

Fisher, R., & Ury, W. (1981). *Getting to yes: Negotiating agreement without getting in.* BO: Houghton Mifflin Company.

Folkman, J. R. (2006). *The Power of Feedback: 35 Principles for Turning Feedback from Others into Personal and Professional Change.* NY: Wiley.

Forsyth, D. R. (2019). *Group Dynamics* (7th Ed.), NY: Cengage.

Frankenberger K. D. (2000). Adolescent egocentrism: A comparison among adolescents and adults. *Journal of Adolescence, 23*(3), 343-354.

Fredman, C., & Rogers, P. (2002). The top 20 companies for leaders. *Chief Executive, 179,* 24-31.

Gallup (2023). *State of the Global Workplace: 2023 Report.* Washington, D. C.

Gebelein, S. H., Nelson-Neuhas, K. J., Skube, C. J., Lee, D. G., Stevens, L. A., Hellervik, L. W., Davis, B. L., & Marasco, L. (2010). *Successful Manager's Handbook* (8th ed.). NY: PreVisor, Inc.

Gerstner, L. V. (2003). *Who Says Elephants Can't Dance.* NY: Harper.

Gino, F, G., & Pisano, G. P. (2011). Why leaders don't learn from success. *Harvard Business Review. 89*(4). 68-74.

Glasser, W. (1965). *Reality Therapy: A New Approach to Psychiatry.* New York: Harper & Row.

Glasser, W. (1998). *Choice theory. New York*: Harper Perennial.

Goffman, E. (1955). On face-work: an analysis of ritual elements in social interaction. *Psychiatry: Journal for the Study of Interpersonal Processes, 18,* 213-231.

Goldman, E. F., Scott, A. R. & Follman, J. M. (2015), Organizational practices to develop strategic thinking. *Journal of Strategy and Management, 8*(2), 155-175.

Goleman D. (1995). *Emotional intelligence.* NY: Bantam Books.

Goleman D. (2014). *What makes a Leader: Why Emotional Intelligence Matters.* MA: Havard Business Review Press.

Grant, A. M. (2016). What constitutes evidence-based coaching? A two-by-two framework for distinguishing strong from weak evidence for coaching. *International Journal of Evidence Based Coaching and Mentoring, 14*(1), 74-85.

Grove, A. (1983). *High Output Management.* 유정식 역(2018). 하이 아웃풋 매니지먼트: 어떻

게 성과를 높일 것인가. 서울: 청림출판.

Guilford, J. P. (1967). *The Nature of Human Intelligence.* NY: McGraw-Hill Book Company.

Hamilton, D. L., & Rose, T. L. (1980). Illusory correlation and the maintenance of stereotypical beliefs. *Journal of Personality and Social Psychology, 39,* 832-845.

Hanselman, P., Bruch, S., Gamoran, A., & Borman, G. (2014). Threat in context: School moderation of the impact of social identity threat on racial/ethnic achievement gaps. *Sociology of Education, 87*(2), 106-124.

Harrison, R. P. (1999). *Transformational coaching: A new paradigm for executive development.* NY: ASTD Press.

Hartung, P. (2020). The impact of self-awareness on leadership behavior, *Journal of Applied Leadership and Management, 8,* 1-21,

Hayes-Roth, B. (1977). Evolution of cognitive structures and processes. *Psychological Review, 84*(3), 260-278.

Hieu, V. M. (2020). Employee empowerment and empowering leadership: A literature review. *Technium, 2*(7), 20-28.

Higgins, J.M. (1995), Innovation: The core competence, *Planning Review, 23*(6), 32-36.

Horwath, R. (2006). The Seven Myths of Strategy. *Strategic Thinker,* Strategic Thinking Institute.
https://www.strategyskills.com/Articles/Documents/ST-Strategy_Myths.pdf

Hrebiniak, L. (2005). *Making strategy work: Leading effective execution and change.* NY: Wharton School Publishing.

Ickes, W. J., Wicklund, R. A., Ferris, C. B. (1973). *Objective Self Awareness and Self Esteem. Journal of Experimental Social Psychology, 9*(3), 202-219.

Isaac, R. G., Zerbe, W. J., & Pitt, D. C. (2001). Leadership And Motivation: The Effective Application of Expectancy Theory. *Journal of Managerial Issues, 13*(2), 212-226

Jones, R. P. (2012). *Shopper Value: A Framework and Examination of the Impact of Importance, Shopping Context and Shopping Social Situation.* Unpublished Doctoral Dissertation, University of Tennessee.

Kahneman, D., & Tversky, A. (1979). Prospect Theory: An Analysis of Decision under Risk. *Econometrica, 47*(2), 263-292.

Karaman, A., Kok, S. B., Hasiloglu, S. B., & Rivera, M. (2008). Vision, creativity, strategic innovation, and transformational leadership. *Problems and Perspectives in Management, 6*(2), 104-109.

Kaufman, S. B., & Gregoire, C. (2016). *Wired to Create: Unraveling the Mysteries of the Creative Mind.* NY: A TarcherPerigee Book.

Kaufman, R. (1992). *The magnifying-glass mentality. Performance Improvement, 31*(6), 34-36.

Klopp, H. (2012). *Conquering the North Face: An Adventure in Leadership.* CA: iUniverse.

Kolar, M., Fernandez-Gago, C., & Lopez, J. (2023). Trust Negotiation and its Application, In T. Dimitrakos, J. Lopez, and F. Martinelli (Eds.), *Collaborative Approaches for Cyber Security in Cyber-Physical Systems* (pp. 171-190). NY: Springer.

Koning, L. F., & Kleef, G. A. (2015). How leaders' emotional displays shape followers' organizational citizenship behavior. *The Leadership Quarterly, 26*(4), 489–501.

Koster, F., Stokman, F., Hodson, R. & Sanders, K. (2007). Solidarity through Networks: The Effects of Task and Informal Interdependence on Cooperation within Teams. *Employee Relations Journal, 29*(2).117–137.

Kotter, J. P. & Cohen, D. S. (2002). *The Heart of Change: Real-Life Stories of How People Change Their Organizations.* 김기웅 · 김성수 역(2007). 기업이 원하는 변화의 기술. 서울: 김영사.

Kotter, J. P., & Schlesinger, L. A. (2008). Choosing Strategies for Change. *Harvard Business Review,* October, 2–10.

Kouzes, J. M., & Posner, B. Z. (2023). *The leadership challenge: How to keep getting extraordinary things done in organizations* (7th Ed.). San Francisco: Jossey-Bass.

Larson, P. W., & Richburg, M. T. (2004). Leadership coaching. In L. Berger & D. Berger (Eds.), *The talent management handbook* (pp. 307–319). New York: McGraw-Hill.

Lawler, E. E., & Finegold, D. (1999). *Individualizing the organization: Past, Present and Future.* CA: Center for Effective Organizations.

Locke, E. A., & Latham, G. P. (2002). Building a practically useful theory of goal setting and task performance. *American Psychologist, 57*(9), 705–717.

Locke, E. A., & Latham, G. P. (2019). The development of goal-setting theory: A half-century retrospective. *Motivation Science. 5*(2), 93–105.

Lombardo, M. M., & Eichinger, R. W. (2002). *The leadership machine.* MN: Lominger Limited. Inc.

London, M. & Smither, J. (2002). Feedback orientation, feedback culture, and the longitudinal performance management process. *Human Resources Management Review, 12*, 81–100.

Lynch, R. E., & Werner, T. J. (2012). *Team Management: Achieving Business Results Through Team.* NY: Lynch Werner.

Lynn, A. B. (2007). *Quick Emotional Intelligence Activities for Busy Managers.* NY: AMACOM.

Mankins, M. V., & Steele, R. (2005). Turning great strategy into great performance. *Harvard Business Review, 83*(7):64–72.

Mayer, R. C., Davis, J. H., & Schoorman, F. D. (1995). An integrative model of organizational trust. *Academy of Management Review, 20*(3), 709–734.

McClelland, D. C. (1973). Testing for competence rather than for "intelligence." *American Psychologist, 28*, 1–14.

Merton, R. K. (1948). The Self-Fulfilling Prophecy. *The Antioch Review,* 8(2), 193–210.

Mesmer-Magnus, J. R., & DeChurch, L. A. (2009). Information Sharing and Team Performance: A Meta-Analysis. *Journal of Applied Psychology, 94*(2), 535–546.

Nuntamanop, P., Kauranen, I., & Igel, B. (2013), A new model of strategic thinking competency, *Journal of Strategy and Management, 6*(3), 242–264.

Nichols, R. G. (1962). Listening is good business. *Human Resource Management, 1*(2), 1–10.

Nisen, M. (2015). Wegmans is a great grocery store because it's a great employer. https://qz.com/404063/new-york-city-is-getting-a-great-grocery-store-in-wegmans-and-an-even-better-employer.

Oppezzo, M., & Schwartz, D. L. (2014). Give your ideas some legs: The positive effect of walking on creative thinking. *Journal of Experimental Psychology: Learning, Memory, and Cognition, 40*(4), 1142-1152.

Overstreet, R. E., Hazen, B. T., Skipper, J. B., & Hanna, J. B. (2014). Bridging the Gap Between Strategy and Performance: Using Leadership Style to Enable Structural Elements. *Journal of Business Logistics, 35*(2),136-149.

Parker, A. (2019). How innovation has helped Fortune 500 Companies. https://www.valuer.ai/blog/how-innovation-helped-fortune-500-companies-remain-relevant

Paterson, J. M., & Cary, J. (2002). Organizational justice, change anxiety, and acceptance of downsizing: Preliminary tests of an AET-based model. *Motivation and Emotion, 26*(1), 83-103.

Paulus, P., van der Zee, K., Kenworthy, J. B. (2016). Cultural Diversity and Team Creativity. In V. P. Gveanu (Ed.), *The Palgrave Handbook of Creativity and Culture Research* (pp.57-76). Hampshire, UK: Palgrave.

Peleckis, K. (2013). Emotions and its management in negotiations: Sustainability and stability aspects. *Journal of Security and Sustainability Issues, 3*(1), 49-60.

Pellerin, G. (2021). Managing Your Emotions During a Negotiation. *Harvard Business Review.* https://hbr.org/2021/12/managing-your-emotions-during-a-negotiation

Phillips, J. J., & Phillips, P. P. (2005). Measuring ROI in Executive Coaching. *International Journal of Coaching in Organization, 3*(1), 53-62.

Piaget, J. (1964). Development and learning. In R.E. Ripple and V.N. Rockcastle (Eds.), *Piaget Rediscovered: A Report on the Conference of Cognitive Studies and Curriculum Development* (pp. 7-20). Ithaca, NY: Cornell University.

Pink, D. H. (2011). *Drive: The surprising truth about what motivates us.* NY: Riverhead Book. 김주환 역(2012). 드라이브. 서울: 청림출판.

Poincare, H. (2000). Mathematical Creation. *RESONANCE, February,* 85-93. Science et methode (1908)의 영어 버전에서 인용.

Potgieter, J. (2019). *Negotiation: Your Hottest Currency.* Independently published.

Priyabhashini,A., & V. R. Krishnan, (2005). Transformational Leadership and Follower's Career Advancement: Role of Pygmalion Effect. *Indian Journal of Industrial Relations, 40*(4), 482-499.

Prochaska, J. O., Norcross, J. C., & DiClemente, C. C. (1994). *Changing for good: A Revolutionary Six-Stage Program for Overcoming Bad Habits and moving Your Life Positively Forward.* NY: Harper Collins.

Proctor, T. (2005). *Creative Problem Solving for Managers: Developing skills for decision making and innovation* (2nd Ed.), NY: Routledge.

Pruitt, D. G. (1983). Strategic Choice in Negotiation. *American Behavioral Scientist, 27*(2), 167-194.

Pruitt, D. G. (1992). Social Psychological Perspectives on the Behavioral Model. *Journal of Organizational behavior, 13*(3), 2976-301.

Quinn, R. E. (1996). *Deep Change: Discovering the within.* 박제영 · 한주한 역(2018). 딥체 인지: 조직 혁신을 위한 근원적 변화. 서울: 늘봄.

Rogers, K. M., & Ashforth, B. E. (2017). Respect in organizations: Feeling valued as "we" & "me". *Journal of Management, 43*(5), 1578-1608.

Schlenker, B. R. (2012). Self-presentation. In M. R. Leary & J. P. Tangney (Eds.), *Handbook of self and identity* (2nd ed., pp. 542-570). New York: Guilford.

Seligman, M. E. P. (2000). Positive psychology: An introduction. *American Psychologist, 1,* 5-14.

Sellars, C. (2002). *Building Self-confidence.* Leeds: Sport Coach UK.

Selye, H. (1979). *Stress of My Life: A Scientist's Memoirs.* New York: Van Nostrand Reinhold Company.

Senge, P., Scharmer, C.O., Jaworski, J., & Flowers, B. S. (2004). *Presence: Human Purpose and the Field of the Purpose.* Cambridge, MA: The Society for Organizational Learning.

Sharma, M. K. (2022). Role of Organizational Culture as an Internal Business Factor in Successful Strategy Execution: A Review.

IUP Journal of Management Research, 21(2), 7-28.

Sherman, D. K., & Cohen, G. L. (2006). The psychology of self-defense: Self-affirmation theory. In M. P. Zanna (Ed.), *Advances in experimental social psychology* (vol. 38, 183-242). CA: Elsevier Academic Press.

Sinek, S. (2017). *Leaders Eat Last: Why Some Teams Pull Together and Others Don't.* NY: Portfolio.

Snyder, M., & Swann, W. B. Jr. (1978). Behavioral confirmation in social interaction: From social perception to social reality. *Journal of Experimental Social Psychology, 14,* 148-162.

Steele, C. M. (1988). The psychology of self-affirmation: Sustaining the integrity of the self. In L. Berkowitz (Ed.), *Advances in experimental social psychology* (Vol. 21, pp. 261-302). New York: Academic Press.

Steinkuhler, D., Mahlendorf, M., & Brettel, M. (2014). How Self-Justification Indirectly Drives Escalation of Commitment- A Motivational Perspective *Schmalenbach Business Review, 15*(2),191-222.

Stober, D., & Grant, A. M. (2006). *Evidence Based Coaching Handbook.* NY: Wiley.

Stukas, L. T., & Snyder, M. (2016). Self-fulfilling prophecies. In H. S. Friedman (Ed), *Encyclopedia of mental health* (2nd edition, Vol. 4, pp. 92-100). San Diego, CA: Academic Press.

Sull, D. N. (2007). Closing the Gap Between Strategy and Execution. *MIT Sloan Management Review, 48*(4), 30-38.

Sundaray, B. K. (2011). Employee engagement: a driver of organizational effectiveness. *European Journal of Business and Management,3*(8), 53-59.

Tajifel, H. (1982). *Social identity and intergroup relations.* Cambridge: Cambridge University Press.

Tavitian-Elmadjian, L. R., & Bender, M. (2021). Variations in Sources of Self-Affirmation: What Can Be Learned from Non-Western Contexts. In B. G. Adams & F. J. R. van de Vijver (Eds.), *Non-Western Identity: Research and Perspectives* (pp. 247-270). Springer International Publishing.

Tedeschi, J. (1981). *Impression Management Theory and Social Psychological Research* (Ed.), NY: Academic Press.

Theeboom, T., Beersma, B. & van Vianen, A., (2014) Does coaching work? A meta-analysis on the effects of coaching on individual level outcomes in an organizational context. *The Journal of Positive Psychology, 9*(1), 1-18.

Thomas, K. & Schmidt, W. (1976). A Survey of Managerial Interests with Respect to Conflict, *Academy of Management Journal, 19*(2), 315-318.

Thomas, S. P., Eastman, J., Shepherd, D., & Denton, L. T. (2017). A Comparative Assessment of Win-Win and Win-Lose Negotiation Strategy Use on Supply Chain Relational Outcomes. *The International Journal of Logistics Management, 29*(1), 191-213.

Thorndike, E. L. (1931). *Human learning.* The Century Co.

Thurman, M. P. (1991). *Strategic Leadership.* The Strategic Leadership Conference. PA: US Army War College.

Tidd, J., Bessant, J., & Pavitt, K. (2005). *Managing innovation: Integrating technological, market and organizational change* (3rd ed.). Chichester, West Sussex, England: John Wiley & Sons.

Tod, D. A., Hardy, J., Oliver, E. (2011). Effects of self-talk-A systematic review. *Journal of Sports and Exercise Psychology, 33*(5), 666-687.

Tschannen-Moran, B., (2014). Skills and Performance Coaching. In E. Cox, T. Bachkirova, & D. Clutterbuck(eds), *The Complete Handbook of Coaching* (pp. 201-214). London: Sage.

Tversky, A., & Kahneman, D. (1974). Judgment under Uncertainty: Heuristics and Biases. *Science, 185*(4157), 1124-1131.

Tversky, A., & Simonson, I. (1993). Context dependent preferences. *Management Science, 39,* 1179-1189.

Ulwick, A. W. (2016). *Jobs to be done: Theory to Practice.* NY: Idea Bite Press.

Ursiny, T. (2005). *The Confidence Plan: How to build a Stronger You.* IL: Sourcebooks, Inc.

Valcea, S., Hamdani, M. R., Buckley, M. R., Novicevic, M. M. (2011). Exploring the developmental potential of leader-follower interactions: A constructive-developmental approach. *The Ladership Quarterly, 22*(4), 604-615.

Vissers, M. F. (2005). *The spotlight effect in a marketing context Overestimating brand appearance and judgments, and consumer behavioral consequences.* Paper submitted to Examination Committee, Twente University.

Wasylyshyn, K. M. (2008). Behind the Door: Keeping Business Leaders Focused on How They Lead. *Consulting Psychology Journal: Practice and Research, 60*(4), 314-330.

Wasylyshyn, K. M. (2019). The trusted leadership advisor: Defined, unpacked, encouraged. *Consulting Psychology Journal: Practice and Research, 71*(1), 1-15.

Weiss, D. H. (1999). *The Self-management Workshop: Helping People Take Control of Their Lives and Their Work.* NY: AMACOM Books.

Whitmore, J. (1992). *Coaching for performance: GROWing people, performance, and purpose.* London: Nicholas Brealey Publishing.

Wolf, W., Launay, J., & Dunbar, R. I. M. (2016). Joint attention, shared goals, and social bonding. *British Journal of Psychology, 107*(2), 322-337.

Wong, H. Y. (2007). Closing the marketing strategy to performance gap: the role of brand orientation. *Journal of Strategic Marketing, 15,* 387-402.

씽킹 파트너

초판 1쇄 인쇄 2024년 12월 10일
   1쇄 발행 2024년 12월 19일

지은이   이석재
발행인   이용길
발행처   모아북스
          MOABOOKS

총괄   정윤상
편집위원 김홍열(사회학 박사)
디자인   이룸
관리   양성인
홍보   김선아

출판등록번호 제10-1857호
등록일자   1999. 11. 15
등록된 곳 경기도 고양시 일산동구 백석동1324 동문굿모닝타워2 519호
대표 전화 0505-627-9784
팩스   031-902-5236
홈페이지   www.moabooks.com
이메일   moabooks@hanmail.net
ISBN   979-11-5849-253-3   03810

모아북스 는 독자 여러분의 다양한 원고를 기다리고 있습니다.
MOABOOKS
(보내실 곳 : moabooks@hanmail.net)